I0503721

ECONOMIA

COMPORTAMENTAL

Heurísticas, Vieses e Nudges:

Como tomar boas decisões

Autor: Paulo Vagner Ferreira

Registro BN: 052/PR/23

Ano: 2023

ÍNDICE

APRESENTAÇÃO

Olá, seja bem vindo! Este livro tem como objetivo oferecer um conhecimento organizado e aprofundado sobre a Economia Comportamental. Embora eu me utilize de uma linguagem mais informal, para que os assuntos se tornem mais interessantes, o conteúdo que você encontrará aqui é o resultado de anos de pesquisa e tanto pode servir a um leitor curioso no assunto, quanto a quem necessite de um manual em seus estudos acadêmicos.

Sobre a Economia Comportamental, este é um campo de pesquisa bem recente, formado pela união da economia com a psicologia, e que se sustenta em uma premissa muito simples: a maioria das pessoas não são economistas, são "apenas" humanos. Não estranhe a simplicidade desta premissa, é que por séculos os economistas basearam suas teorias na ideia de que todas as pessoas nascem dotadas de "perfeita racionalidade econômica", são *Homo Economicus*, ou "*Econs*", como foram apelidados por Richard Thaler[1]".

Segundo a premissa da perfeita racionalidade econômica, diante que qualquer problema econômico, todas as pessoas são capazes de tomar a melhor decisão possível. Contudo, mesmo após séculos de avanços científicos, por que as pessoas continuam ignorando as regras econômicas básicas quando tomam suas decisões? Esta é a questão que a Economia Comportamental procura responder e, para tanto, seu objetivo é compreender os fatores psicológicos envolvidos nos processos de escolha, de modo a explicar como eles atuam para nos afastar das melhores decisões, do ponto de vista da racionalidade econômica.

---

[1] Richard Thaler é economista, professor e pesquisador em Economia Comportamental, em 2017 ele ganhou o prêmio de economia em homenagem a Alfred Nobel, apelidado de "Nobel de Economia".

Para que você possa entender melhor esta diferença entre a economia tradicional e a comportamental, dividi a introdução deste livro em duas partes, na primeira você terá um breve relato sobre o surgimento e a evolução da ciência econômica tradicional, na qual destaco a importância da perfeita racionalidade, e de outras premissas pouco realistas, à formulação de modelos que pretendiam descrever, e até prever, o comportamento das pessoas diante de decisões econômicas. Na segunda parte abordarei o surgimento da Economia Comportamental, apresentando-lhe quem foram os pioneiros neste campo de pesquisa e quais foram os principais avanços, em comparação à ciência econômica tradicional.

No segundo capítulo você aprenderá sobre as heurísticas, que são atalhos mentais inconscientes que nos permitem poupar tempo e energia mental na hora de tomarmos uma decisão. São elas: a **heurística da disponibilidade**, a **heurística da representatividade**, a **heurística do afeto** e a **heurística da ancoragem**.

O terceiro capítulo será dedicado à compreensão dos vieses, que são desvios inconscientes dos fatos objetivos da realidade e que podem nos impedir de tomar decisões melhores, inclusive aquelas relacionadas ao dinheiro. Neste capítulo você aprenderá como atuam os seguintes vieses: de **conservação**, de **confirmação**, de **enquadramento** e o viés **retrospectivo**.

Por fim, no quarto capítulo lhe apresentarei os *nudges*, pronuncia-se "nãdjis", que são ferramentas que permitem aos arquitetos de escolhas a utilização das heurísticas e dos vieses para influenciar o comportamento das pessoas, com o objetivo de melhorar o bem estar do indivíduo que toma a decisão e da sociedade como um todo, seguindo os princípios do paternalismo libertário.

Além de conhecer alguns tipos de *nudges*, no quarto capítulo você também aprenderá o que é arquitetura de escolha e como funciona o paternalismo libertário, bem como a questão ética envolvida na utilização dos *nudges* para influenciar o comportamento das pessoas. Bom, quando chegarmos lá você entenderá porque os *nudges* são polêmicos, embora incrivelmente úteis e práticos para guiar as nossas decisões.

Agora que você já sabe do que trata este livro, qual é seu objetivo e como ele foi dividido, resta-me apenas lhe agradecer muitíssimo pela confiança depositada e lhe desejar um excelente aprendizado.

INTRODUÇÃO

As principais correntes de pensamento da Economia se desenvolveram a partir do princípio da perfeita racionalidade, tentando imitar os modelos determinísticos da Física, que foram capazes de prever o movimento dos corpos a partir de leis naturais, como a Lei da Gravidade, que podia explicar o movimento de uma maçã que se solta de um galho, ou o destino de uma flecha atirada para cima, bem como, podia prever a trajetória de corpos celestes, como planetas, satélites e cometas soltos no espaço.

Nos tempos de Adam Smith, David Ricardo e Stanley Jevons, alguns dos pioneiros do pensamento econômico, a Física era a ciência natural de maior respaldo em todo o mundo, talvez por isso, a ciência econômica procurou imitá-la para encontrar as leis gerais que governam os movimentos das pessoas em suas decisões de consumo, poupança, investimento e produção.

No entanto, imagine uma maçã madura que se solta da macieira e decide não cair, este é um problema que os físicos não costumam enfrentar, pois seja uma maçã ou qualquer outra coisa provida de massa, quando a força da gravidade atua para derrubá-la, não pode "decidir" não cair. Por outro lado, o ser humano pode decidir contrariar as leis da economia e, diante de um preço de equilíbrio, comprador e vendedor podem se recusar a fechar um negócio, contrariando a "Lei" da Oferta e da Demanda. Ao contrário da maçã, o ser humano pode decidir.

Os economistas que formularam as leis e princípios gerais, na tentativa de descrever o comportamento das pessoas no sistema econômico, são excelentes teóricos e realmente elaboraram modelos lógicos brilhantes, que definem o comportamento ótimo diante de cada decisão econômica. Porém, ao contrário dos objetos de estudos dos físicos, as pessoas submetidas às leis da economia podem decidir ignorá-las, e isso explica por que compramos bilhetes de loteria e aplicamos dinheiro na caderneta de poupança, mesmo quando outras aplicações pagam melhor e são mais seguras. Enfim, as "leis" da economia apenas definem quais seriam as decisões econômicas racionais, todavia, o comportamento humano não é regido por essas leis, não somos maçãs! Alertaria Sir. Isaac Newton.

O comportamento humano é o resultado de uma evolução de centenas de milhares de anos, se considerarmos a nossa herança genética anterior aos primatas. Por outro lado, a ciência econômica passou a existir somente a partir do século XVIII d.C., embora antes disso já houvesse fome e saciedade, prazer e dor, calor e frio, medo e coragem, alegria e tristeza, egoísmo e empatia, e tantas outras sensações e emoções que sustentaram por dezenas de milhares de anos as regras de tomadas de decisão dos *homo sapiens*.

Você há de concordar comigo que as nossas emoções e sensações não foram desativadas quando a ciência econômica surgiu, muito pelo contrário, elas continuam sendo as principais determinantes dos nossos comportamentos e tomadas de decisões, incluindo aquelas que envolvem o dinheiro. O lado emocional dos tomadores de decisões não foi negligenciado pelos primeiros pensadores da economia, isto somente aconteceu quando os teóricos optaram por explicar os fenômenos da economia pela lógica matemática.

Adam Smith, considerado o "pai da ciência econômica", em seu livro "A teoria dos sentimentos morais" publicado em 1759, nos alertou que os esforços dos indivíduos e da sociedade não são impulsionados apenas pelas sensações como a fome, a sede, a dor e o prazer, mas também por fatores psicológicos motivados pelas paixões, uma vez que a vaidade e a necessidade de aprovação social, segundo Smith, seriam motivadores poderosos aos empreendimentos humanos. Contudo, da extensa obra de Adam Smith, aproveitou-se apenas o princípio da "mão invisível do mercado", que consta marginalmente em seu livro mais conhecido, "A Riqueza das Nações", publicado em 1776.

O princípio da mão invisível foi muito útil para o desenvolvimento da teoria econômica dominante, na época, e atualmente, pois determinava que a busca pelo interesse pessoal, seria capaz de direcionar a sociedade como um todo ao progresso econômico, ao destinar os recursos produtivos – a terra, o trabalho e o capital – às melhores oportunidades de rentabilidade e ao reinvestimento dos lucros. A mão invisível do mercado, guiada pelos interesses dos indivíduos, selecionaria os mais competentes, premiando-os com lucros maiores, que poderiam ser reinvestidos para o crescimento de seus negócios, ao mesmo tempo em que puniria os incompetentes com a sua retirada do mercado.

Desse modo, um padeiro que investe em seu negócio para elevar a oferta de pães não tem o objetivo de fazer caridade, mas busca elevar seus lucros e estes só aumentarão se os pães tiverem boa qualidade e baixos custos de produção, para que possam ser vendidos a preços atrativos. O sucesso do padeiro depende de sua produtividade e, portanto, de sua competência perante os demais padeiros da cidade. Caso todos os outros padeiros não se empenhassem em melhorar seus processos produtivos, aos poucos seriam expulsos do mercado, o que os impulsionaria a implantar melhorias também, favorecendo a sociedade como um todo.

O princípio da "mão invisível do mercado" operaria uma seleção por aptidão dos vendedores, de modo que os mais aptos no mercado, aqueles que conseguem produzir aos menores custos para vender aos melhores preços, seriam premiados pelas forças de mercado com maiores lucros e oportunidade de crescimento. Contudo, o que significa ser o mais apto? Significa, por exemplo, utilizar de modo racional os meios de produção a fim de obter deles a máxima quantidade de produto, ao menor custo por unidade produzida.

Creio que você já capturou a ideia básica da mão invisível do mercado, no qual apenas a perfeita racionalidade na aplicação dos recursos poderia garantir o sucesso empresarial, uma vez que os concorrentes com os melhores produtos e preços acabariam por eliminar do mercado os ineficientes. Perceba que a partir dessa ideia, de que os mais competentes serão os vencedores e de que a competitividade é resultado da produtividade, foi possível estabelecer as bases para a perfeita racionalidade das decisões econômicas, as quais são tomadas com base em cálculos de benefício/custo, para que se alcance o objetivo de maximizar os ganhos dos indivíduos.

Contudo, para que a mão invisível pudesse exercer plenamente sua força na alocação ótimas dos recursos, estes não deveriam enfrentar nenhuma barreira para circular entre uma atividade e outra e, para isso, mais uma ideia de perfeição precisou ser adotada para que as decisões econômicas racionais pudessem ser modeladas, a ideia da perfeita mobilidade do capital. Desse modo, passou-se a considerar que todos os recursos produtivos podiam se mover livremente de um investimento a outro sem custos, impedimentos ou constrangimentos.

A perfeita mobilidade do capital garantiria que qualquer oportunidade de maiores lucros em um mercado, em relação aos demais, poderia ser rapidamente explorada até que o lucro naquele mercado regredisse à média dos demais. Significa dizer que se o padeiro hoje avaliar que o ramo de restaurantes oferece mais lucros do que sua padaria, amanhã ele poderá converter a padaria em um restaurante, sem impedimentos ou custos.

Perceba que o princípio da mão invisível, associado à perfeita mobilidade do capital, é capaz de suportar, na teoria, o funcionamento perfeito dos mercados, pois qualquer diferencial de rentabilidade que fosse percebido pelos indivíduos provocaria uma movimentação imediata do capital, entrando ou saindo de determinado mercado, até que a sua rentabilidade regredisse ou atingisse a média dos demais. Desse modo, todos os mercados seriam livres e competitivos, não havendo, portanto, a possibilidade de surgimento de monopólios, uma vez a perfeita mobilidade dos fatores produtivos garantiria a entrada e a saída de empresas em todos os mercados e a qualquer momento.

Jeremy Bentham foi outro filósofo que contribuiu para a evolução da teoria econômica tradicional. Considerado pioneiro da escola utilitarista ele acreditava que a ética deveria ser direcionada para atender as necessidades do maior número de indivíduos em uma sociedade. Para Bentham, as decisões dos indivíduos possuem uma racionalidade baseada no princípio da maximização do prazer e na minimização do sofrimento, de modo que o grau de utilidade de um bem ou serviço seria avaliado a partir da sua capacidade de elevar o prazer e reduzir a dor. Quanto mais prazer e menos dor um bem ou serviço proporcionasse, maior seria a sua utilidade.

A partir deste princípio, Bentham reformulou o código penal inglês para equalizar as penas impostas (dor) aos crimes cometidos (prazer): crimes graves, penas graves; e crimes leves, penas leves. Seu objetivo principal era acabar com os crimes apelando à racionalidade das pessoas, uma vez que a dor das penas aplicadas seria maior que o prazer dos ganhos com o crime, haveria uma **utilidade negativa** para o crime e todos os indivíduos agiriam racionalmente, obedecendo às leis, pois o crime não compensaria.

Embora os princípios de Bentham ainda sirvam para quantificar as penas dos crimes, seu objetivo principal de eliminar a criminalidade a partir da racionalidade humana nunca foi alcançado, o que deveria servir de alerta aos economistas, mas conforme você verá, não foi bem isso que aconteceu.

O economista mais famoso que bebeu na fonte do utilitarismo foi William Stanley Jevons que, a partir das ideias de Bentham, aplicou o princípio racional do utilitarismo às decisões econômicas dos indivíduos. Segundo Jevons, as decisões de consumo se baseiam na utilidade que cada unidade adicional consumida tem para satisfazer nossas necessidades (oferecer prazer) e esta utilidade será confrontada com o sacrifício necessário à sua obtenção (causar a dor).

Jevons também defendeu que cada dose extra de consumo gera uma utilidade inferior à dose anterior consumida e, desse modo, concebeu o princípio da **utilidade marginal decrescente**, que se tornou uma ferramenta lógica para definir o comportamento do consumidor em busca de sua maximização de utilidade.

Segundo Jevons, a utilidade marginal é decrescente porque a variação da satisfação observada entre o consumo da primeira unidade e das próximas sempre cai. Contudo, mesmo que a utilidade entre uma dose e outra esteja caindo, enquanto elas forem positivas a soma delas gera o crescimento da utilidade total, mas quando esta para de subir o consumidor obtém a sua utilidade total máxima e, portanto, consumir uma unidade a mais não elevará a sua satisfação. Como essa ideia de marginalidade pode ser complicada de entender, vou apelar ao chocolate.

Imagine que você estava com vontade de comer chocolate e se deparou com uma vitrine repleta deles, então, dirigiu-se até o vendedor e lhe pediu uma barra, a qual devorou em segundos. Para você a utilidade desta primeira barra foi a maior possível, mas ainda não matou a sua vontade por chocolates, o que lhe fez pedir outra, a qual comeu com muito prazer em poucos minutos.

Caso você pudesse medir, constataria que a utilidade da segunda barra foi um pouco menor do que a da primeira, mesmo assim, ainda lhe restou vontade, ou gula, e você pediu a terceira e a comeu vagarosamente, pois a utilidade desta já se revelaria bem menor que a da segunda, e quando esta também se acabou, você deve ter pensado: peço mais uma ou estou saciado?

Perceba que a utilidade de cada barra de chocolate foi caindo entre a primeira e a terceira, porém, a soma das utilidades de cada uma delas fez a utilidade total do consumo de chocolate crescer até o seu ponto máximo, quando você acabou de comer a terceira barra e bateu a dúvida sobre a quarta. Se neste momento você realmente atingiu a saciedade plena e, ainda assim, decidir comer uma quarta barra, a sua utilidade total não aumentará (pode até cair se lhe provocar dor de barriga), pois a utilidade marginal da quarta barra é zero, mas, caso lhe provoque dor de barriga, a utilidade marginal dela será negativa.

A teoria da utilidade marginal decrescente de Jevons permitiu o desenvolvimento da teoria do valor utilidade, jogando a discussão sobre a validade da teoria do valor trabalho para segundo plano. Para a teoria econômica tradicional o valor de uma coisa passou a depender da utilidade percebida e da sua escassez, logo, quanto mais útil e mais escassa, mais valiosa será essa coisa. Um diamante é valioso por causa disso e não pela trabalheira que dá minerá-lo nas entranhas da terra, diria um utilitarista.

Perceba que o valor é subjetivo, ou seja, é uma percepção de cada indivíduo que leva em conta a utilidade que uma coisa tem para satisfazer uma necessidade e a sua disponibilidade ou escassez. Contudo, no mercado nos deparamos com o preço, que é a quantidade de dinheiro necessária para se comprar algo e esta quantidade define o tamanho do sacrifício que se está disposto a fazer para obter uma unidade dessa coisa.

Sendo assim, as relações de trocas no mercado, intermediadas pelos preços, podiam ser traduzidas em termos de **prazer** e **dor**. Prazer com a obtenção de um bem capaz de satisfazer uma necessidade (valor); e dor pelo sacrifício necessário à sua obtenção (preço). Agora o preço para um indivíduo, e para o mercado como um todo, podia ser explicado racionalmente e matematicamente, pois este refletiria o valor utilidade das coisas, uma vez que ninguém, agindo racionalmente, concordaria em oferecer um sacrifício superior ao prazer que espera em troca, ou seja, um preço superior ao valor utilidade.

Note que assim foi possível vincular o valor ao preço, pois quanto maior for o valor percebido por algo, maior tende a ser o seu preço, e qualquer diferença entre valor e preço provocaria uma variação na demanda (consumo) para retornar ao equilíbrio. Por exemplo: Se o preço da cerveja ficar abaixo do valor percebido (dor < prazer), isso levará as pessoas que gostam de cerveja ao aumento de suas compras e a demanda crescerá, como a oferta não pode se expandir tão rápido, é preciso construir novas fábricas, haverá uma disputa entre os compradores e o preço de mercado subirá até este se equalizar ao valor utilidade (dor = prazer), neste ponto a demanda para de crescer e se estabelece um novo equilíbrio no mercado.

Caso você não seja um economista – ou um estudante de economia – acredito que esteja um pouco perdido com tanta teoria, mas não se preocupe que o objetivo aqui não é te ensinar a economia clássica e sim, oferecer uma perspectiva de como as decisões humanas sobre investimento e consumo foram desenvolvidas. Perceba que estas evoluções empreendidas a partir de Adam Smith foram cada vez mais sustentadas no princípio da racionalidade, a qual permitia a construção de modelos teóricos que buscavam explicar a maximização do lucro dos empresários e da utilidade dos consumidores.

Ao final do século XIX já havia um grande sistema teórico sustentado nos princípios da racionalidade perfeita, na informação perfeita e na perfeita mobilidade do capital, que permitiriam a maximização do lucro e da utilidade pelos agentes econômicos. Este sistema foi chamado de Teoria Econômica Neoclássica e tinha como objetivo explicar e prever o funcionamento eficiente dos mercados. Foi quando Alfred Marshall escreveu o primeiro manual de economia com o título de "Os princípios", publicado em 1890, que sistematizava por meio de modelos matemáticos a **teoria da firma** (lado da oferta), a **teoria do consumidor** (lado da demanda) e o **preço de equilíbrio** de mercado, baseada na Lei da Oferta e da Demanda.

De agora em diante, da mesma forma que a partir da Lei da Gravidade era possível explicar o movimento das coisas na terra e dos astros no céu, por meio dos modelos matemáticos de Marshall seria possível explicar o perfeito funcionamento dos mercados e prever o comportamento dos agentes econômicos (produtores e consumidores). A economia finalmente imitava a Física e podia ser considerada uma ciência, lógica e precisa, capaz de explicar o comportamento econômico dos indivíduos.

Os economistas formados pelos manuais de Marshall orientaram a aplicação dos recursos, sejam privados ou públicos, e conduziram o mundo à Grande Depressão de 1929, o que foi uma surpresa para todos, pois parecia que o mundo havia se recusado a obedecer às leis do mercado eficiente.

A Grande Depressão não foi prevista pela teoria econômica dominante porque ela não admitia a possibilidade de uma alocação ineficiente dos recursos no sistema econômico capitalista, para isso acontecer seria preciso admitir que os agentes econômicos não são racionais, e os economistas deviam, portanto, jogar fora três séculos de desenvolvimentos teóricos. Foi neste período que John Maynard Keynes contestou os princípios da Teoria Neoclássica, alertando que eles não eram capazes de explicar de fato o comportamento dos agentes econômicos e resolveu escrever outro manual de economia, "A teoria geral do emprego, do juro e da moeda", que foi publicado em 1936.

Dentre os avanços promovidos por Keynes está a introdução do papel da psicologia dos agentes nas decisões econômicas. Para ele as expectativas relacionadas ao grau de incerteza quanto ao futuro eram fatores relevantes, seja para determinar à busca pelo risco no presente, como para

14

impulsionar os investimentos para o crescimento econômico futuro. Segundo Keynes havia uma relação entre o ânimo dos agentes econômicos e as condições do ambiente de negócio, enfim, as decisões econômicas também dependiam das emoções das pessoas, não apenas de regras lógicas estabelecidas em um modelo matemático.

Entretanto, assim como aconteceu com Smith, da importante obra de Keynes apenas a parte lógica e racional foi incorporada à ciência econômica tradicional, a parte da psicologia foi sumariamente desprezada. Novos modelos foram desenvolvidos, os manuais foram atualizados e foi formada uma nova geração de economistas-matemáticos, nos moldes das gerações anteriores a Keynes, mantendo a perfeita racionalidade como um dogma na ciência econômica.

Perceba que nem a primeira grande crise econômica da história do capitalismo foi capaz de solapar a crença na perfeita racionalidade dos agentes econômicos. Somente no ano de 1968 é que outro economista ousaria contestar este dogma, o herege desta vez foi Herbet Simon, que reuniu fortes evidências empíricas de que a irracionalidade dos indivíduos não era a exceção, mas a regra nas decisões econômicas. Enfim, havia maçãs que decidiam não cair. Porém, Simon não ousou decretar o fim da racionalidade na teoria econômica, e cunhou o termo "racionalidade limitada", para definir os desvios de comportamentos dos *Sapiens* em relação aos *Econs*.

A partir da ousadia "limitada" de Simon, outros pesquisadores resolveram empreender pesquisas para entender como a racionalidade limitada afetava as tomadas de decisões econômicas das pessoas. Contudo, os economistas ainda estavam muito apegados à racionalidade, mesmo que limitada e, por conta disso, foram os psicólogos os pioneiros nas pesquisas que contestavam a racionalidade do comportamento humano e em tomadas de decisões envolvendo dinheiro, e dentre eles, **Amos Tversky** e **Daniel**

Kahnemam foram os mais importantes para romper com o dogma da racionalidade nas tomada de decisões econômicas.

Quero lhe chamar a atenção para o fato de que eles foram tão importantes para o desenvolvimento da ciência econômica, que, mesmo sendo psicológico, Kahneman recebeu em 2002 o "Prêmio do Banco da Suécia para as Ciências Econômicas em Memória de Alfred Nobel", também apelidado de "Nobel de Economia"[2].

As pesquisas de Tversky e Kahneman sobre julgamentos e escolhas sob incerteza começaram em 1974, quando eles formularam algumas perguntas simples para testar a nossa racionalidade, tais como: As pessoas são boas estatísticas ou se deixam impressionar por estereótipos? Um número aleatório qualquer é capaz de afetar nosso julgamento sobre o preço de alguma coisa?

A partir das respostas obtidas em seus experimentos com humanos, e não com modelos matemáticos, eles constataram que as pessoas cometiam erros sistemáticos ao julgar escolhas e tomar decisões envolvendo raciocínio lógico. Segundo Tversky e Kahneman, as decisões dos seres humanos eram mais bem explicadas por atalhos mentais, que economizam tempo e energia nos julgamentos e tomadas de decisões, do que pela racionalidade esperada dos indivíduos diante de cada escolha a ser realizada.

A evolução das pesquisas de Tversky e Kahneman despertou o interesse de alguns poucos economistas "alternativos", tais como: Richard Thaler, Dan Ariely, George Loewenstein, Paul Slovic, entre outros. O que permitiu desenvolver as pesquisas sobre a Economia Comportamental e romper as amarras da racionalidade

---

[2] Tversky não recebeu o Nobel porque faleceu em 1996, senão ele e Kahneman teriam dividido o prêmio, pois eram parceiros de pesquisa.

(perfeita ou limitada)[3]. Enfim, havia economistas que conseguiam diferenciar um ser humano de uma maçã.

---

[3] Os novos hereges da Economia Comportamental também não tiveram vida fácil e por décadas sofreram com o preconceito daqueles que dominavam o campo acadêmico, e a saga deles é contada no livro "Misbehaving: A construção da economia comportamental" de Richard Thaler.

O SURGIMENTO DA ECONOMIA COMPORTAMENTAL

Você sabia que temos duas formas de pensar? A primeira é automática, rápida e inconsciente, enquanto a segunda é analítica, vagarosa e consciente. Quem descobriu essas duas formas de pensar foram os psicólogos, que se atreveram a separar nossa mente em dois sistemas de pensamento, um voluntário e outro involuntário, conforme escreveu Carl Jung:

> Muitas pessoas superestimam erradamente o papel da força de vontade e julgam que nada poderá acontecer à sua mente que não seja por decisão e intenção próprias. Mas precisamos aprender a distinguir cuidadosamente entre o conteúdo intencional e o conteúdo involuntário da mente. O primeiro se origina da personalidade do ego; o segundo, no entanto, nasce de uma fonte que não é idêntica ao ego, mas à sua "outra face". É esta "outra face" que faz a secretária esquecer os convites. (JUNG, 1969, p. 37)

Jung explica que a secretária esqueceu os convites involuntariamente, sem intenção consciente de fazê-lo, foi o seu inconsciente que atuou para fazê-la esquecer. Se você não conhece Carl Jung, saiba que ele foi o mais brilhante discípulo de Freud e ampliou os estudos sobre o inconsciente, que é a parte de nossos pensamentos que não percebemos em ação, pois em nossas atividades cotidianas percebemos apenas o funcionamento da parte consciente de nossa mente, focalizamos nosso pensamento naquilo que estamos fazendo ou querendo fazer, contudo, nossa parte inconsciente continua a pensar em outras coisas e, de repente, essas coisas surgem em nossa consciência, nós queiramos ou não, para o nosso bem ou não.

Para entender o funcionamento consciente e inconsciente da mente, acompanhe o que aconteceu com o Fernando quando ele foi visitar sua tia Ivone. Ela o convidou para tomar um café, comer bolinhos de chuva e jogar conversa fora, logo que chegou também apareceram o seu primo com a esposa, Fernando se levanta, cumprimenta o primo Felipe e percebe que esqueceu o nome de sua esposa, e para piorar, a moça o chamou pelo nome. Fernando disfarça com um "Olá prima! Tudo bem?" e torce para que ela não tenha percebido nada. Todos se sentam à mesa, tia Ivone põe mais duas xícaras e todos começam a conversar sobre as traquinagens dos meninos, Fernando e Felipe. Passada meia hora, em meio às risadas das diabruras dos moleques, surge um nome na mente de Fernando: Marisa.

Perceba que o nome da esposa de Felipe estava gravado na memória de Fernando, mas a parte consciente de sua mente não conseguiu achá-lo no momento que precisou cumprimentá-la e depois a sua consciência se ocupou com a animada conversa, pois era preciso recordar as peraltices que aprontava com o primo e prestar atenção às histórias contadas pela tia e pelo primo. Enquanto o consciente ficou ocupado com a conversa, o inconsciente continuou o trabalho de busca até encontrar o "maldito nome da esposa de Felipe", quando obteve sucesso e o nome surgiu na consciência de Fernando, ah! dali em diante ele passou a chamar Marisa pelo nome sempre que podia.

Acho que você se identificou com o apuro de Fernando. Mas esse é só um exemplo de como o inconsciente trabalha. Você já tentou parar de pensar? Ou simplesmente não pensar em nada? Difícil. Mas tente pensar numa bola vermelha por cinco minutos, só nela e em mais nada, será que você consegue? Essas três coisas são impossíveis, é que não podemos comandar a parte inconsciente da nossa mente, ela sempre está pensando em alguma coisa, até quando estamos dormindo e nos presenteia com sonhos. É a parte inconsciente e involuntária da mente que nos desvia os pensamentos para coisas diferentes e até surpreendentes, o inconsciente alimenta o consciente com suas lembranças e

19

este devolve àquele outras coisas para serem guardadas na memória.

A partir dessa visão dualista da nossa mente, consciente e inconsciente, descoberta por Freud e desenvolvida por Jung, foram empreendidos muitos outros avanços na psicologia, seja na área clínica para tratar distúrbios e neuroses, seja para entender como os indivíduos tomam decisões conscientes, dentre elas, as decisões econômicas. Dentre os psicólogos que se dedicaram a parte das decisões, destacam-se Amos Tverky e Daniel Kahneman, que iniciaram uma investigação sistemática sobre a capacidade de nosso inconsciente afetar nossas tomadas de decisão, desses estudos pioneiros é que surgiu a economia comportamental.

Em seu livro "Rápido e Devagar: Duas formas de Pensar", Daniel Kahneman nos explica como funcionam esse dois sistemas de pensamento associados ao funcionamento consciente e inconsciente da mente, ele chamou as duas formas de pensar de Sistema 1 (S_1) e Sistema 2 (S_2). O S_1 é aquele que processa as informações de modo rápido, automático, involuntário e inconsciente. Enquanto o S_2 opera de modo consciente, ou seja, precisamos pedir a ele que realize suas tarefas e por isso ele é analítico, crítico e lento. Vamos decifrar o funcionamento destes dois sistemas, pois eles são a chave para entender porque cometemos erros de julgamentos, os quais nos afastam da esperada racionalidade.

O Sistema 1 se formou e evoluiu antes da revolução cognitiva, ou seja, antes de o ser humano criar os idiomas, os mitos e a escrita, portanto, ele é todo baseado em imagens, sons e sensações, assim como é nos demais animais, e a principal característica do S_1 é sua incrível capacidade de não parar de pensar. Toda vez que a nossa mente captura uma imagem, som, cheiro ou outra sensação, imediatamente o S_1 processará aquela informação e nos devolverá uma resposta, mesmo que não tenhamos solicitado e nem venhamos a tomar consciência dela, pois a parte consciente da mente pode estar ocupada naquele momento para perceber a resposta oferecida pelo S_1.

O S_1 também é o responsável pelas tarefas banais do dia a dia, aquelas que já estão incorporadas em nossas rotinas, enquanto hábitos consolidados e, portanto, não precisamos empreender esforço mental para executá-las, como escovar os dentes, descer a escada sem olhar os degraus, fazer o caminho de casa ao trabalho, pedir uma média com pão e manteiga na padaria, dentre muitas outras tarefas que fazemos no "modo automático". Assim, uma grande parte de nossas atividades é realizada sem a necessidade de pensamento consciente e, mesmo assim, geralmente tudo ocorre muito bem, uma vez que o S_1 aplica regras e procedimentos que tornam as atividades rápidas, porém, eficientes.

Mas, por que fazemos tantas coisas de um modo automático? Para economizar energia. O cérebro humano tem cerca de 2% do peso de um adulto, mas em estado de repouso ele consome cerca de 20% da energia do corpo todo, por conta disso, o processo de automatização da maioria das tarefas diárias é fundamental à nossa sobrevivência, pois reduz o gasto de energia que precisamos para sustentar outras partes do corpo. Como o uso do S_2 eleva o consumo de energia pelo cérebro, pois é preciso ativar intencionalmente outras áreas dele, ao restringir a sua utilização por meio da automatização, nosso corpo poupa recursos para realizar outras tarefas, como obter alimentos, fugir de animais perigosos, malhar na academia, dentre outras coisa que fazemos para aumentar as nossas chances de sobrevivência e de transferir nossos genes às próximas gerações.

Portanto, o Sistema 1 é um grande aliado da sobrevivência, porém, o ser humano se distingue dos demais seres vivos porque utiliza o Sistema 2, que é o responsável pelo processamento de dados e informações de modo consciente, a partir de informações que são coletadas e processadas com um fim específico, seja para organizar o grupo durante uma caçada, em uma sala de cirurgia, ou na linha de montagem de veículos, seja para interferir em uma decisão do Sistema 1, que se revelou inapropriada para resolver uma situação específica. Assim, a nossa mente deixa o S_1 dar conta das coisas que já estão automatizadas, para se ocupar de poucas coisas e que são importantes e, portanto, que compensam o gasto maior de energia extra exigido pelo Sistema 2.

Quer ver como funciona essa diferença no uso dos dois sistemas? Complete as frases: "Pau que nasce torto, ..." e "Paris é a capital da ...". Essas foram fáceis, pois os restos das frases vieram do S_1. Tente essa agora: "a soma dos quadrados dos catetos é igual a...". Bom, se você decorou o Teorema de Pitágoras, também não teve dificuldade com esta, agora, se você dormiu nas aulas de trigonometria, precisou procurar fundo na memória pela resposta e esta atividade de pesquisa, que foi feita pelo S_2, já consumiu as calorias de um bombom. Só para finalizar a brincadeira, calcule de cabeça quanto é 7 x 84. Assim que resolver o cálculo pode se sentir liberado para comer uma fatia de bolo.[4]

Como o Sistema 2 exige concentração, ele ativa outras áreas do cérebro que ficam em repouso quando realizamos as tarefas no modo automático, por causa disso ele consome muita energia mental e isso nos causa desconforto cognitivo, que é aquela sensação de impaciência e aborrecimento, por isso, só recorremos a ele quando o S1 não dá conta do recado. Caso precisássemos utilizar apenas o Sistema 2 em todas as nossas tarefas diárias, estaríamos mentalmente esgotados antes do almoço e não teríamos concluído nem um

---

[4] Pau que nasce torto, nunca se endireita. Paris é a capital da França. A soma do quadrado dos catetos é igual ao quadrado da hipotenusa. 7 x 84 = 588.

quarto das tarefas que geralmente fazemos numa manhã normal.

Se você já tirou sua carteira de motorista se lembrará da dificuldade que foi no começo, pois havia tanta coisa complicada para aprender, além das leis de trânsito, havia a funcionalidade de cada alavanca, pedal, mostrador e botão. Lembra-se como era complicado dividir a atenção entre os espelhos retrovisores, os mostradores do painel e os obstáculos à frente? Primeiramente, você aprendeu tudo isso em partes e depois precisou integrar a realização de todas as atividades mentais e motoras de maneira simultânea. Acredito que nas primeiras aulas o motor apagava por causa da sua falta de coordenação entre os pedais do acelerador e da embreagem, com o carro em movimento você também devia esquecer a seta antes de virar a esquina e, claro, na hora de estacionar, fazer a baliza era a coisa mais complicada do mundo.

Essa dificuldade em aprender a dirigir é normal porque durante todo o processo de aprendizagem nós utilizamos somente o S_2, pois as tarefas ainda não foram incorporadas às rotinas automatizadas do S_1, porém, depois de alguns meses guiando pelas ruas e de algumas "morridas" no sinal, começamos a parar de pensar no ato de dirigir. Neste momento o S_1 assume a direção e ficamos tão tranquilos que já conversamos com o passageiro, escutamos e cantarolamos nossas músicas favoritas, pensamos nas outras coisas da vida e não mais no ato de dirigir.

Contudo, ao surgir um imprevisto na pista ou quando precisamos realizar uma ultrapassagem mais ariscada, o som da música desaparece e os passageiros se calam, é que neste momento o S_2 reassume o controle da direção, pois é preciso pensar com calma, avaliar os riscos, para que a melhor decisão seja tomada. Passado o perigo, o S_1 reassume e a viagem segue tranquila. Aliás, você já percebeu que as pessoas param mesmo de falar com o motorista quando este inicia uma ultrapassagem e tem veículo vindo em direção oposta? É que a situação gera uma tensão cognitiva em nossa mente, ao reconhecer o perigo iminente, então nosso S_1 decide que é prudente não desviar a atenção do motorista neste momento.

Conforme nos advertiu Kahneman (2012), os dois sistemas não existem fisicamente, embora uma ressonância magnética revele as partes acionadas por cada uma das formas de processamento mental, a nossa mente é uma coisa só. Ele também nos alertou que os dois modos de pensamento não atuam isolados, dividi-los é apenas um artifício que nos permite compreender como cada um desempenha o seu papel, na verdade os dois atuam em parceria. Como o S_1 está sempre ligado e realizando as tarefas no modo automático e inconsciente, o S_2 está sempre monitorando e preparado para assumir uma tarefa que o seu parceiro não dê conta, corrigindo eventuais falhas de avaliação e decisão que ele possa cometer.

O Sistema 1 comete falhas? Sim e com bastante frequência. Imagine que você tenha dois cartões de banco, com duas senhas diferentes. Você está no caixa do supermercado e na hora de digitar a senha para pagar a compra é informado que a senha está errada, então você põe a mão na testa, em sinal de engano, pede desculpas e avisa que digitou a senha do cartão errado. O erro em digitar a senha foi causado pelo Sistema 1 que foi no automático. Como o S_2 não estava vigilante deixou o equívoco ocorrer. Errar a senha não lhe causou nenhum prejuízo, agora imagine que você é um enfermeiro e "foi no automático", a falta de supervisão do S_2 neste caso pode fazer você aplicar a medicação errada e causar danos irreparáveis à vida do paciente.

Por que, às vezes, não paramos para pensar antes de tomarmos uma decisão e agimos no modo automático e cometemos esses erros? Porque o Sistema 2 é preguiçoso e desatento, ele poupa mais energia assim, por isso, nem sempre está disposto a intervir para corrigir as falhas do S_1, principalmente, quando ele não consegue identificar essas falhas sem muito esforço mental e nem avaliar o risco provocado por nossos enganos. Acompanhe essa história que foi presenciada por mim em um cruzamento e note como é perigoso confiar no Sistema 1.

Eu estava voltando para casa de carro e parei no farol vermelho, outro carro parou ao meu lado e uma moto entre nós dois, de repente, a moto arrancou e seguiu em frente, neste momento o motorista ao meu lado arrancou atrás dela, furando o sinal vermelho! Ele quase bateu em outro veículo que chegava veloz ao cruzamento, ao perceber o carro invadindo a pista o motorista que seguia com sinal verde precisou frear forte e desviar o seu carro para evitar o acidente.

Por que o motorista do carro ao lado do meu avançou no vermelho? Porque o Sistema 1, ao ver a moto arrancando, julgou que o sinal havia ficado verde e tomou a decisão de avançar, neste momento o preguiçoso Sistema 2 do motorista não quis olhar o semáforo, para checar se a informação era verdadeira, e validou a decisão do apressadinho Sistema 1.

A história acima poderia ter acabado em tragédia e nos serve de alerta sobre o fato de que tanto o Sistema 1 erra, por ser rápido demais e confiar na "intuição", como o Sistema 2 também falha muitas vezes, ao não perceber e corrigir os erros do apressado S_1, seja por desatenção, preguiça, ou porque não tem as competências necessárias para avaliar a decisão do Sistema 1.

Conforme apontou Kahneman (2021), os processos rápidos de julgamentos e de tomadas de decisão são baseados em atalhos mentais, que são regras práticas de decisão formadas ao longo do nosso processo de evolução, biológico ou social. Esses atalhos mentais são chamados de heurísticas e compõe um dos campos de investigação da Economia Comportamental, uma vez que muitas das decisões irracionais, sob o ponto de vista da lógica econômica, são resultados da utilização de heurísticas nos processos decisórios.

Outro campo de estudo são os vieses, que são influências provocadas por fatores fisiológicos, emocionais, culturais e sociais que podem desviar a nossa mente do raciocínio lógico e baseado em fatos, e que enganam o Sistema 1 e podem passar desapercebidos pelo S_2, levando-nos a tomadas de decisões equivocadas.

A Economia Comportamental se desenvolveu, portanto, a partir da investigação sobre o funcionamento destes dois modos de pensar (S_1 rápido e S_2 devagar), na tentativa de entender como se organizam as estruturas de decisão em nossa mente, bem como, sobre o aprendizado a cerca dos atalhos mentais (heurísticas), que nossa mente utiliza para tomar decisões, e dos erros de percepção (vieses), que favorecem os enganos de julgamento do S_1 e que podem ser ignorados pelo S_2, nos induzindo ao erro nas tomadas de decisão.

Vamos falar mais sobre heurísticas e vieses nos capítulos seguintes, por enquanto, é importante que você saiba que os atalhos mentais nos permitem a tomada rápida de decisão, as heurísticas são como regras de bolso: Se isto, mais isso, então aquilo; (ondas + areia = praia). Também é importante entender que os vieses são desvios de processamento mental, que não percebemos, e que são provocados pelas condições psicológicas ou fisiológicas, e é por isso que ir com fome ao supermercado nos impulsiona a comprar mais guloseimas, mesmo que não tenhamos colocado nenhuma delas na lista de compra.

Quase sempre as respostas baseadas em heurísticas e vieses são excelentes para resolvermos às situações que enfrentamos no dia-a-dia, contudo, às vezes nos conduzem a erros de julgamento e a tomadas de decisões equivocadas, que não são percebidos e corrigidos pelo Sistema 2. Muitos desses erros envolvem decisões econômicas importantes e é por isso que as heurísticas e os vieses formam as bases da Economia Comportamental, assim como os *nudges*, que são as ferramentas utilizadas para reduzir os erros e permitir melhores tomadas de decisão.

Ficou curioso para saber mais sobre as heurísticas, os vieses e os *nudges*? Então, finalizo aqui esta introdução à economia comportamental para em seguida tratar destes três temas e espero que você esteja sentido um gostinho de quero mais, porque a seguir tem muita coisa interessante, prática e divertida.

HEURÍSTICAS

As heurísticas são processos mentais automatizados que permitem a rápida tomada de decisão baseada em regras de causa e efeito internalizadas, seja com base no processo evolutivo ou no processo de aprendizagem. Segundo Kahneman (2012, p. 127) uma "heurística é um procedimento simples que ajuda a encontrar respostas adequadas, ainda que geralmente imperfeitas, para perguntas difíceis" e a origem da palavra vêm de heureca, aquela expressão usada para expressar o contentamento com uma descoberta.

Essas regras de decisões automatizadas funcionam como atalhos mentais eficientes entre um evento e a ação a ser tomada. Exemplos: Bexiga cheia (evento), procurar um sanitário (decisão); Bebê chorando (evento), dar o peito (decisão); Sinal vermelho (evento), acionar o freio (decisão); faltou dinheiro no final do mês (evento), entrar no cheque especial (decisão); sobrou dinheiro no final do mês (evento), aplicar na caderneta de poupança (decisão); as vendas estão caindo (evento), gastar mais com propaganda (decisão).

Algumas regras de decisão são instintivas e apenas foram adaptadas a partir das novas condições de habitação e de convivência social, como buscar um local apropriado para aliviar a bexiga, ou oferecer a mamadeira ao bebê. Outras decisões são socialmente aprendidas e se convertem em hábitos, como usar o cheque especial ou aplicar dinheiro na poupança. Assim, as heurísticas podem ser o resultado da evolução genética, ou podem ser aprendidas na interação social, contudo, nem sempre é fácil perceber a sua atuação em nossos processos de julgamento e decisão, para entender melhor como elas atuam lhe convido a ler o perfil de Leila.

Leila tem 43 anos, é uma senhora pacata que usa óculos com correntinha, está casada desde os 20 anos de idade e é mãe de três filhos, dois deles já formados em jornalismo e administração, enquanto o mais novo cursa odontologia. Ela mora na mesma casa desde o casamento e seus passatempos favoritos são ler romances e jogar baralho com suas amigas às sextas-feiras à noite.

Agora que você já conhece Leila, consegue imaginar qual dessas atividades profissionais ela desempenha?

a) Bibliotecária;

b) Mecânica industrial;

c) Taxista; ou

d) Empresária.

Caso você não seja uma exceção, deve ter escolhida bibliotecária, uma vez que associamos mulheres a esta atividade, também porque as poucas referências que passamos sobre sua personalidade não se enquadram a de uma pessoa corajosa e dinâmica, capaz de enfrentar o trânsito diário e os riscos pessoais associados à atividade de taxista, nem destemida para comandar uma empresa, ou preparada para dar manutenção de máquinas pesadas. Aliás, esse conjunto de afirmações sobre Leila é tão pequeno e simplório que seria melhor nem usá-lo para julgar uma pessoa, mas a sua mente usou mesmo assim, e sem você saber ou querer.

Ao ler as características de Leila a sua mente fez um enquadramento rápido e desprezou muitos outros fatores, um deles é o estatístico, pois há mais taxistas em qualquer cidade, do que bibliotecárias. Isto aconteceu porque nosso cérebro não gosta de estatística, ele prefere usar atalhos mentais baseados nos estereótipos, formados a partir das características essenciais de uma coisa ou pessoa, assim: Tronco + galhos + frutos = árvore; Mulher + pacata + óculos com correntinha = bibliotecária. Nossa mente não quer se ocupar com o tamanho da população, da amostra, médias, medianas, desvios padrões e todas essas coisas "chatas" da estatística. No caso da árvore, nosso S_1 acertaria, mas no caso de Leila, provavelmente não.

O outro fator que impactou na eliminação da atividade de taxista, foi porque você não se lembra com tanta facilidade de uma mulher dirigindo um taxi, mas lembra-se delas atendendo em bibliotecas, isso significa que bibliotecária está mais disponíveis em sua mente e, por isso, é mais fácil achar na memória do que uma taxista mulher, e acredite, nosso cérebro é preguiçoso para procurar coisas na memória, se ele pode achar uma resposta que serve bem em milésimos de segundo, não vai querer ficar pensando horas naquilo, pois isso desperdiçaria energia.

Enfim, precisamos admitir que só dedicamos esforço mental quando não houver outra opção, pois somos mentalmente preguiçosos, mas isso não é problema, tanto que a espécie Sapiens sobrevive há dezenas de milhares de anos e dominou todas as demais do planeta com essa preguiça mental de fábrica. Contudo, ao longo do tempo a nossa mente evoluiu bem mais devagar do que evoluíram as condições sociais às quais os seres humanos estão inseridos e, desse descompasso entre a evolução biológica e a social é que surgem as falhas de julgamento provocadas pelo S_1.

Pense em como hoje o nosso mundo é complicado: vivemos em grandes cidades, com sistemas de comunicação complexos (rodovias, aerovias, telecomunicações, etc.), com elevado grau de conhecimento especializado (medicina, direito, administração, antropologia, etc.), possuidor de um intrincado sistema de produção e distribuição de bens e serviços públicos e privados. Agora, tente imaginar como era o mundo há cem anos, a complexidade dele era bem menor, as sociedades medievais eram ainda menos complexas e se voltarmos aos homens da caverna, perceba que era uma sociedade privada de tudo que conhecemos e utilizamos nos dias de hoje. Contudo, o ser humano (corpo e mente) é o mesmo há mais de dez mil anos e ainda utiliza regras de decisão criadas naquela época.

Outro motivo para desconfiarmos da perfeição de nossas decisões, é que nosso cérebro as toma de forma automática, a partir de uma descrição parcial de qualquer coisa, e isso é involuntário. Leia esse trecho: "pirulito que bate-bate, ..." automaticamente seu cérebro completou a frase, não foi?[5] Então, ao ler a expressão "senhora pacata, que usa óculos com correntinha", ele enquadrou automaticamente Leila como bibliotecária, pois a mente escolheu, à nossa revelia, o jeito mais rápido e eficaz para resolver o problema, ela resolveu usar uma heurística para tomar uma decisão a partir de um pequeno conjunto de dados, para oferecer a resposta mais provável, que o Sistema 2 poderá validar ou não.

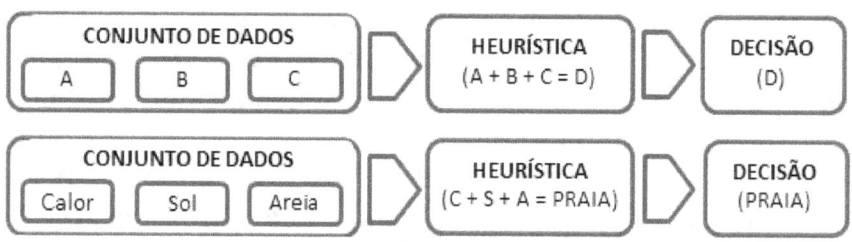

Figura 1 – Regras de decisão baseadas em heurística
Fonte: Elaboração do autor com base em Kahneman (2012)

Analise a Figura 1 e perceba que um pequeno conjunto de dados permite à nossa mente fazer um julgamento rápido e oferecer uma resposta apropriada à nossa tomada de decisão. Contudo, imagine que faltou uma coisa no conjunto dados: a palavra camelo. Qual seria a resposta

---

[5] "pirulito que já bateu." Claro, você precisa ter sido criança na década de oitenta para saber da frase completa. Mas, tente essa outra "escreveu não leu, ...".

apropriada? Certamente não seria mais praia, talvez fosse deserto. Se além de camelo, estivesse faltando a palavra jaula? Bom, daí poderia se tratar de um zoológico. Perceba que quanto mais dados agregamos, menos possibilidades de respostas aparecem, pois mais restringimos o conjunto de escolhas coerentes. Contudo, geralmente esquecemos que dados omitidos podem existir e este é o problema com as heurísticas, elas tomam decisões rápidas, mas a partir de um conjunto disponível e pequeno de dados, que podem ser insuficiente à melhor escolha de resposta.

Por outro lado, não conseguimos evitar que nosso cérebro tome essas decisões automáticas e baseadas em uma quantidade limitada de dados e informações. O que podemos fazer é usar o Sistema 2 para checar se a resposta oferecida é a mais correta para cada situação, ou seja, se dados omitidos existem e são importantes à melhor escolha. Porém, nem sempre essa checagem é possível, porque em certas situações pensar e agir acontece simultaneamente.

Imagine que você está dirigindo e de repente surge uma bola de futebol cruzando a rua, você imediatamente freia, não por causa da bola, mas porque sua mente imaginou que atrás dela poderia vir uma criança correndo. Claro que esse conjunto de informações não foi primeiro apresentado à sua consciência para que você decidisse ou não pisar no freio, naquele momento uma heurística assumiu o controle e só após o pedal ser acionado, e o perigo afastado, você se deu conta de que tomou uma decisão, correta.

Creio que você entendeu que as heurísticas facilitam muito a nossa vida e podem nos ajudar muito, seja porque simplificam o processo de tomada de decisão, seja porque oferecem respostas prontas a situações que exigem rapidez e confiança à tomada de decisões. Os atalhos mentais fazem parte do arsenal de ferramentas que o ser humano desenvolveu ao longo da evolução, seja porque alteraram os nossos genes para reconhecer padrões ambientais e responder rápido a eles, ou porque internalizamos hábitos e condicionamentos sociais, que nos são repassados de geração em geração, e que também ampliam as nossas chances de sobrevivência.

Ninguém ensina os bebês a chorar ao nascer, é uma programação genética que faz isso, contudo, somos ensinados a apertar as mãos das pessoas ao cumprimentá-las, o aperto de mão é uma informação "memética"[6], aprendida e repassada de geração a geração. Sempre que encontramos alguém estendemos a nossa mão, de modo automático e quase involuntário, esperando do outro o mesmo gesto.

A maioria das decisões rápidas que tomamos no dia-a-dia é muito bem orientada pelas heurísticas, o problema está em confiar nelas para decisões complexas, isto porque grande parte desses atalhos mentais se formou antes da criação da escrita, das tecnologias de armazenamento e processamento de dados e informações, enfim, quando o mundo era bem mais simples e as opções de escolha muito limitadas. Usar esse arsenal de atalhos em uma sociedade cada vez mais complexa, e repleta de opções, pode resultar em decisões ineficientes. Como algumas dessas decisões são compatíveis com os nossos sistemas de crenças e com o comportamento da maioria das pessoas, geralmente, não conseguimos perceber que são decisões equivocadas.

Sendo assim, é importante identificarmos as principais heurísticas que guiam nossas decisões para entender de que forma esses atalhos mentais funcionam e podem nos fazer tomar decisões equivocadas, em especial, aquelas que envolvem escolhas econômicas e que podem nos gerar custos de oportunidade[7], ou seja, decisões que podem nos fazer

---

[6] Termo cunhado por Robert Dawkins, no box a seguir você saberá mais sobre os *memes*.
[7] O custo de oportunidade ocorre quando precisamos escolher entre opções diferentes para usar o mesmo recurso (dinheiro, tempo, capital, etc.). Quando escolhemos a melhor opção, dizemos que não há custo de oportunidade, pois nenhuma outra opção renderia mais, contudo, se

ganhar menos do que poderíamos ou até perder dinheiro. Portanto, iniciamos nossos estudos entendendo os principais atalhos mentais que o nosso cérebro utiliza para tomar decisões e como eles nos afastam das decisões econômicas mais eficientes. Dentre as heurísticas que veremos, estão: A heurística da ancoragem; a heurística do afeto; a heurística da representatividade; e a heurística da disponibilidade.

O que é meme?

Você sabia que a palavra meme é anterior à internet? Hoje os memes são bem conhecidos devido ao sucesso das redes sociais, mas esta palavra tem sua origem na polêmica obra "O gene egoísta" de Richard Dawkins, que foi publicada em 1976. No capítulo "Memes: Os novos replicadores" ele cria o termo a partir da palavra grega mimeme, que dá origem ao termo mimetizar ou imitar. Dawkins revela que pretendeu associar a grafia e o fonema à palavra gene, para reforçar a ideia de que **um meme é um replicador cultural, com características parecidas àquelas do replicador genético**.

Uma informação memética contém um código social que se replica entre indivíduos e gerações, com o potencial de alterar o comportamento das pessoas e de sociedades inteiras, e quanto mais um meme se propaga, mais ele tende a se propagar e, assim como os genes, há nele um efeito auto-reforçador, até tornar certos comportamentos sociais dominantes. Um exemplo de meme é o aperto de mão, pois não há em nosso DNA um código genético de aperto de mãos, esse comportamento é adquirido por meio da convivência social.

escolhemos uma opção com rendimento pior a outra possível, dizemos que incorremos em custo de oportunidade, que em dinheiro pode ser medido pela diferença entre o ganho maior, que não tivemos, e o ganho menor obtido com a escolha feita.

Antes de entrarmos no assunto, quero pedir-lhe que escreva aqui ao lado os três últimos números do seu telefone. Escreveu? Agora responda sem pesquisar fora do cérebro: Qual é a altura da Torre Eiffel, de Paris? _____Metros. Uma pesquisa bem parecida foi conduzida por Paul Slovic e Sarah Lichtenstein em 1971, na qual pediam-se aos participantes para rodar uma roleta viciada, que metade das vezes parava no número 10 e noutra parava no número de 65, então, após a roleta parar o pesquisador perguntava ao participante qual era o percentual de países africanos na ONU.

Para aqueles em que a roleta parou no número 10 a média das respostas foi de 25% e para o grupo que recebia o número 65 na roleta, o valor médio das respostas foi de 45%. Em seguida, perguntou-se ao participante se o valor que ele havia tirado na roleta influenciou a sua resposta, como para eles o número da roleta era aleatório, todos responderam que o resultado da roleta não foi levado em conta na resposta. Quando na verdade, tinham sido sim, pois a relação entre os valores não deixava dúvida, as respostas de percentuais mais elevados foram dadas pelos que tiraram o número 65 e os percentuais menores, aos que tinham tirado o número 10.

O que Slovic e Lichtenstein (1971) descobriram com o experimento é que embora os participantes não tivessem consciência da influência do número da roleta, os valores tendenciosos das respostas tornavam evidentes que o número afetou a decisão deles. Esta descoberta foi chamada de efeito *priming*, que significa preparação, e é capaz de provocar um desvio de nossa mente em direção ao valor sugerido.

Agora responda: Os três números do seu telefone afetaram a sua resposta sobre a altura da Torre Eiffel? Lógico que não! Eu já sabia. Aliás, a altura dela é de 300 metros. Caso os três últimos números do seu telefone forme um número maior que 500, é provável que você tenha respondido uma altura superior àquela que responderia se os três números fossem inferior a 500, porém não temos como saber isso, é só um palpite baseado no efeito de ancoragem.

Voltemos a falar de âncora, creio que ao ler esta palavra vem a sua mente um montão de coisas referentes a lanchas, barcos, navios, etc., isso é seu atalho mental sugerindo que a palavra está associada a embarcações e segurança, uma vez que a âncora é um instrumento muito pesado e que serve para manter um barco parado em algum lugar. Mas, aqui cabe um alerta; para a nossa mente o termo ancorar pode representar perigo, pois é o nosso Sistema 1 que ancora e pode induzir o Sistema 2 a aceitar a sugestão daquela âncora.

Uma coisa você precisa saber sobre âncoras psicológicas é que elas são inevitáveis e operam em diferentes contextos. Vamos começar entendendo os mecanismos de atuação delas por meio do estudo conduzido por Fritz Strack, Leonard L. Martin e Norbert Schwartz intitulado "Priming e Comunicação: Os determinantes sociais do uso da informação nos julgamentos da satisfação pessoal"[8], que foi publicado em 1988.

A equipe de Strack realizou uma experiência com alunos para saber o nível de felicidade deles. O questionário continha apenas duas perguntas e somente depois de responder à primeira é que se tomava conhecimento da outra. Ao primeiro grupo as duas perguntas seriam apresentadas nesta ordem:

1) Em uma escala de 1 (muito infeliz) a 5 (muito feliz), pontue o seu nível de felicidade atual. (___)

2) Quantos encontros você teve no último semestre? (___)

---

[8] O título original é "Priming and Communication: The social determinants of Information Use in judgments of Life-Satistaction".

Nesta ordem de apresentação das perguntas a correlação entre felicidade e encontros amorosos foi de apenas 11%. Uma correlação muito baixa, que revelava que até os alunos que tinham poucos encontros amorosos eram felizes e aqueles que tinham muitos encontros não eram muito mais felizes. Ou seja, a quantidade de encontros amorosos pouca afetava o nível de felicidade dos alunos.

Ao segundo grupo a ordem de apresentação das questões foi invertida, primeiro eles precisavam apontar quantos encontros amorosos tiveram e depois avaliar o seu nível de felicidade. Com este segundo grupo a correlação entre a quantidade de encontros e o nível de felicidade subiu para 62%. Nesta segunda versão, aqueles que tinham muitos encontros "descobriram" que eram mais felizes e os que tinham poucos encontros se achavam mais infelizes.

Perceba que a simples troca de ordem de apresentação das questões afetou a escolha dos alunos, isto aconteceu na segunda versão porque ao recordar de quantos encontros tiveram, os alunos usaram esse valor como uma âncora para avaliar o seu grau de felicidade. Coisa que não aconteceu na primeira versão do questionário, quando a quantidade de encontros era uma pergunta que vinha após a resposta do nível de felicidade.

Imagine que você esteja andando por uma rua de sua cidade e um entrevistador lhe pare e peça um minuto para responder a uma pesquisa, você concorda e ele faz essas preguntas:

a) **Você sabia que hoje a prefeitura está realizando 350 obras pela cidade?** Sim ( ); ou Não ( )

b) **Como você avalia o desempenho do prefeito?**
Péssimo ( ); Ruim ( ); Regular ( ); Bom ( ); ou Ótimo ( )

Uma pesquisa feita assim resultará em uma boa avaliação dele, contudo, a pesquisa tem sérios problemas éticos e metodológicos, pois evoca uma âncora antes de solicitar a avaliação do prefeito. Perceba que é possível influenciar a opinião pública sobre vários assuntos por meio da ancoragem e não temos como fugir desta armadilha, uma vez que ao obter um valor a nossa mente o utiliza como âncora para avaliar outra coisa, relacionado a ela ou não, pois o efeito de *priming* atua de modo inconsciente e nos induz a considerar um valor prévio em nossos julgamentos posteriores. Vamos entender um pouco melhor como funciona este efeito de *priming*..

Efeito de *Priming* e Ancoragem

O termo *priming* é usado na psicologia para indicar um processo mental inconsciente de preparação e tem sua origem na palavra *prime* (primário ou anterior). Embora a palavra prime seja muito usada no *marketing*, parece que as coisas "*primes*" são melhores, o significado de *priming* que utilizaremos é o da etapa anterior que serve de preparação para a seguinte (efeito de preparação mental). Veja como esse efeito funciona na prática. Leia as palavras entre parênteses (queijo, nata, café e mamadeira) e agora complete a letra que falta nesta palavra (L E _ T E).

Bingo! Esta foi muito fácil, pois todas aquelas palavras entre parêntese foram capazes de prepará-lo para descobrir facilmente que a palavra é lente! Ops, pera aí. Você não conseguiu descobrir que era essa a palavra? Talvez você conseguisse matar a charada se as palavras entre parênteses fossem (luneta, óculos, vidro e contato). Percebeu como sua mente foi preparada para apresentar a palavra leite a partir de um conjunto de outras palavras que evocam a presença de leite? É assim que o efeito de *priming* acontece, pois ele atua sugestionando a nossa mente para algo que irá acontecer.

A brincadeira original foi aplicada usando as palavras SOAP (sabão) e SOUP (sopa), relatada por Kahneman (2012, p. 69). Neste experimento descobriu-se que uma série de palavras era capaz de direcionar a mente dos participantes para outra palavra ou objeto, a depender das palavras de ativação, as que ficavam dentro dos parênteses, pois elas evocavam um contexto no qual uma palavra se encaixaria melhor e, portanto, seria eleita de maneira involuntária pela mente como a resposta correta. A essa capacidade de evocação foi dado o nome de *priming effect* (efeito de *priming*), que também pode ser traduzido como efeito de preparação.

Segundo Kahneman (2012, p. 75), o efeito de preparação é inconsciente e involuntário, pois "os fenômenos de *priming* surgem no Sistema 1, logo não temos qualquer acesso consciente a eles", e são capazes de influenciar o Sistema 2 e as nossas tomadas de decisão conscientes, quando a nossa vontade se manifesta. O efeito de preparação está vinculado a diferentes aspectos de nossas relações com as coisas, ele pode surgir de um número, uma palavra ou um conjunto delas, figuras, sons, sensações, etc., que atuem para preparar a nossa mente para um evento futuro e são capazes de alterar nossas atitudes, tornando-nos mais suscetíveis à aceitação ou rejeição de algo.

Umas das utilizações mais comuns do efeito de *priming* para produzir ancoragem são as ofertas, quando você lê um cartaz que diz "de 49,90 por 44,90", o primeiro preço preparou a sua mente para aceitar o segundo preço, menor, como uma vantagem. Além das ofertas, as empresas exploram essa nossa fraqueza de outras maneiras, uma delas é oferecer um serviço promocional por um período de tempo, findo o prazo da promoção o serviço retorna ao preço normal, mas é comum a empresa lhe propor continuar com o serviço por um preço intermediário entre a oferta e o normal e, como você ficou ancorado ao preço mais caro, achará que é um bom negócio manter o serviço por um preço menor àquele.

O efeito de *priming* também é capaz de afetar a agilidade motora das pessoas. Um experimento relatado por Kahneman (2012) demonstrou que após a leitura de palavras que lembravam à velhice, como Flórida, andador, netos, bingo, etc., os alunos percorriam a distância entre a sala do experimento e a porta de saída do edifício em um tempo médio superior àqueles grupos que haviam lido um conjunto de palavras neutras, bem como, os que tinham lido palavras que remetiam à juventude (skate, show, campus, etc.), foram os que percorreram a distância em menor tempo.

Perceba que as palavras produziram um efeito de *priming* sobre a mente dos voluntários, preparando-os para um comportamento mais vagaroso ou mais rápido e, assim, produzindo uma resposta motora compatível. Essa estratégia poderia ser útil em uma rodovia, antes de um trecho perigoso, dispor alguns cartazes com palavras que evocam a velhice poderia produzir um efeito sobre a velocidade média dos condutores, bem como, palavras que evocam a juventude poderiam ser dispostas nas filas dos bufes de restaurantes.

Descobriu-se que o efeito de *priming* também pode ser provocado no sentido oposto, dos músculos à mente. Noutro experimento relatado por Kahneman (2012), os pesquisadores descobriram que segurar um lápis entre os dentes e atravessado nos lábios, sugerindo um sorriso, produzia um efeito de *priming* de felicidade e tornava os indivíduos mais suscetíveis a aceitar uma afirmação duvidosa, enquanto segurar o lápis entre os dentes por uma das pontas, sugerindo seriedade, tornava-os mais desconfiados sobre a mesma afirmação duvidosa. A explicação é que o sorriso está associado ao relaxamento e torna o Sistema 2 menos alerta, enquanto a seriedade está associada à atenção e torna o S_2 mais alerta.

Um dos experimentos mais interessantes sobre o efeito de *priming* foi conduzido por Melissa Bateson, Daniel Nettle e Gilbert Roberts e publicado em 2006, com o título de "Sensação de Estar Sendo Vigiado Aumenta a Cooperação em um Contexto Real"[9]. O estudo envolveu 48 funcionários do setor de psicologia da Universidade de Newcastle, na Inglaterra. No setor havia um balcão com uma máquina para fazer chá e café, sob o balcão ficava uma pequena geladeira para o leite, colado à parede e acima da máquina de café havia um aviso, o qual solicitava uma contribuição voluntária em dinheiro para a compra dos produtos consumidos, em função do consumo individual, e os preços sugeridos para cada xícara dos produtos (Chá = 0,30; Café = 0,50; Leite = 0,10), a caixinha de contribuições ficava sobre o balcão e ao lado da máquina.

De tempos em tempos os funcionários recebiam um e-mail para lembrá-los da necessidade de contribuir para a compra dos produtos, um mês após o último e-mail ser disparado uma coisa foi alterada, e apenas isso, acima do cartaz com o pedido de colaboração e os preços, foi instalado um quadro com uma imagem, mas essa mudança não foi comunicada a ninguém, pois fazia parte do experimento. Na primeira semana foi colocada uma imagem de flores, na outra semana a imagem era de olhos e assim sucessivamente, flores e olhos, ao longo de 10 semanas.

A intenção dos pesquisadores era descobrir se o sentimento de ser vigiado, emanado da imagem dos olhos, mesmo que não houvesse vigilância real alguma, seria capaz de elevar o espírito cooperativo dos funcionários, fazendo-os remunerar melhor pelos produtos que consumiam no balcão do café. Para isso, mediram o consumo semanal de leite, por ser mais fácil de registrar em relação aos demais produtos, e confrontaram com a arrecadação semanal na caixinha de

---

[9] O título original é *"Cues of being watched enhance cooperation in a real-world setting"*.

contribuições. Advinha o que aconteceu? Isso mesmo, na semana dos olhos as contribuições por litro de leite consumido aumentavam e na semana das flores, elas diminuíam, isso aconteceu em todas as 10 semanas. Acompanhe o resultado de suas descobertas na Figura 2.

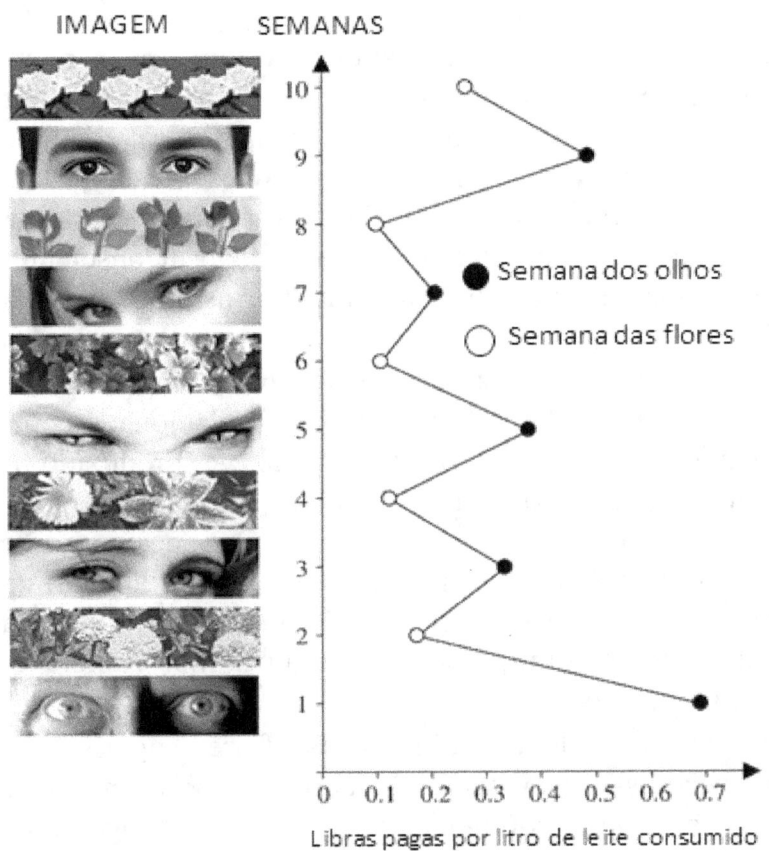

Figura 2 – Olhos e flores na mesinha do café
Fonte: Adaptado de Bateson, Nettle e Roberts (2006, p. 2)

Note que a simples mudança nas figuras, de uma semana para outra, foi capaz de afetar a disposição dos funcionários em contribuir para a compra dos produtos. A mudança nas imagens não alterou a vontade de beber leite, a média do consumo se manteve inalterada durante todas aquelas semanas, o impacto das imagens incidiu sobre a "honestidade" dos empregados. Para Bateson, Nettle e Roberts (2006), a imagem dos olhos despertou um sentimento inconsciente de vigilância que os conduzia a uma conduta socialmente aceitável, contudo, essa sugestão da vigilância desaparecia na semana das flores e com ela caia a vontade para contribuir.

Você sabe que a honestidade é um traço moral, seremos honestos mesmo com a certeza do absoluto anonimato, portanto, os funcionários não ficavam mais honestos quando os olhos apareciam, eles ficavam mais alertas à possibilidade de serem flagrados sendo desonestos, pois as imagens dos olhos despertavam medo inconsciente e conduzia à adaptação da conduta individual às normas sociais exigidas.

Por isso mesmo, a descoberta mais importante de Bateson, Nettle e Roberts (2006) não está relacionada com a honestidade, mas com o efeito de *priming* produzido no inconsciente e que foi capaz de afetar os julgamentos e tomadas de decisões conscientes. Os pesquisadores descobriram que é possível manipular o comportamento das pessoas por meio de uma preparação inconsciente de suas expectativas, bem como, descobriram que somos vulneráveis a essas manipulações.

O experimento dos olhos e das flores sugeriu outra ideia de pesquisa relacionada ao efeito de *priming* produzido pelas imagens, outra equipe decidiu avaliar se as logomarcas de cartão de crédito também podem afetar o nosso comportamento. Estamos tão habituados a vê-las em restaurantes, lojas, oficinas mecânicas, etc., que não imaginamos que a simples presença delas seja capaz de aumentar nosso gasto médio em um estabelecimento, mesmo que usemos dinheiro ou cartão de débito para efetuar o pagamento. Mas, as imagens afetam sim, foi o que descobriram Chatterjee e Rose (2012) em sua pesquisa publicada tendo essa pergunta como título: "A forma de pagamento pode alterar o modo como os consumidores avaliam os produtos?"[10]

Chatterjee e Rose (2012) anotaram o valor dos gastos médios por clientes em um estabelecimento quando as bandeiras dos cartões de crédito estavam visíveis aos clientes. No período seguinte elas mantiveram as máquinas e retiraram apenas as logomarcas dos cartões, anotaram novamente o gasto médio por cliente e descobriram que o gasto médio havia caído com a ausência das logomarcas. O mesmo estudo constatou que os garçons de um restaurante recebiam gorjetas mais gordas quando entregavam a conta aos clientes numa caderneta com a logo de um cartão, a gorjeta era menor quando a caderneta não continha a logomarca estampada. Certamente, o serviço do garçom era pior neste caso.

As imagens dos olhos e as logomarcas de cartões causaram o efeito de *priming*, os olhos preparam a nossa mente para a possibilidade de uma vigilância e acionam um comportamento mais cooperativo, enquanto as logomarcas preparam nossa mente para a felicidade do consumo e acionam um comportamento mais esbanjador. Esses efeitos são parecidos àquele que Ivan Pavlov[11] provocava nos cães de seus estudos sobre condicionamento, ao condicioná-los a sempre ouvir uma sineta antes de alimentá-los, após o condicionamento, bastava que Pavlov tocasse a sineta para que os cães começassem a salivar, mesmo na ausência do alimento ou do cheiro dele.

A diferença é que o efeito de *priming* não depende de um comando perceptível pelo consciente para ser acionado,

---

[10] O título original é: *Do Payment Mechanisms Change the Way Consumers Perceive Products?*
[11] Ivan Pavlov é o pai da Psicologia Comportamental e seus estudos sobre o comportamento humano lhe renderam o Prêmio Nobel em 1904.

basta que o gatilho seja percebido pelo nosso inconsciente para ele alterar o nosso comportamento. Foi desse modo que a imagem dos olhos produziu a expectativa da vigilância no Sistema 1 e provocou a disposição em contribuir para o leite, que foi decidida pelo Sistema 2, bem como, a logomarca do cartão evocou a sensação do prazer sem dor (consumir agora e pagar mais tarde), que estimulou à elevação dos gastos dos clientes.

Kahneman (2012) relata que o efeito de *priming* pode ser ativado por diferentes mecanismos e evocar inconscientemente uma ancoragem de expectativas, capazes de afetar o julgamento e as tomadas de decisões conscientes dos indivíduos, contudo, para a teoria econômica tradicional os elementos causadores do efeito de *priming* são fatores irrelevantes à tomada de decisões econômicas, pois esta é baseada em critérios racionais, sustentadas nos custos de oportunidade e na maximização da utilidade esperada. Na próxima seção aprofundaremos a investigação sobre a heurística da ancoragem, para entendermos de que modo ela atua para nos afastar da racionalidade econômica e nos conduzir a decisões piores àquelas previstas pela teoria econômica.

Âncoras e Decisões Econômicas

Agora que você já entendeu o que é ancoragem e como os elementos captados de modo inconsciente são capazes de afetar nossas tomadas de decisão, podemos avançar para compreendermos melhor de que forma as âncoras afetam nossas decisões econômicas e, para isso, vamos utilizar a avaliação do preço dos imóveis, que deveria depender somente de fatores objetivos, como: o tamanho, a qualidade estrutural, a localização e a disponibilidade de imóveis com características semelhantes à venda na mesma região (imóveis concorrentes). Com base nestes fatores, os

45

compradores e vendedores estipulariam seus preços de maximização, de um lado os vendedores em busca do maior ganho e, do outro, os compradores querendo pagar o menor preço, desse embate de interesses contrários, para haver um acordo, ambas as partes cederiam um pouco e se chegaria a um preço ruim para os dois lados.

Contudo, caso os compradores fossem influenciados por uma ancoragem alta, o valor percebido do imóvel subiria sem que nenhuma das características objetivas se alterasse, permitindo aos vendedores solicitar um preço superior àquele que seria obtido na ausência da âncora, pois os compradores sugestionados pelo preço elevado considerariam um bom negócio comprar o imóvel por um preço um pouco abaixo daquele que os ancorou.

Por outro lado, caso o vendedor seja sugestionado por um valor baixo, sua ancoragem poderia se dar a um preço bem menor àquele que o comprador estaria disposto a pagar e, caso houvesse uma oferta de compra um pouco acima daquele valor de ancoragem, o vendedor ficaria feliz em fechar negócio. Note, portanto, que a âncora pode afetar tanto compradores e vendedores, direcionando os preços para cima ou para baixo daquele que seria obtido em uma negociação sem a influência da ancoragem.

É claro que os corretores de imóveis sabem disso e sua experiência em negociar imóveis, bem como, a utilização de critérios objetivos de avaliação, tornam estes profissionais imunes aos preços âncoras. Não foi isso que descobriram os professores Gregory Northcraft e Margaret Neale em sua pesquisa com corretores de verdade, publicada em 1987 como o título de "Especialistas, Amadores e Imobiliárias: uma perspectiva de ancoragem e ajuste nas decisões de precificação de imóveis".

Northcraft e Neale (1987) queriam saber se os corretores de imóveis sofriam a influência de preços âncoras em suas avaliações de preços de imóveis, para isso puseram uma casa de verdade à venda, na cidade de Tucson (Arizona), e convidaram 21 corretores de imóveis para avaliar seu preço. Dividiram os corretores em 5 grupos e quando eles chegavam ao imóvel, recebiam um informativo com dez páginas sobre a casa, com uma única diferença, o preço de venda sugerido mudava no informativo conforme o grupo ao qual o corretor foi designado, desse modo:

1º grupo – Preço baixo = 65.900,00 dólares;
2º grupo – Preço baixo-moderado = 71.900,00 dólares;
3º grupo – Preço de mercado = 74.900,00 dólares;
4º grupo – Preço alto-moderado = 77.900,00 dólares; e
5º grupo – Preço alto = 83.900,00 dólares.

A intenção era verificar a capacidade que o preço sugerido tinha para influenciar o valor estimado pelos especialistas, uma vez que a única diferença na informação que recebiam era o preço de venda sugerido para cada grupo. O resultado apurado por Northcraft e Neale (1987) foi de que o preço alto afetava a avaliação dos corretores em 12% para cima, enquanto o preço baixo influenciava em 12% para baixo. O índice de influência foi de 41%, ou seja, quase a metade dos corretores submetidos aos preços baixos e altos foi afetada pelas âncoras sugeridas.

A mesma pesquisa foi repetida por Northcraft e Neale (1987) e desta vez convidaram 48 alunos de uma faculdade de administração. Os resultados dos estudantes não se afastaram muito dos obtidos com os corretores, na média os preços âncoras (alto e baixo) desviaram os preços em 14,6% para cima ou para baixo, e 48% dos alunos foram afetados pelas âncoras. A grande diferença entre corretores e alunos ocorreu na admissão do efeito de ancoragem, quando perguntados, nenhum corretor assumiu que o preço sugerido no informativo havia afetado sua avaliação, enquanto alguns alunos assumiram que levaram em conta os preços sugeridos em suas avaliações.

Outro estudo conduzido por Richard Thaler em 1985 demonstrou como o efeito de *priming*, criado a partir de uma expectativa previamente formada, pode ancorar os preços a partir de fatores completamente irrelevantes à tomada de decisão. Thaler submeteu seus alunos de um curso avançado para executivos a uma pergunta sobre o preço que pagariam por uma cerveja, a depender do local onde ela seria comprada. Contudo, o local de compra não seria desfrutado pelo consumidor, pois a cerveja seria comprada por outra pessoa e entregue para ser consumida em outro lugar. Vamos entender como foi esse experimento.

Thaler pediu aos seus alunos que se imaginassem tomando sol na praia junto com um amigo e que depois de algum tempo apreciando a paisagem, uma sede inesperada surge e há apenas água gelada para beber. De repente você comenta ao amigo que seria ótimo se vocês pudessem beber uma cerveja bem gelada, neste momento o seu amigo se levanta e avisa que precisa dar um telefonema (não havia muitos celulares em 1985) e que pode lhe trazer uma cerveja. Neste ponto os alunos são divididos em dois grupos, ao primeiro grupo é informado que o amigo vai comprar a cerveja em uma mercearia decadente ali perto e então é solicitado ao aluno que informasse qual seria o preço máximo a ser pago pela cerveja. Ao segundo grupo é dito que o amigo vai comprar a cerveja no bar de um hotel de luxo, e também é solicitado ao aluno que responda qual o preço máximo deveria ser pago pela bebida.

Há dois fatores para serem destacados neste experimento: o primeiro é que o produto a ser comprado é o mesmo, em marca e na quantidade, seja o comprado na mercearia ou no hotel; e o segundo é que o consumidor da cerveja não irá a nenhum dos locais, pois quem fará a compra é outra pessoa e, portanto, o ambiente luxuoso e o serviço oferecido no hotel não deveriam contar à formação do preço.

Mesmo tendo deixado esses dois fatores bem esclarecidos no experimento, os alunos de Thaler revelaram que estariam dispostos a pagar, em média, o dobro do preço pela cerveja comprada no hotel de luxo. A sugestão da origem do produto ativou o efeito de *priming*, criando uma expectativa de preço mais alto para a bebida comprada no hotel e menor vinda da mercearia, essas sugestões foram aceitas pelo Sistema 2 e se converteram em ofertas conscientes de preços mais altas e mais baixas para o mesmo produto, a depender do local de compra.

O experimento de Thaler (1985) ajuda a explicar outros fenômenos de preços ancorados por causa do efeito de *priming*, tais como: Em um restaurante estamos dispostos a pagar mais caro pelo vinho do que se o comprássemos no supermercado; ao levarmos o carro à oficina da concessionária de veículos, achamos normal pagar mais caro pelo mesmo serviço que poderia ser realizado, por um preço menor, em uma boa oficina do bairro; e na temporada de verão, sabemos que os preços na praia são mais caros e os aceitamos como normal. Em nenhum desses casos houve uma mudança objetiva nos produtos ou serviços adquiridos, a mudança ocorreu em nossa mente por meio do efeito de *priming*, que nos ancorou em expectativas de preços para cada local de compra ou de consumo.

A estratégia da ancoragem, intencional ou não, funcionou para Steve Jobs, o fundador da Apple, ao lançar o primeiro iPhone, em 2007. Na apresentação de lançamento, depois de apresentar e demonstrar todas as maravilhas do aparelho sem teclas, Jobs disse ao público que sua equipe de marketing havia definido o preço de venda do iPhone em 999 dólares, pois se tratava de um produto revolucionário, mas após muita luta conseguiu convencer sua equipe que o preço justo deveria ser de "apenas" 499 dólares. No outro dia houve fila nas lojas da Apple para comprar o aparelho, em parte porque os fãs da Apple adoram uma fila, mas também porque adoram uma pechincha[12].

Os especialistas têm um forte poder para ancorar preços quando há ganhos relacionados aos preços âncoras, ou comissões. Se você tentou dar seu carro de entrada para comprar um novo na concessionária, provavelmente irá se identificar com a minha história, que aconteceu em 2007. Eu tinha um carro com dois anos de uso e resolvi trocar por outro um pouco maior e com mais itens de conforto, como direção hidráulica e ar condicionado, que o usado não tinha.

Para facilitar a negociação, eu retornei à mesma concessionária onde havia comprado o carro que entraria na troca e escolhi o mesmo vendedor de antes e, papo vai, papo vem, ele disse que o meu carro poderia entrar na negociação, pois estava quitado, mas que antes, precisava pedir uma avaliação do carro. Cinco minutos depois o avaliador da loja apareceu para pegar os documentos e a chave do carro, passados quinze minutos e dois cafezinhos ele retornou, devolveu-me a chave e os documentos, então fez uma cara séria e falou dos riscos no para choque, do pneu meia vida, etc., e concluiu dizendo que o mercado de seminovos estava desaquecido e que o preço do carro era em torno de 15 mil. Eu olhei para o vendedor com uma cara de contradição, pois eu poderia vendê-lo facilmente por 20 mil, se o anunciasse nos classificados.

O avaliador saiu de cena, o vendedor pegou outro cafezinho e disse: "Paulo, pelo jeito você não gostou muito do preço do avaliador, né? Vou fazer o seguinte, como você é

---

[12] O aparelho que custava US$ 499,00 era a versão básica com 4 gigabytes de memória, a versão top com 8 GB foi oferecida por US$ 599,00. Os modelos mais caros do mercado tinham preços inferiores a US$ 300,00, como era o caso do BlackBerry 8800 vendido a US$ 299,00. É possível que Jobs tenha ficado ancorado no preço da concorrência e procurou não se afastar muito para evitar um fracasso de vendas.

um bom cliente e este é seu segundo carro aqui comigo, vou conversar com o gerente e ver o que podemos fazer". Cinco minutos depois ele retornou com um sorrisão no rosto e falou "Paulo, você não vai acreditar, consegui um negócio da China pra você, o gerente aceitou pagar até 17 mil no seu carro, mas você tem que fechar a compra do novo hoje, você topa?". Topei, lógico!

O valor de 15 mil sugerido pelo avaliador funcionou como uma âncora e o valor de 17 mil pareceu-me muito bom, pois como ninguém havia oferecido antes o valor de 20 mil esse valor não havia ancorado as minhas expectativas. Por outro lado, o preço do carro novo que ele estava negociando era de R$ 36.500,00 e o vendedor disse-lhe que por ser fim de mês podia dar um desconto e o carro sairia por "apenas" 35 mil, mas que na semana que vem o preço voltaria ao da tabela. Enfim, fui ancorado nos 15 mil para vender o velhinho e nos 36.500 para comprar o novo.[13]

No caso dos corretores de imóveis a sua comissão também está atrelada ao preço de venda do imóvel e ele fará esforço para vender o imóvel a um preço próximo ao limite superior do mercado. Contudo, as variações dos preços de venda impactam muito pouco em sua comissão, por exemplo: Um imóvel à venda por 300 mil rende à imobiliária 5% (15 mil) e metade disso é a comissão do corretor (7,5 mil). Caso o vendedor aceite uma oferta de 275 mil, receberá de comissão R$ 6.875,00 (R$ 625,00 a menos).

Imagine que você esteja comprando esse imóvel e queira comprá-lo por 275 mil, como o corretor está ancorado

---

[13] Para evitar a ancoragem, diga ao avaliador, antes dele pegar a chave do seu carro: "a outra loja me ofereceu 22 mil neste carro". Desse modo, quem ficará ancorado é o avaliador, que lhe voltara com um preço melhor e sobre este você "chora" mais um aumento com o vendedor, que também ficou ancorado aos 22 mil. No caso do preço do carro novo, diga que não pode gastar mais de 30 mil, este valor ancorará o vendedor e o forçará a melhorar o desconto sobre os 35 mil que ele pretendia cobrar.

no valor da sua comissão de 7.500,00 não ficará interessado em te ajudar a obter um preço inferior aos 300 mil, pois sua comissão irá cair. Sabendo disso, você poder oferecer um bônus ao corretor de mil Reais para ele te ajudar a obter o imóvel por 275 mil, o bônus supera a expectativa criada pela âncora e lhe permite economizar 24 mil Reais na compra. O corretor pode apelar à ética profissional para recusar sua oferta, uma vez que ele representa ambas as partes na intermediação, neste caso, ao menos você saberá que está negociando com um bom profissional.

Nesta seção você aprendeu que as âncoras distorcem a avaliação objetiva das coisas e nos afastam dos critérios objetivos de valor, que são sustentados na utilidade e na raridade de uma coisa e que direcionam as forças de mercado (oferta e demanda) à estipulação do preço que melhor atende às expectativas de compradores e vendedores. Contudo, a partir de um elemento que pode estar desvinculado do produto ou do serviço, a nossa mente fica ancorada em um valor e esta âncora será utilizada para tomar a decisão sobre o preço e nos faz desprezar os fatores objetivos de valor, como a quantidade, a qualidade, as condições de pagamento e o prazo de entrega.

Agora, vamos entender um pouco melhor de que modo os preços atuam para ancorar nossas expectativas por meio do efeito de *priming* e direcionar nossa mente para aceitar preços ou promoções, que segundo a lógica da racionalidade econômica são ineficientes para maximizar nossa utilidade.

O Preço como Âncora

A teoria econômica define que o valor é o determinante do preço e o valor das coisas é definido por fatores subjetivos, associados à utilidade que as coisas possuem para satisfazer uma necessidade, e por fatores objetivos relacionados à abundância ou escassez, bem como, à qualidade e a quantidade dos materiais utilizados, etc. Contudo, você já deve ter ouvido a expressão "se é caro, é bom", acredito que sim. Por isso, esperamos que as coisas mais caras sejam melhores que as similares mais baratas e quase sempre isto corresponde à realidade, quando são comparados os fatores objetivos de quantidade e qualidade.

O problema acontece quando não temos capacidade para avaliar as diferenças objetivas, e nem subjetivas, que definem o valor dos produtos ou serviços similares. Nestes casos, o preço entre os produtos serve para ancorar nossas expectativas de valor e será o elemento utilizado para comparar as diferenças de valor, ou seja, será a partir do preço que estimaremos a utilidade esperada daquele bem para satisfazer a nossa necessidade, e isso é o inverso da lógica econômica, segundo a qual o valor é resultado da utilidade esperada e a partir deste é que definimos o preço a ser pago.

Certa vez fui convidado para jantar na casa de um amigo que era muito fã de vinhos e entendia bem do assunto. Então, antes de aparecer na casa dele eu passei em uma adega para comprar uma boa garrafa para presenteá-lo, mas como sou um completo leigo no assunto, ao entrar no estabelecimento me deparei com uma infinidade de marcas (que eles chamam de rótulos), uma vasta variedade de tipos de uva (castas), distintas regiões vinícolas (*terroir*) e diferentes anos de produção (safras). Porém, a minha ignorância sobre tudo isso me levou a estipular uma faixa de preço, que considerei bem elevada, entre 150 a 200 Reais pela garrafa, e esperava desse modo surpreender meu amigo com um vinho muito bom. Ao fazer isso, usei o preço como uma âncora para o valor.

Agora, suponha que o dono da adega tenha comprado um vinho ruim da famosa região vinícola francesa de Borgonha, os bons vinhos desta região ele consegue vender acima de 500 Reais a garrafa, mas esse com uma qualidade muito inferior ele coloca em promoção "de 199,90 por 149,90". Quando bati o olho nessa promoção, a primeira âncora foi acionada, pois o desconto me pareceu muito bom e como meu entendimento do assunto é nulo, a segunda âncora também funcionou, pois o preço caro ancorou a minha expectativa de valor, "se é tão caro assim, deve ser muito bom", pensei.

Eu não resisti às âncoras e comprei aquele vinho francês e o entreguei ao meu amigo, que ao receber o presente fingiu muita satisfação, pois reconheceu na hora o meu erro de avaliação, mas não seria indelicado em me falar disso. Porém, em minha cabeça eu havia comprado um vinho bem caro e, portanto, aquela bebida deveria ser uma delícia. O meu amigo, contudo, por saber que dentre os vinhos franceses aquele é um dos piores, não desfrutará do presente e, provavelmente, o manterá guardado até encontrar a oportunidade para dá-lo de presente a alguém que também pouco entenda do assunto.

Perceba que na minha história o preço serviu de âncora para o valor, mas isso só ocorreu por causa da assimetria de informação, ou seja, porque nem todos conhecem tudo sobre vinhos, embora a teoria econômica padrão estabeleça que a informação seja simétrica e perfeita, de modo que todos sabem igualmente de tudo. Assim, a assimetria de informação me faz considerar que os vinhos de 200 Reais são melhores que o de 100 Reais e piores que os de 300 Reais. Contudo, para o meu amigo especialista e, portanto, alguém que detém mais e melhores informações do mercado de vinho, com os mesmos R$ 150,00 que gastei ele poderia comprar um dos melhores vinhos do Chile ou da África do Sul, que superam muito a qualidade do pior vinho de Borgonha.

Você aprendeu que os preços servem como âncora para sugerir a qualidade em várias situações, principalmente quando há vários produtos similares disputando a preferência dos compradores e é claro que as empresas sabem muito bem disso, e dentre as estratégias de marketing que adotam está o "posicionamento de preço", que é a definição do preço ao qual pretendem vender seu produto ou serviço, a partir dos preços dos concorrentes. Os estrategistas podem não saber a causa, mas sabem que o resultado é que o preço estabelecido para a venda servirá de âncora à expectativa dos consumidores, que o usarão para comparar a qualidade daquele produto em relação às demais opções, mesmo que nunca o tenham experimentado.

Um exemplo disso aconteceu no mercado de maionese no Brasil, cuja liderança de preço até o ano de 2013 era da marca Hellmann's. Os demais concorrentes aceitavam essa liderança de preço e posicionavam os preços de suas marcas sempre abaixo, uma vez que parecia ser impossível competir em qualidade com a tradicional marca líder. Neste ano a marca Heinz, líder no mercado dos Estados Unidos, entrou no Brasil e posicionou a sua maionese a um preço superior ao da Hellmann's, um fato inusitado naquele mercado dominado pela líder há mais de cinquenta anos. Como a maioria dos brasileiros desconhecia a maionese da Heinz, a única forma que este fabricante tinha para afirmar que a sua maionese era melhor que a Hellmann's, seria cobrar um preço mais caro e tornar-se a líder de preço.

Perceba que a estratégia da Heinz foi a de usar o preço para ancorar a qualidade do seu produto, ao se deparar no mercado com uma maionese com um preço maior que o da Hellmann's muitos consumidores concluíram que a qualidade devia ser superior também e decidiram tirar a prova, comprando o produto. Ao pagar o preço mais caro, sua mente foi sugestionada a esperar um produto melhor e como maionese industrializada é muito parecida, a comprovação da qualidade superior foi muito mais o resultado da sugestão a partir do preço mais caro, que das diferenças objetivas entre os produtos.[14]

Ao posicionar o seu produto a um preço superior ao dos concorrentes, uma empresa procura sinalizar aos consumidores que o seu produto é o melhor do mercado; ao escolher uma posição intermediária, sua intenção é sugerir que sua qualidade é quase igual ao do produto líder de mercado, mas não custa tão caro; e ao posicionar o produto entre os mais baratos, sinaliza que oferece uma qualidade padrão e um baixo preço. Tais posicionamentos de preços são complementados com mensagens publicitárias, que procuram reafirmar as qualidades dos produtos, sugerindo assim que o preço a pagar é sempre inferior ao valor que o consumidor obterá.

Note que as empresas, e principalmente as agências de publicidade, usam o preço como uma âncora de expectativas para desviar a percepção de valor em direção ao preço, de modo inconsciente, reduzindo assim a importância dos fatores objetivos e subjetivos da determinação do valor. Note que a nossa preguiça mental é a culpada por aceitarmos apenas o preço como base de comparação de valor, pois ao ancorar nossa expectativa o preço facilita a tomada de decisão e nos oferece conforto cognitivo, uma vez que substitui o complicado processo de comparar as características objetivas e subjetivas de cada produto, pela simples comparação de seus preços.

Os preços que acabam em noventa e nove, como por exemplo: 19,99, também ativam a heurística da ancoragem, pois a nossa mente lê o primeiro valor (19) e só depois o resto (99), assim ficamos ancorados no primeiro valor e não

---

[14] Se você não acredita que apenas o preço é capaz de convencê-lo a diferenciar a qualidade dos produtos, assista a um vídeo bem divertido no canal National Geographic que brinca com a influência do preço sobre a percepção de sabor das pessoas, para assisti-lo pesquise naquele portal de vídeos o termo *"Cakes of Deception"* (Bolos da Decepção).

no valor que realmente deveríamos considerar que é de 20,00 e que fica omitido para não causar o efeito de ancoragem indesejado. Quando o preço é muito elevado o valor de noventa é utilizado, como 999,90, e assim por diante (9.990,00 ou 99.900,00), contudo, o efeito da âncora é sempre o mesmo, fazer a sua mente se fixar no primeiro número, que é menor, e não para aquele que fica omitido e que é maior.

Ancoragem no zero

Dan Ariely, Kristina Shampanier e Nina Mazar realizaram um experimento com chocolates no campus do Instituto de Tecnologia de Massachusetts (MIT)[15], eles colocaram à venda os bombons Kiss, fabricado pela Hershey e as trufas fabricadas pela Lindt. A diferença de qualidade entre os dois bombons é grande, o Kiss é um bombom bem simples e por conta disso foi colocado à venda por apenas US$ 0,01 a unidade. Como as trufas da Lindt são mais sofisticadas e possuem mais teor de chocolate, o preço cobrado foi de US$ 0,15 cada. Os participantes só podiam comprar um tipo de bombom e apenas uma unidade do tipo escolhido, pois os preços estavam bem abaixo daqueles cobrados nos pontos de vendas. Os pesquisadores também puseram essa restrição para facilitar a avaliação das preferências dos consumidores.

Ao se deparar com preços tão atraentes e comparar as diferenças de qualidade dos produtos, a maioria dos estudantes do MIT preferiu comprar os bombons mais caros, 73% escolheram as trufas da Lindt e apenas 27% resolveram economizar comprando Kiss da Hershey. Shampanier, Mazar

---

[15] O artigo completo foi publicado em 2007 com o título de "Zero como um preço especial: O verdadeiro valor dos produtos grátis" (Zero as a Special Price: The True Value of Free Products).

e Ariely (2007) realizaram uma segunda versão do experimento, desta vez ofereceram o Kiss **grátis** e baixaram o preço das trufas para US$ 0,14. Advinha o que aconteceu? O resultado inverteu, desta vez 69% dos estudantes escolheram o Kiss, que era de graça, e apenas 31% aceitaram pagar pelas trufas da marca famosa. O que é irracional, sob o ponto de vista econômico, pois a diferença entre os preços continuou em quatorze centavos de dólares.

Conforme Shampanier, Mazar e Ariely (2007) constataram em seu delicioso experimento, parece que a palavra **grátis** é como um doce irresistível para o nosso cérebro e não é a toa que os publicitários exploram seu poder. Quem não gosta de ganhar alguma coisa? Sabendo disso, muitas estratégias se utilizam da ancoragem no zero para convencer-nos a comprar alguma coisa. Como assim? Se for grátis, não pagarei nada, é tudo *free*! Não é assim que a banda toca, o grátis é o chamariz, a isca para convencê-lo a levar outra coisa cujo preço cobrado é mais do que suficiente para custear o brinde "grátis". Quer ver?

Você já viu alguma empresa oferecendo "frete grátis"? Você não acha mesmo que o frete é grátis, ou acha? Mas, o produto fica bem mais interessante com o "frete grátis", não fica? Você compra o produto e no preço cobrado por ele tem um valor para custear o frete, simples assim. Mas você só comprou porque o frete era "grátis". Tem um banco que lhe oferece 10 dias "grátis" no cheque especial, muito bonzinho este banco. Ele só não te conta que se o saldo da conta continuar negativo após o décimo dia, no próximo dia você será cobrado pelos 10 dias que eram grátis e os subsequentes. O banco faz isso sabendo que muitos ultrapassarão os 10 dias "grátis".

Que tal parcelar uma geladeira em 10 vezes sem juros? Juro grátis! Nestas promoções é comum haver dois preços, um preço menor com desconto para o pagamento à vista e outro maior, chamado preço normal, para quem for parcelar a compra, que embute os juros das parcelas. O grande problema acontece quando não há desconto para a compra à vista, pois neste caso os clientes que não parcelam é que pagam os juros que deviam ser cobrados daqueles que parcelam.

De qualquer forma, o uso das expressões "juro zero" e "sem juros" é uma forma de afastar o sentimento de dor e tristeza de pagar juros, do ato prazeroso do consumo. Mesmo que essa estratégia seja um engodo, ela nos engana tanto quanto aquela de não arredondar os preços para que acabem em noventa e nove, pois é preciso forçar a nossa mente para interpretar as coisas como de fato são, ou seja, de que não há parcelamento sem cobrança de juros e de que todos os preços que acabam em noventa e nove devem ser arredondados para cima.

A ancoragem no zero tem um efeito forte sobre as nossas intenções, pois como veremos mais adiante, o ser humano tem uma natural aversão à perda e algo grátis não poderia lhe causar nenhuma perda. Por isso, cedemos muito facilmente ao apelo do grátis e podemos fazer escolhas ruins. Imagina que você decide comprar um carro novo e está indeciso entre duas marcas, uma delas é 3 mil Reais mais cara que a outra, mas oferece três anos de troca de óleo grátis. O modelo mais barato não oferece essa "cortesia", então, você se decide pelo carro mais caro. Mas, se você trocar o óleo do carro duas vezes ao ano, serão seis trocas de óleo "grátis", o que a preços médios de 2021 daria um total de R$ 1.200,00. Um valor bem distante dos 3 mil que era a diferença de preços entre os carros[16].

Como vimos acima, o grande problema com o grátis é quem paga por isso, pois nem sempre são os mesmos que

---

[16] Note que a "cortesia" fala apenas da troca do óleo, não inclui a troca dos filtros (de óleo, ar e combustível), que deve ser realizada conjuntamente e que poderão ser cobradas a preços de concessionária. A propósito, usei preços médios de 2022.

usufruem dos privilégios. Alguns cartões de crédito oferecem anuidade grátis aos clientes que baterem uma meta mensal de gastos, que costuma ser bem elevada, geralmente para as versões exclusivas do cartão (*Black, Diamond, Platinum*, etc.) que são concedidas apenas aos podres de ricos. Para oferecer o privilégio grátis aos sortudos é cobrada anuidade dos mais pobres, que possuem as versões populares dos mesmos cartões (*White, Glass, Aluminun*, etc.) e taxas maiores dos lojistas. Como os custos operacionais associados ao uso dos cartões são iguais em qualquer versão, então as operadoras estão de fato transferindo estes custos dos mais ricos – com suas versões grátis – aos mais pobres, que pagam as anuidades nas versões mais simples, e aos lojistas que pagam às operadoras um percentual superior sobre os valores negociados, sejam às vendas realizadas aos pobres ou aos ricos.

Entenda que "Grátis" é uma palavra mágica, mas é muito traiçoeira para a nossa mente. Portanto, toda vez que se deparar com ela, avalie quais são as implicações de aceitar algo grátis, pois pode lhe fazer trocar um chocolate divino, por uma imitação barata cheia de açúcar e gordura hidrogenada, bem como, comprar algo mais caro somente porque o frete ou outro serviço qualquer não será cobrado diretamente, e lembre-se que o grátis tem custo e se não é você quem paga, alguém vai pagar e pode ser alguém muito mais pobre que você.[17]

---

[17] Além do grátis está o *"cash back"*, ou "dinheiro de volta". Essa estratégia pode ser resumida desse modo: Cobra-se um preço maior hoje para devolver a diferença ao cliente na próxima compra. A vantagem para as empresas é tornar o cliente um refém do reembolso. Poderíamos apelidar essa estratégia de "Marketing de Estocolmo" em alusão à famosa síndrome que acomete os reféns de sequestradores.

Kahneman (2012, p. 177) define a heurística do afeto como sendo "um caso de substituição, em que a resposta para uma pergunta fácil (Como me sinto em relação a isso?), serve como resposta para uma questão muito mais difícil (O que penso sobre isso?)". Conforme veremos adiante, este atalho mental do afeto é uma das mais poderosas ferramentas que a nossa mente utiliza para tomar decisões, uma vez que antes de o ser humano desenvolver sua capacidade de analisar e refletir, com base no raciocínio lógico, já sentia medo, confiança, alegria, tristeza, prazer, dor, entre outros sentimentos e emoções que o permitia avaliar todas as coisas como boas ou ruins, e com base nesses afetos, tomar uma decisão sobre elas.

Conforme apontou o professor e psicólogo comportamental Paul Slovic, "confiar no afeto e na emoção é uma maneira mais rápida, fácil e eficiente de navegar em um mundo complexo, incerto e às vezes perigoso"(SLOVIC; 2006, p. 4), e esta confiança nos afetos foi muito útil à sobrevivência e à evolução das espécies animais[18]. Contudo, a partir do desenvolvimento de uma nova inteligência não afetiva, a racional, o ser humano se destacou dos demais animais ao submeter as suas percepções afetivas à análise da razão para decidir melhor o que fazer. Parece que isso foi um grande passo evolutivo à nossa espécie.

O psicólogo social Robert B. Zajonc foi o pioneiro a apontar os afetos como primários nas avaliações que fazemos sobre as coisas, mas ele precisou ir contra um pensamento que dominava a psicologia até a década de 1980, a de que o

---

[18] Segundo Finucane et al. (2000, p. 3), os afetos devem ser entendidos como qualificações de "bom ou ruim" que fazemos de maneira rápida e automática sobre as coisas, de modo consciente ou não, e que nutrem "sentimentos positivos e negativos" sobre elas e "orientam nosso julgamento e a tomada de decisões".

ser humano primeiro fazia uma análise racional sobre as coisas e depois definia o que sentiria sobre elas. Para ilustrar essa ideia que dominava a psicologia até 1980, imagine um garoto conhecendo uma garota, seu primeiro passo seria reunir informações sobre: sua família, condição de saúde, passatempos favoritos, capacidade intelectual, e etc. Com os dados reunidos e ponderados, analisaria tudo racionalmente e decidiria sobre o afeto que teria a seu respeito, se iria se apaixonar pela garota ou não.

Era assim que a psicologia procurava descrever as escolhas de cunho afetivo, até que Zajonc (1980) escreveu um singelo artigo para dizer que o garoto primeiro se apaixona pela garota e depois, se achar pertinente, reunirá as informações sobre ela e caso descubra algo problemático sobre a moça (como o fato dela ser uma Capuletto), é que as confrontará com os seus afetos primários, para tomar uma decisão racional. O título do artigo de Zajonc é "Sentimento e Pensamento: As preferências não precisam de inferências" *(Feeling and Thinking: Preferences Need No Inferences)*.

Perceba que pelo título Zajonc (1980) sugere que as nossas preferências não dependem da razão, pois "sentimos antes de pensar", mas ele vai além ao destacar que os afetos são processos mentais involuntários e formados por sensações primárias e dualistas (do tipo bom-ruim, agradável-desagradável, gostoso-desgostoso, etc.) e funcionam como marcas (*tags*) que colocamos nas coisas, que facilitam a recuperação do sentimento quando precisamos avaliar algo, assim, a heurística dos afetos funciona junto com a da disponibilidade, permitindo que nossa resposta seja rápida e quase sempre, precisa.

Segundo Kahneman (2012), a heurística do afeto é um atalho mental que funciona tanto como um processo mental consciente, como inconsciente. Quando o processo é inconsciente o nosso cérebro rotula uma coisa com algum tipo de afeto e nem percebemos, contudo, esse rótulo de bom ou de ruim afetará a nossa percepção desta coisa e, pode comprometer nosso julgamento sobre ela, conforme afirma o famoso ditado de que "a primeira impressão é a que fica". Quando consciente, temos conhecimento prévio sobre o nosso sentimento a respeito de algo, que pode ser de nojo, de prazer, de medo, etc., e esse sentimento no servirá para tomar alguma decisão sobre aquilo que nos provocou aquele afeto[19].

Uma frase que resume bem essa ideia foi apresentada pelo professor Zajonc em 1980: "Nós não vemos apenas 'uma casa', mas vemos uma bela casa, uma casa feia, ou uma casa pretenciosa",[20] enfim, conscientes ou não, sempre fazemos algum juízo de valor sobre as coisas e esse juízo nos orienta nas tomadas de decisão e depois buscamos alguma explicação racional para elas, ou como Zajonc nos alerta:

> Às vezes, nos iludimos achando que procedemos de maneira racional e avaliamos todos os prós e contras das várias alternativas. Mas provavelmente isso raramente acontece. Muitas vezes, decidir a favor de X, não é mais do que gostei de X. Compramos os carros que "gostamos", escolhemos os empregos e casas que consideramos "atraentes" e, em seguida, justificamos essas escolhas por vários motivos. (ZAJONC; 1980, p. 155)

A partir desse entendimento inicial sobre os afetos e como eles se convertem em um atalho mental, podemos conceituar a heurística dos afetos como uma atividade primária que nossa mente realiza de modo involuntário,

---

19 Segundo Finucane et al. (2000, p. 3), os afetos devem ser entendidos como qualificações de "bom ou ruim" que fazemos de maneira rápida e automática sobre as coisas, de modo consciente ou não, e que nutrem "sentimentos positivos e negativos" sobre elas e "orientam nosso julgamento e a tomada de decisões".

20 A frase original de Zajonc (1980, p. 154) é "We do not just see 'a house': We see a handsome house, an ugly house, or a pretentious house".

consciente ou não, e que irá marcar as coisas percebidas com algum afeto, o qual servirá de informação para julgamentos imediatos ou futuros.

Perceba que seja como for, inconsciente ou consciente, sendo os afetos uma atividade involuntária como o bater do nosso coração, você não pode evitar colocar rótulos de afeto nas coisas, mas pode entender como esse mecanismo funciona para lidar melhor com ele e tomar decisões melhores, ao invés de seguir o rumo do seu próprio coração.

Quando você escuta a palavra "sangue", sensações são provocadas e, antes mesmo de saber do que se trata, um sentimento de medo ou de preocupação é acionado, mas a palavra pode ser apenas a referência à cor vermelha de um lindo vestido, e quando você escuta a palavra "brigadeiro", a sua boca se enche de saliva e sua mente imagina um docinho de chocolate com cobertura granulada, mas quando descobre que estão falando de um oficial da força aérea, a sua vontade de comê-lo tende a desaparecer, certamente. É por conta disso que é importante entender o funcionamento dos afetos, porque às vezes eles falham em guiar as nossas decisões, principalmente aquelas que envolvem risco.

A Heurística dos Afetos e as Decisões de Risco

Você concordaria em correr um grande risco para obter um pequeno ganho? Lógico que não! Perguntado desta forma creio que ninguém aceitaria, mas você sabia que os nossos afetos são capazes de nos fazer tomar decisões de alto risco para obter um pequeno benefício como retorno? Se você não acredita nisso, responda-me a esta questão: Você precisa ir de São Paulo a Belo Horizonte a trabalho, a empresa pagará todos os custos da viagem e você pode escolher ir de ônibus ou de avião, qual é a sua escolha? Não tenho como saber a sua resposta, mas se você tem pavor de avião, posso presumir que escolherá ir de ônibus.

Todos os anos milhões de pessoas ao redor do mundo trocam o avião pelo carro, ou outro transporte rodoviário, e não fazem isso porque seja mais barato viajar por terra, mas porque elas têm medo de voar, e assim, assumem um risco maior de sofrer um acidente na estrada, que estatisticamente é maior que os aéreos. Para as pessoas que possuem esta fobia não tem estatística capaz de convencê-las, o medo de avião predomina e inverte a relação entre risco e benefício, de modo que elas preferem correr mais risco para obter um benefício menor.

Os descobridores dessa relação inversa entre risco e benefício, associada aos afetos, foram Melissa Finucane e Paul Slovic, e a revelaram no artigo intitulado "A heurística dos afetos no julgamento de riscos e benefícios" publicado em 2000. Finucane *et al.* (2000) realizou uma pesquisa para verificar de que modo os afetos são capazes de interferir na avaliação dos benefícios e dos riscos, levando as pessoas a pesar menos os riscos quando gostam de alguma coisa e a reduzir os benefícios que podem usufruir de outra, quando não gostam.

Segundo Finucane *et al.* (2000, p. 4), "se uma atividade é prazerosa, as pessoas tendem a julgá-la de baixo risco e elevar seus benefícios, enquanto outra atividade desagradável será avaliada como de alto risco e de baixos benefícios". Logo, para quem gosta de viajar de avião este meio de transporte é de baixo risco, como as estatísticas comprovam, e os benefícios são elevados, mas para quem tem medo de avião esse transporte é de alto risco, contrariando as estatísticas, e os benefícios mínimos.

Para Finucane *et al.* (2000) os nossos afetos são o ponto de partida para avaliarmos alguma coisa, mesmo que de modo inconsciente, e esta avaliação involuntária e automática fica mais disponível do que aquela que obtemos

65

do Sistema 2, que é fruto de uma avaliação criteriosa de todos os prós e contra, isto porque a avaliação afetiva é primária e provoca uma marcação (*tag*) em nossa memória associada às coisas, quando recuperamos da memória as informações destas coisas, vem junto a *tag* afetiva e esta auxilia na tomada de decisão, ao reduzir os processos mentais necessários à avaliação objetiva daquela coisa. Exemplos:

Coisa	Tag	Avaliação de Risco	Tag	Avaliação de Risco
Piscina	Bom	Baixo	Ruim	Alto
Escalada	Bom	Baixo	Ruim	Alto
Cigarro	Bom	Baixo	Ruim	Alto
Cirurgia plástica	Bom	Baixo	Ruim	Alto
Viagem aérea	Bom	Baixo	Ruim	Alto
Pitbull	Bom	Baixo	Ruim	Alto
Arma de fogo	Bom	Baixo	Ruim	Alto

Quadro 1 – Exemplos de Afetos e Avaliação de Risco
Fonte: Elaboração do autor com base em Finucane *et al.* (2000)

Perceba que as coisas relacionadas no Quadro 1 podem gerar afetos diferentes para cada indivíduo e a partir do sentimento atribuído às coisas, positivo ou negativo, também avaliamos o risco potencial e isso é uma atividade inconsciente e involuntária que impele as pessoas às coisas que gostam e as afasta daquilo que não gostam, mesmo que os dados objetivos contrariem os afetos, estes não são desligados pela razão, eles brigam com ela e geralmente ganham.

Imagine que você tenha medo de cachorros da raça Pitbull e que por má sorte tem um amigo que adora, e até tem um de estimação. Por mais que seu amigo fale que ele é dócil e brincalhão ("o Titan parece um bebezão", fala o amigo), e mesmo que você nunca tenha visto o Titan sendo agressivo, a sua mente associou aquela raça de cachorro à *tag* "ruim" e avaliou a presença do cão com risco elevado. Quando seu amigo te encontra trazendo consigo o Titan, a sua mente dispara os mecanismos de defesa e uma forte ansiedade é despertada, que só desaparece quando ele leva o "bebezão" embora.

Perceba que o seu amigo pode ficar até chateado contigo, pois na mente dele a *tag* associada à raça Pitbull é "alegria" e, portanto, para ele o medo que você sente é injustificável. Mas, quando você o convida para viajar ao nordeste nas férias ele concorda, mas lhe impõe uma condição: somente se vocês forem de ônibus. É que ele morre de medo de avião.

A Heurística dos Afetos e as Decisões de Consumo

Para entendermos como a heurística determina o comportamento do consumidor vamos falar de futebol? Se você não gosta deste esporte, já sei que não gostará da minha proposta, tudo bem, encare-a então como um desafio. Você deve concordar comigo que o futebol é um esporte que apaixona os torcedores, ao ponto deles idolatrarem os símbolos do time do coração e demonstrarem aversão àqueles que representam os rivais, dentre esses símbolos estão as cores.

Em Porto Alegre há dois times de futebol e uma grande rivalidade entre eles, o Internacional que é representando pela cor vermelha, ou "colorado", e o Grêmio que é representado pela cor azul ou "celeste". Imagine que um gremista vá a uma revenda de carros usados para comprar um veículo e nela há dois modelos iguais e do mesmo ano de fabricação, mas um deles é celeste e o outro é colorado. Depois de uma boa olhada ele descobre que o vermelho está "inteiraço", tem uma baixa quilometragem, todas as revisões foram devidamente feitas e os pneus estão quase novos, uma preciosidade. O azul está bem "detonado", a quilometragem bem alta, nem tem o manual do proprietário para saber das revisões e os pneus estão quase carecas.

Agora suponha que o carro vermelho seja 5% mais caro que o carro azul. Será que o gremista aceitaria comprar um carro com a cor do time rival e ainda pagar mais caro por isso? Claro que não! Ele vai preferir o risco com o carro celeste a ser visto por aí dirigindo um colorado. Mesmo que tenha feito uma avaliação melhor do carro vermelho e saiba que o preço maior é justificado pelo melhor estado dele em relação ao carro azul, a cor vermelha desperta nele um sentimento de desgosto e reduz os benefícios do carro. Por outro lado, quando viu o carro azul sua paixão pelo tricolor gaúcho elevou as qualidades da "lata velha" e seu preço menor encobriu o risco maior associado à má conservação do carro.

Perceba que ao dar rótulo de afeto a uma cor, azul bom e vermelho ruim, o consumidor gremista assumiu um custo econômico que não haveria se as cores dos carros envolvidos na negociação fossem prata e preto. Portanto, nossos afetos influenciam nossas tomadas de decisões econômicas, ao alterar o valor percebido das coisas em função de elementos subjetivos, como a cor de alguma coisa ou a marca de seu fabricante, que não alteram as características objetivas de um bem e, portanto, são fatores supostamente irrelevantes à tomada de decisão, segundo a teoria econômica padrão.

Os Afetos Pelas Marcas

Talvez o elemento mais importante para ativar o atalho mental dos afetos em nossas decisões econômicas sejam as marcas, que são capazes de despertar sentimentos como paixão ou ódio, tal qual um clube de futebol. Vamos entender melhor a influência das marcas a partir do experimento conduzido pela equipe de neurocientistas liderada pelo professor Samuel McClure[21], que realizou testes com consumidores de Coca-Cola e de Pepsi-Cola para entender o papel das marcas de refrigerante sobre as preferências deles, do ponto de vista fisiológico, ou seja, a partir dos impactos das marcas sobre a atividade cerebral.

Os voluntários foram divididos em três grupos e o teste foi realizado em uma máquina de ressonância magnética, eles deviam ficar deitados e imóveis para que a máquina captasse as reações do cérebro durante o experimento, e para que pudessem beber o líquido este seria servido através de um canudo. Os grupos foram assim divididos:

Grupo 1) Fãs de Coca e Pepsi: estes não entrariam na máquina de ressonância, mas receberiam três pares de copos sem identificação e teriam que identificar a marca da bebida de cada copo;

Grupo 2) Fãs de Coca e Pepsi: estes beberiam na máquina de ressonância, mas não saberiam a marca servida e seriam solicitados a dizer o que estavam bebendo;

Grupo 3) Fãs de Coca: estes seriam informados sobre a marca do refrigerante antes da bebida ser oferecida, embora pudessem ser enganados ao receber a outra marca; e

Grupo 4) Fãs de Pepsi; estes seriam informados sobre a marca do refrigerante antes da bebida ser oferecida, embora pudessem ser enganados e receber a outra marca.

---

21 O artigo do experimento de McClure et al. foi publicado com o título *"Neural Correlates of Behavioral Preference for Culturally Familiar Drinks"* em 2004, na revista Neuron. "Correlações neurais do comportamento preferencial por bebidas culturalmente familiares".

O Grupo 1 revelaria a capacidade dos voluntários em identificar a marca da bebida e os testes revelaram que a maioria deles não conseguiu acertar. O Grupo 2 analisaria os efeitos das bebidas no cérebro sem a informação da marca e os Grupos 3 e 4 revelariam como o afeto à marca afetaria o cérebro dos voluntários.

A equipe de McClure et al. (2004, p. 384) descobriu que a atividade dos voluntários do Grupo 2 não foi afetada pela diferença de marca, pois eles "dividiram igualmente a preferência por Coca e Pepsi, na ausência de informações sobre a marca". Os exames de ressonância revelaram que os participantes do Grupo 2 foram afetados pelas características físico-químicas das bebidas açucaradas, mas o cérebro deles não conseguiu identificar a marca da bebida que consumiram.

Contudo, quando a marca era informada, no caso dos Grupos 3 e 4, algo diferente aconteceu, principalmente no cérebro dos fãs da Coca, conforme revelaram McClure et al. (2004, p. 385), "não encontramos influência significativa do efeito da marca nos testes de sabor para a Pepsi, em contraste com a tarefa anônima. Por outro lado, houve um efeito dramático da marca Coca no comportamento de preferência dos indivíduos". Dan Ariely resumiu desta forma as descobertas da equipe do professor McClure sobre o impacto da marca Coca nas áreas do cérebro que comandam as nossas emoções:

> Eis o que aconteceu. Sempre que alguém dava um gole de uma das duas bebidas, era estimulado o centro do cérebro associado com fortes sentimentos de ligação emocional, chamado córtex pré-frontal ventromedial. Mas, quando os participantes sabiam que beberiam Coca-Cola, acontecia algo a mais. A zona frontal do cérebro, a parte dorsolateral do córtex pré-frontal - uma área envolvida em funções cerebrais mais elaboradas como memória operativa,

70

associações e ideias e cognição de altas ordens - também era ativada. (ARIELY; 2009, p. 156)

Segundo Ariely (2009) a parte dorsolateral do córtex pré-frontal, que foi ativada nos consumidores que disseram preferir Coca e foram informados que beberiam esta marca, está relacionada ao centro de prazer e é a responsável por liberar dopamina, um hormônio que provoca sensação de bem estar. A equipe de McClure (2004) descobriu que esta parte também foi ativada no cérebro dos voluntários do Grupo 4, que disseram preferir Pepsi e eram informados que receberiam esta marca, mas em uma intensidade bem menor ao que se verificou no Grupo 3, de fãs de Coca, mesmo quando esses eram avisados que beberiam Coca mas eram enganados e recebiam Pepsi.

Embora nos testes cego as duas bebidas sejam indistinguíveis, a marca Coca tem um apelo afetivo muito maior que a sua concorrente, ou seja, os consumidores preferem a Coca porque gostam mais da marca e não porque o líquido é mais saboroso. Os experimentos de McClure (2004) revelaram que as marcas despertam os nossos afetos e se esses forem de prazer, nos farão gostar mais de um produto que de outro, mesmo que as características deles sejam idênticas e seja impossível de distingui-los em um teste cego.

> Para qualquer agência de publicidade, esta informação é excelente porque significa que as latas em vermelho vivo, as letras em espiral e as inúmeras mensagens que martelaram os consumidores ao longo dos anos (como "As coisas melhoram com...") são tão responsáveis pelo amor à Coca-Cola como o próprio líquido borbulhante. (ARIELY; 2009, p. 157)

Outro estudo comandado pela equipe da professora Hilke Plassmann, especialista em Neurociência da Decisão, submeteu quarenta e cinco voluntários a testes de ressonância magnética cerebral em uma atividade de escolha de vários produtos quase iguais, mas de marcas diferentes, para verificar quais áreas do cérebro eram ativadas quando uma marca forte aparecia para a escolha e quando ela não aparecia. A marca forte foi chamada de marca de primeira escolha e podia tanto ser a marca líder de mercado (ex.: Coca-Cola, Nike, etc.), como a favorita do voluntário (ex.: Apple, Lacoste, etc.).

A pesquisa de Plassmann *et al.* (2006, pp. 13-14) revelou "que a presença de uma marca subjetivamente forte conduz a uma heurística de decisão que é caracterizada por menor processamento de informação analítica", ou seja, apenas o Sistema 1 era ativado no processo de escolha quando a marca forte aparecia dentre as que deviam ser escolhidas. Por outro lado, quando a marca forte não aparecia, o voluntário apresentava mais atividades cerebrais para realizar a escolha, mais áreas do cérebro eram ativadas e um gasto maior de energia era consumido, pois o Sistema 2 precisava entrar em ação para efetuar uma avaliação das marcas que permitisse obter uma classificação e uma decisão.

Os estudos de Plassmann *et al.* (2006, pp. 13-14) permitiram concluir que a presença da marca preferida pelos voluntários inibia a ativação das áreas do cérebro responsável pelo processamento analítico, o Sistema 2, enquanto a ausência dela ativava essas áreas. Logo, quando a marca favorita estava entre as escolhas possíveis ela causava um efeito de "o vencedor leva tudo", ao evocar a heurística do afeto e, com isso, inibir a ativação das áreas do cérebro responsáveis pela "ponderação analítica dos atributos do produto da marca", restringindo assim a capacidade de avaliação dos produtos das outras marcas. Esta capacidade analítica só retornava quando a marca favorita não estava entre as escolhas possíveis, conforme revelaram as ativações das áreas cerebrais nesta condição de escolha.

Digamos que você goste de cerveja e está no supermercado para comprar um caixinha com 12 unidades da sua marca favorita, ao chegar à gôndola e encontrá-la, nem olhará para os lados para ver quais outras marcas você poderia escolher e rapidamente coloca a caixinha que foi comprar em seu carrinho. Contudo, caso você chegue à área das cervejas e não encontre a sua marca favorita e mesmo assim decida levar uma caixinha para casa, bom, daí é certo que você perderá um tempão tentando comparar a qualidade das outras marcas e seus preços, até decidir qual irá levar. Foi isso que a equipe da professora Hilke Plassmann descobriu com a ajuda da ressonância magnética.

Tanto os estudos de McClure *et al.* (2004), quanto os de Plassman (2006), evidenciaram que as marcas estão associadas à heurística dos afetos e ao processamento automático das tomadas de decisões, e isto acontece porque ao longo do tempo criamos em nossa mente um bloco de informações sobre a marca, no qual registramos além das características objetivas, também os nossos afetos referentes à marca favorita e toda vez que nos deparamos com ela pulamos a etapa da avaliação, que não é mais necessária, e vamos direto à escolha.

A associação afetiva da marca distorce a percepção dos produtos e desvia as preferências do consumidor em favor das marcas preferidas, mas as marcas não são os produtos, estes ficam dentro das embalagens. O mesmo produto quando consumido sem nenhuma identificação de marca perde essa vantagem afetiva e deverá ser avaliado por suas características objetivas e subjetivas próprias (sabor, textura, cheiro, aparência, etc.), exigindo esforço mental e gasto de energia, o que causa desconforto cognitivo, conforme descobriu a equipe da professora Hilke Plassmann.

Cultivar afetos pelas marcas poupa energia mental e é uma estratégia útil ao nosso cérebro, pois permite tomar decisões mais rápidas e com um elevado grau de acerto, se

73

considerarmos o grau de satisfação que o consumo dos produtos de marcas favoritas nos proporciona, embora essa satisfação seja causada pelo efeito de *priming* da marca, que nos estimula previamente, como descobriram Finucane e Slovic. Contudo, o que as equipes de McClure e de Plassmann descobriram é que este efeito é visível nas áreas do cérebro que estão associadas aos nossos afetos e não àquelas que elaboram os processos lentos de avaliação.

Perceba que as marcas servem para a nossa mente, de maneira consciente ou não, ordenar as nossas preferências a partir de nossos afetos, das que mais gostamos até as que não gostamos, mas este é um ordenamento de marcas e não das coisas que realmente consumimos. Por outro lado, para a teoria do consumidor a marca não deveria ter nenhuma influência no ordenamento de nossas preferências, a única coisa que deveria importar é o produto, o que está dentro da embalagem. Sei que parece uma teoria ingênua, mas se você parar para pensar, nós não consumimos as marcas, mas os produtos delas, portanto, a teoria está certa, resta apenas convencer a nossa mente disso.

O lado bom da heurística do afeto é que economiza tempo nas escolhas por marcas, o lado ruim é que este atalho mental tem seu custo e pode nos conduzir a uma escolha economicamente ineficiente, ou seja, dentre dois ou mais produtos iguais, somos levados à escolha daquele mais caro a fim de evitar o desconforto cognitivo causado pela necessidade de avaliar os produtos. Isso confere às marcas líderes de preferência um maior domínio sobre o preço de venda de seus produtos, que podem ser mais caros, e esta diferença de preço serve ao financiamento das campanhas publicitárias que reforçam ainda mais o apelo afetivo da marca líder na mente dos consumidores, sem com isso, alterar em nada as características do produto oferecido.

Heurísticas dos Afetos e Decisões Financeiras

Agora vamos falar de mercado de capitais, onde as emoções não tem vez. Será? Quem lida com bolsa de valores desde a época da boleta em papel, sabe que existem as empresas "queridinhas" do mercado, isso mesmo, alguns investidores se apegam sentimentalmente às empresas[22]. Se você não acredita ainda, analise com cuidado a tabela abaixo e verifique com atenção os dados das duas empresas; o faturamento anual, o lucro anual e a taxa de rentabilidade (lucro/faturamento) ao longo de três anos.

Ano	EMPRESA ALFA			EMPRESA BETA		
	2018	2019	2020	2018	2019	2020
Faturamento Anual (R$ mi)	4.162	4.723	4.800	14.602	18.112	25.496
Lucro Líquido Anual (R$ mi)	892	1.080	996	573,4	943,5	340,2
Taxa de Rentabilidade	**21%**	**23%**	**21%**	**3,9%**	**5,2%**	**1,3%**

Tabela 1 – Comparação Financeira das Empresas Alfa e Beta
Fonte: Comissão de Valores Mobiliários (CVM)

Acompanhe a rentabilidade da empresa Alfa e perceba que é mais consistente e elevada, sempre acima de 20% ao ano, enquanto a taxa da empresa Beta é baixa e inconstante. Em meados de setembro de 2020, uma das empresas estava cotada na bolsa de valores brasileira (a B3) em R$ 92,00 por ação e a outra cotada em apenas R$ 5,50. Com base nos

---

22 Boleta é um pequeno formulário onde se presta todas as informações de uma operação na bolsa, tais como: Cliente; Tipo de operação (compra ou venda); Ativo (aquilo que o cliente está negociando); Quantidade; e) Cotação; f) Corretora; e g) Data da operação. Antigamente, tudo isso era informado nas boletas de papel e os operadores de pregão, quando fechavam uma operação, as entregavam no balcão da bolsa (na pedra), onde o funcionário checava os dados e fechava a ordem. Hoje a boleta é eletrônica, uma "caixinha" na tela, onde se preenche essas informações antes do envio da ordem ao sistema da bolsa.

resultados financeiros da tabela você saberia dizer qual ação tinha a menor cotação?

Neste período a empresa Alfa estava cotada em apenas R$ 5,50 por ação, ou seja, suas ações valiam dezessete vezes menos que as de Beta, embora os dados financeiros de Alfa tenham sido muito melhores e bem mais consistentes. Ficou curioso e quer saber quais são estas empresas? A empresa Alfa é uma empresa monopolista que atua no ramo de água e esgoto e atende a todo o estado do Paraná (Sanepar), e a empresa Beta é uma empresa de varejo físico e on-line que atua em todo o território brasileiro (Magazine Luíza).[23]

A "Magalu", como é carinhosamente chamada, conquistou os corações e mentes dos investidores ao reverter uma situação financeira crítica entre os anos de 2012 e 2016, neste período suas ações chegaram a valer menos de cinquentas centavos de Real, e após sua recuperação ela se tornou a vice-líder em seu mercado em 2019 (as Lojas Americanas era a líder), deixando para trás outra grande empresa do varejo nacional, a Via Varejo, grupo que reúne Casas Bahia e Ponto Frio.

A história de superação da Magalu provocou um grande interesse dos investidores e entre os anos de 2018 e 2020 as suas ações subiram 900%, de R$ 10,00 para R$ 100,00. Embora sua rentabilidade não tenha crescido nem

---

[23] Usei o preço de meado de setembro de 2020, pois no dia 29 deste mês a Magalu deu mais três ações para quem tivesse uma ação dela, assim, neste dia os preços de cada ação foi divido por quatro, essa manobra é chamada de *split* pelo mercado. Esta simples manobra que quadruplicou a quantidade de ações da companhia foi capaz de tornar a ação "mais barata" à percepção dos investidores e despertou ainda mais interesse deles na empresa, levando à continuidade da elevação na cotação das ações, que bateram em R$ 27,45 no dia 5 de novembro de 2020, equivalente a R$ 110,00 por ação antes do *split*. Sim, essa estratégia também é explicada pela Economia Comportamental, uma vez que o preço é um sinalizador forte para os compradores, se eles pensavam que a empresa era boa, mas que R$ 110,00 parecia caro, agora aos R$ 27,50 o que era bom e ficou "barato". Uma doce ilusão, mas que funcionou.

perto daquele percentual, como você percebeu na tabela a rentabilidade acima, que se manteve baixa e oscilante.

O Magazine Luiza atua num mercado altamente concorrencial e no qual são comuns casos de falências, inclusive de líderes de mercado como foi o caso da Mesbla. Logo, as ações da Magalu oferecem mais risco que as da Sanepar que atua como monopolista em um mercado com elevadas barreiras à entrada de concorrentes e cujo produto e serviço oferecidos são essenciais e insubstituíveis (água tratada, coleta e tratamento de esgoto). A Sanepar corre o risco de ingerência estatal, uma vez que o controlador da empresa é o Governo do Paraná. Contudo, nada comparado ao risco de falência que existe no ramo de varejo.

Devido a esses fatores de mercado, uma avaliação objetiva indicará que o risco da Magalu é maior que o da Sanepar, porém a rentabilidade da lojista é menor e, mesmo assim, as suas ações valiam dezessete vezes a mais em 2020. Bom, acho que você sabe o porquê, pois aprendeu com o professor Slovic que gostar de algo reduz o seu risco e eleva os benefícios e, no caso da Magalu, tudo indica que nem os investidores do mercado de capitais estão imunes aos efeitos da heurística dos afetos.

O caso da Magalu, conforme alertou Thaler (1993)[24], não é um fato isolado no mercado de capitais brasileiro, mas atinge os investidores norte americanos que avaliam as empresas com baixa rentabilidade por ação como mais promissoras que as empresas de elevada rentabilidade. Para cometer esse engano Thaler descobriu que alguns investidores são vítimas de um gatilho mental, que é o múltiplo P/L[25], quanto maior o valor desta relação, mais os investidores consideram a empresa boa, e como tudo que é bom é desejado, a mente avalia a empresa por este indicador

---

[24] Essa conclusão Thaler expôs num artigo intitulado "Avanços em Finanças Comportamentais" (*Advances in Bevavioral Finance*).
[25] P/L: Preço dividido pelo Lucro por Ação.

apenas. Porém, usar um elevado valor de Preço/Lucro por ação para avaliar positivamente uma empresa não faz nenhum sentido, conforme advertiu Thaler (1993), pois este múltiplo elevado indica uma ação sobrevalorizada, enquanto um valor baixo indica subvalorização.

Como o múltiplo P/L revela quantos anos são necessários para recuperar o investimento com os lucros gerados, se a cotação for R$ 10,00 na bolsa (P = 10) e o lucro por ação for R$ 2,00, então o valor de P/L será de 5 (10/2=5), neste caso a empresa levaria cinco anos para devolver em lucros o preço pago por uma ação. Caso a cotação fosse de R$ 20,00 e o lucro por ação de R$ 2,00 (P/L = 10), a empresa levaria 10 anos para devolver com lucros o valor do investimento. Claro, considerando que o futuro repita o passado e que todo o lucro se converta em dividendos pagos aos acionistas, duas coisas que não acontecem.

Logo, quando maior o P/L, mais tempo leva para recuperar o investimento e no caso do Magazine Luiza, em setembro de 2020 o lucro por ação foi de R$ 0,05 e após o desmembramento das ações, ocorridas naquele ano, a sua cotação na bolsa estava em 25,00 por ação, logo, seu PL era de 500 (25/0,05). Portanto, o investimento nas ações da Magalu seria pago com lucros somente após 500 anos, se ela conseguisse manter os lucros atuais por tanto tempo. Se, por sorte, o lucro dela aumentasse em dez vezes logo após a compra das ações, ainda assim, demoraria 50 anos.[26]

---

[26] Os valores foram calculados após o desdobramento das ações (*split*), que concedeu mais três ações para cada uma que os acionistas possuíssem em setembro de 2020. Bem como, a cotação das ações foi obtida após o *split*. Valores do cálculo são estes:
a) LL = R$ 340 milhões (Lucro Líquido do Magazine Luiza, acumulado de out/19 a set/20);
b) Q = 6,5 bilhões (Quantidade de ações MGLU3 que foram emitidas);
c) L = R$ 0,05 (L = LL/Q), o lucro por ação é a razão entre o lucro líquido a quantidade de ações;
d) P = R$ 25,00 (Cotação média de cada ação em setembro de 2020); e

Segundo Richard Thaler (1993), parece que os investidores da Magalu pensam assim: Se o múltiplo de Preço/Lucro é alto, então a empresa deve ser boa, logo, comprarei ações dela. Contudo, esse movimento de compra eleva ainda mais a demanda pelas ações e o seu preço continua aumentando e, com isso, aumenta também o múltiplo P/L, confirmando as expectativas dos investidores (você aprenderá isso em Viés de Confirmação), o que serve de reforço para continuar investindo nas ações da empresa, gerando um efeito autossustentado de crescimento do P/L e uma inflação artificial do ativo, enfim, uma bolha.

Você pode estar confuso e se perguntando: Por que um elevado e crescente valor de P/L não é uma coisa boa? Porque revela que uma empresa com baixa rentabilidade está ficando cada vez cara, e continuar comprando mais ações só porque o P/L está subindo, em função do aumento de seu preço, é irracional e apenas os afetos poderiam justificar essa atitude.

Do ponto de vista da racionalidade econômica a decisão de investimento é baseada no custo de oportunidade do capital, portanto, se houver outras empresas com P/L menor, e por isso, mais rentáveis, e com um risco parecido ou menor, estas empresas é que deveriam despertar o interesse dos investidores racionais. Só para matar a sua curiosidade, o múltiplo P/L da Sanepar no mesmo período era de 7,2.

Em outro estudo que pretendia conhecer o impacto dos afetos nos julgamento de empresas, MacGregor et al. (2000)[27] queria saber se as empresas que abririam capital na

---

e) $P/L = 25/0,05 = 500$ anos (Tempo estimado para o retorno do capital investido).

[27] Fazia parte do grupo de pesquisa, além de Donald MacGregor, Paul Slovic, David Dreman e Michael Berry. Eles publicaram no ano de 2000 o artigo "Imagery, Affect, and Financial Judgment" (Imaginário, Afeto e Julgamento Financeiro), onde apresentam em detalhes os resultados do experimento.

bolsa poderiam ser influenciadas por afetos positivos ou negativos, uma vez que estas empresas ainda não estavam listadas em bolsa. Como não seria possível saber o preço de suas ações antes de abrirem o capital e, portanto, nem atribuir um valor à taxa P/L, será que as percepções positivas ou negativas sobre as empresas afetaria as cotações de suas ações no processo de IPO?[28]

A pesquisa da equipe de MacGregor foi realizada em 1994 e envolveu um grupo de 57 alunos de um curso de Investimentos Financeiros da Universidade James Madison, Estado da Virginia/EUA. Aos alunos foi solicitado que avaliassem seus sentimentos sobre vinte ramos de atividade econômica (softwares, farmacêutico, ferrovia, planos de saúde, etc.), em seguida pediu-se que estimassem a chance de sucesso de uma nova empresa em um dos ramos. Ao todo foram quarenta atividades selecionadas para o estudo, que foram separadas em dois grupos conforme a média da rentabilidade das empresas, vinte ramos mais rentáveis e outros vintes menos rentáveis.

Após a divisão dos ramos de atividades por rentabilidade, os pesquisadores apresentaram à metade dos participantes imagens "boas" dos vinte ramos menos rentáveis, como sendo ramos de produtos modernos e inovadores, ambientalmente sustentáveis, entre outros tipos de imagens favoráveis das empresas. O intuito das imagens era criar um apelo afetivo no imaginário dos alunos e verificar se elas podiam evocar um afeto positivo para as empresas de menor rentabilidade.

---

[28] IPO: *Initial Public Offering*. Oferta Pública Inicial, ou abertura de capital. É neste momento que a venda das ações se converte em recursos para a empresa, logo, quanto maior o preço obtido nesta venda inicial, mais dinheiro entra no caixa dela. Daí a importância dos prospectos que informam aos interessados a situação econômica e financeira da empresa, para que os investidores possam formar um preço de compra que seja compatível com o retorno esperado do seu investimento.

Para a outra metade de alunos, que pegaram os ramos mais rentáveis, foram apresentadas imagens ruins e depreciativas das empresas desses ramos, como imagens de poluição, acidentes de trabalho, etc. Obviamente, os pesquisadores queriam saber se as imagens negativas afetariam a percepção das empresas desses ramos e seriam capazes de criar um afeto negativo no imaginário dos alunos, ao ponto de reduzir o peso da boa rentabilidade média dos ramos e sua avaliação de potencial futuro.

Após a seção com as imagens, todos os participantes dos dois grupos tiveram acesso às informações de rentabilidade média dos ramos e foram solicitados a avaliar a chance de sucesso para a abertura de capital para uma empresa nova em um dos ramos. Os resultados revelaram que os ramos das imagens positivas tiveram uma avaliação também positiva e, mesmo com rentabilidade menor, os alunos atribuíram uma maior chance de sucesso para a abertura de capital nesses ramos. Enquanto àqueles que foram exibidas as imagens negativas, os alunos avaliaram negativamente e a maioria dos alunos atribuiu uma menor chance de sucesso no IPO, embora fossem os ramos de maior rentabilidade.

A conclusão que a equipe de MacGregor *et al.* (2000) chegou foi a de que a internalização de um afeto positivo ou negativo, que foi criada a partir de fatores alheios àqueles relevantes à tomada de decisão de investimento, é capaz de interferir na avaliação de uma empresa ou ramos de atividade, ao ponto de afetar o preço médio das ações das empresas, levando investidores a pagar mais caro para adquirir participação acionária em empresas de baixa rentabilidade e tornando mais difícil a abertura de capital das empresas de elevadas taxas de lucro.

Agora é contigo. Suponha que você trabalhe em um banco de investimentos que fora contratado por uma empresa para auxiliar em seu processo de abertura de capital na bolsa de valores. A empresa não é grande coisa, tem baixa rentabilidade e muita dívida, e o IPO é a sua tábua de salvação, pois tem capacidade de gerar dinheiro em caixa para reduzir o endividamento, embora, pouco reste para realizar investimentos. Contudo, essa empresa atua no ramo de energias renováveis, que é dinâmico, tecnológico e muito bem visto na sociedade.

A partir das informações da empresa cliente e do seu conhecimento sobre a heurística dos afetos, como você formataria o prospecto do IPO da empresa para atrair o interesse do maior número possível de investidores e, assim, viabilizar um bom preço das ações na abertura de capital? Você destacaria a condição financeira da empresa, que são obrigatórias, ou as qualidades do setor de energias limpas e renováveis, para criar um afeto positivo sobre o setor e a empresa? Antes da sua resposta, proponho relembrarmos o que já vimos sobre a heurística dos afetos:

a) ela é capaz de gravar em nossas mentes *tags* de "bom" ou "ruim", que serão resgatadas e utilizadas de modo involuntário para basear as futuras tomadas de decisões;

b) os afetos positivos reduzem os riscos associados às coisas de que gostamos, bem como, aumentam os riscos associados àquelas que não gostamos, levando-nos a escolhas irracionais de baixos ganhos e altos riscos; e

c) os afetos são atalhos mentais que reduzem o gasto de energia cerebral e nos induzem a desprezar os processos objetivos de avaliação, o que nos deixa vulnerável aos apelos das marcas e das sugestões positivas sobre os produtos, serviços e ativos financeiros.

Como esses fatores podem inibir a capacidade de escolha racional e induzir a escolhas equivocadas de benefício/custo, é provável que os itens obrigatórios do relatório não ganhem tanto destaque, quanto aqueles que possam despertar afetos positivos sobre a empresa.

Norton é um sujeito muito inteligente, mas pouco criativo, não é de falar muito e demonstra timidez sempre que precisa interagir com pessoas do sexo oposto, ele está acima do peso, usa óculos com armação preta e grossa, adora falar de ficção científica e no local de trabalho toma café em uma caneca que tem o formato do capacete de Darth Veider, o vilão da saga de Star Wars.

Ordene de 9 a 1, sendo 9 a mais provável e 1 a menos provável, a chance de Norton ter se formado em uma das profissões listadas a seguir:

( ) Administração de Empresas   ( ) Direito   ( ) Medicina
( ) Biblioteconomia   ( ) Engenharia Civil   ( ) Pedagogia
( ) Ciência da Computação   ( ) Jornalismo   ( ) Química

Caso você tenha se comportado como a maioria que respondeu a uma questão muito parecida a esta, com base no perfil de outro personagem chamado de Tom W., proposta por Daniel Kahneman no início de 1970, você também deve ter colocado a Ciência da Computação entre o curso superior mais prováveis, junto com Engenharia Civil e Química. Mesmo que você não tenha anotado Ciência da Computação como resposta, a sua mente lhe ofereceu essa resposta primeiro e sobre ela você ponderou sua decisão, incluindo outros elementos que o fizesse mudar a ideia inicial.

Mas, por que a sua mente ofereceu de pronto "cientista da computação" como a resposta mais provável para a profissão de Norton? Porque a descrição dele se enquadra bem na caricatura que fazemos sobre esses profissionais, principalmente, quando se agrega uma pitada de referência *"nerd"* ao seu perfil, outro traço representativo dos profissionais de informática. Essas caricaturas, ou estereótipos, fazem a sua mente pular da questão à conclusão, com base no quanto o objeto avaliado é representativo do todo, neste caso, do quanto Norton representa os "*nerds* da informática".

Quem nunca tomou uma frase pela metade e concluiu, equivocadamente, o resto da história? Pois é assim que a representatividade funciona, nossa mente usa um ou alguns elementos isolados, que por alguma característica de semelhança representam o todo, para julgar o resto de modo automático e involuntário. Claro que o responsável por isso é o Sistema 1, que encaminha a sua resposta pronta ao Sistema 2, para fazer as devidas checagens e caso este endosse o julgamento do S_1, endossará também as decisões tomadas a partir desse julgamento como corretas.

Segundo Kanehman e Frederick (2001), a heurística da representatividade é um atalho mental que permite a avaliação de alguma coisa a partir de traços representativos dela, um estereótipo associado a uma parte do todo. Por exemplo: Avaliamos a origem de uma pessoa desconhecida a partir de seus traços físicos (olhos puxados, cabelo crespo, etc.), ou pelo seu sotaque (carioca, paulista, nordestino, etc.). Esses estereótipos evocam automaticamente um julgamento a partir das características salientes daquela pessoa e o Sistema 1 o apresenta ao Sistema 2, para sua validação. Assim, nossa mente substitui a pergunta difícil: Qual é a chance deste evento acontecer? Pela fácil: Este evento é mais parecido com o quê?

Esta substituição, que nos permite avaliar rapidamente uma situação a partir de poucos elementos familiares, também é o resultado da longa evolução que os seres humanos compartilham com outros animais. Este reconhecimento automático e involuntário, a partir de elementos representativos, favorece a rápida tomada de decisão e é crucial à sobrevivência.

84

Imagine que um índio esteja percorrendo uma trilha na mata e escute um som de gizo atrás de si, ele não perderá tempo em se virar para reunir as demais informações que confirmem a sua suspeita de se tratar de uma cobra Cascavel, aquele som típico do balanço de sua cauda o impelirá a se afastar rápido dali, pois essa informação isolada, aliada ao contexto da mata, já é suficiente para uma avaliação confiável da situação de perigo iminente.

O mesmo aconteceria se um coelho escutasse o guizo da cobra, pois para esta e muitas outras espécies aquele som dispara um conjunto de processos no cérebro que formam o alerta de perigo e preparam o organismo para empreender fuga imediata (descarga de adrenalina, aceleração cardíaca, retesamento muscular, entre outros), tal qual provocou no índio e provocaria em qualquer pessoa nascida e criada na cidade, pois este som de alerta é reconhecido tanto pelo coelho, como pelos humanos, uma vez que a parte mais primária do cérebro (a reptiliana), aquela que ainda compartilhamos com outras espécies, é a responsável pelas reações reflexivas às mudanças ambientais e pelo instinto de sobrevivência.

Contudo, o contexto é valioso para o reconhecimento da existência de perigo, pois o mesmo som de guizo em uma loja de brinquedos ou no cinema não despertaria medo, nem a necessidade de fuga. Isso porque você sabe que lojas de brinquedos vendem coisas que fazem barulhos estranhos e que podem parecer guizos de cascavéis, enquanto em um cinema o som será avaliado pelo Sistema 2, que o associará a uma cobra exibida na tela, logo, o S2 processa a informação e decide que não será preciso sair correndo dali, derrubando refrigerante e pipoca na cabeça dos demais expectadores.

Portanto, a representatividade é seletiva, não é sempre que avaliamos as coisas pelos seus estereótipos, isso só acontece quando o fragmento de informação é representativo do todo e o contexto apoia a previsão automática realizada pelo Sistema 1.

Segundo Tversky e Kahneman (1982) a representatividade é uma forma de avaliar a probabilidade de modo subjetivo: a partir da percepção do avaliador. Ela substitui a probabilidade objetiva, que é obtida por meio dos dados populacionais, amostrais e seguindo os métodos probabilísticos apropriados, por uma probabilidade subjetiva, baseada em características salientes daquilo que está sendo avaliado e que podem não corresponder aos fatos revelados pelos dados estatísticos. O que os pesquisadores descobriram é que nós avaliamos probabilidade muito mais pela intuição do que por meios dos fatos.

Como a estatística é uma ciência muito recente e sua origem data de 1744, quando o professor Colin Maclaurin foi contratado por dois clérigos presbiterianos para auxiliar na elaboração de um plano de pensão para os membros da Igreja da Escócia. Portanto, durante os milênios de evolução da mente humana o arsenal estatístico não existia, mesmo assim os humanos e outros seres vivos aprenderam a avaliar a probabilidade, não com fórmulas, mas com base no reconhecimento de padrões de semelhança, na representatividade, que permite associarmos o guizo à cobra, num contexto de mata. Chamamos esta capacidade inata de fazer previsões de probabilidade subjetiva.

A descoberta da estatística, com seus cálculos de probabilidade objetiva, não reprogramou o cérebro dos seres humanos nascidos após 1744, muito pelo contrário, nós continuamos a usar as mesmas ferramentas milenares que vêm instaladas em nossas mentes e elas estão sempre em funcionamento, queiramos ou não.

Perceba que a nossa mente coleta incessantemente os dados ambientais por meios de nossos sentidos, que são analisados de modo involuntário em nossa estrutura reptiliana e confrontados com as nossas memórias, esse

86

processo automático e rápido, associa os dados coletados por semelhança às relações de causa e efeito mais prováveis e, por fim, nossa mente nos devolve previsões de probabilidade que nos permite tomar decisões, na maioria das vezes acertadas, o que se comprova com a sobrevivência da espécie *Sapiens* até o surgimento da estatística.

> Há alguma verdade nos estereótipos que governam os julgamentos de representatividade, e as previsões que seguem essa heurística podem ser acuradas. Em outras situações, os estereótipos são falsos e a heurística da representatividade induzirá a erro, sobretudo se levar as pessoas a negligenciar informação de taxa-base que aponta em outra direção. Mesmo quando a heurística tem alguma validade, a confiança exclusiva nela está associada a graves pecados contra a lógica estatística. (KAHNEMAN; 2012, pp. 192-193)

Segundo Kahneman (2012), são dois os erros lógicos mais comuns de cometermos com a utilização da representatividade. O primeiro deles é desconsiderar a taxa-base, que é a taxa média da probabilidade estatística associada ao evento. No caso de Norton, o evento em questão é a quantidade de profissionais em cada uma das profissões, e sabemos que em qualquer país há muito mais administradores de empresa e pedagogos, do que cientistas da computação. Logo, a taxa-base utilizada pela probabilidade objetiva definiria estas duas profissões como as mais prováveis. Por outro lado, estar acima do peso, usar óculos de lentes grossas e gostar de *Star Wars* não é um privilégio exclusivo dos cientistas da computação, há *nerds* em todas as profissões.

O segundo erro atribuído à representatividade é a insensibilidade à qualidade da evidência, pois o estereótipo de uma pessoa é uma evidência muito precária para sustentar uma avaliação probabilística, mesmo assim, quando ele possui os elementos mais representativos, torna-se convincente e há uma tendência a contentar-se apenas com o estereótipo e não buscar informação adicional, que sejam mais relevantes para auxiliar na confirmação ou negação de sua validade.

O que Kahneman (2012) nos alerta é que nossa mente associa de modo involuntário e automático alguns poucos traços característicos de um *nerd* à sua profissão com computadores, assim como associaria um senhor de batina à profissão de padre. No caso dos padres a probabilidade de acerto é bem grande, pois é raro encontrar pessoas com esse traje que não sejam, exceto atuando em peças, filmes e novelas. Logo, o contexto ajudaria no processo de decisão (batina + palco de teatro = ator). Perceba que no caso de Norton não há contexto algum, essa informação foi deliberadamente omitida e, assim como o palco de teatro no caso do ator, ela seria muito mais valiosa que todas as demais fornecidas para o processo de avaliação e decisão.

Agora que você já entendeu o que é representatividade e como ela atua para influenciar os nossos julgamentos de probabilidade, pois nos induz a desprezar a taxa-base e tomar decisões a partir de poucos elementos associados a um estereótipo, resta-nos ainda entender como a representatividade atua para gerar previsões subjetivas e para isso contaremos com o auxílio das descobertas de Tversky e Kahneman (1981). Para eles a representatividade é sustentada em três fatores, são eles: i) a acessibilidade, (ii) a correlação causal; e (iii) a superestimação das relações entre causa e efeito.

Os elementos representativos são mais acessíveis porque se baseiam na familiaridade, o que facilita a sua recuperação em nossa memória e o seu uso no processo de julgamento e tomada de decisão de probabilidade. Leia esta manchete: Criança é atacada por um cão feroz e fica gravemente ferida. Mesmo antes de acabar a leitura da frase a sua mente já elegeu a raça de cão mais provável de ter atacado a criança, "foi um Pitbull". No entanto, há dezenas de outras raças de cães de porte médio a grande e que também são agressivas. Mas, por que a nossa mente lembra primeiro da raça Pitbull? Porque esta raça está mais disponível em nossa mente, uma vez que os raros casos de agressividade canina, que aconteceram envolvendo cães desta raça, sempre ganharam muito destaque nos veículos de comunicação e geraram debates acalorados sobre a periculosidade dos Pitbulls, de modo que as nossas mentes passaram a ignorar os perigos dos Rottweilers e dos Pinschers.

A representatividade pode estar vinculada à relação de causa e efeito real ou imaginada, ou seja, a nossa mente enxerga correlação entre as coisas. Por exemplo: De cada 100 ataques de cães a crianças nos últimos 10 anos, 30 deles foram cometidos por pitbulls. Existe uma correlação entre a raça e os ataques, porém, a probabilidade estatística não é a mesma da probabilidade subjetiva, a nossa mente imagina que esta relação de causa está no topo, o que implica que superestimamos a relação de causa de efeito.

Contudo, pode haver uma falsa correlação de causa e efeito, tal como: comer manga com leite provoca a morte. Imagine que alguém morra logo após comer manga e beber leite, a causa da morte será atribuída a este fato e não ao fato de haver algum contaminante no leite ou na manga que tenha provocado uma infecção intestinal fatal, que vitimou o sujeito que decidiu contrariar a crendice popular.

Além da superestimação da correlação nos induzir a exagerar a probabilidade de ocorrer um evento, também pode nos levar a um julgamento errôneo das variações de magnitude entre as variáveis correlacionadas. Por exemplo: Nos últimos dez anos houve um crescimento de 30 vezes na quantidade de cães da raça Pitbull no Brasil. A partir desta informação a nossa mente estima que também tenha aumentado em 30 vezes a quantidade de ataques de cães desta raça a crianças e despreza a mudanças em fatores que podem afetar essa relação causal, como a aprovação de leis mais severas contra os donos de cães de raças agressivas e um aprendizado maior sobre o comportamento destas raças, que permitem condicionamentos mais eficazes para prevenir acidentes com crianças.

Por ser o modo mais rápido e eficiente de fazermos previsões é que utilizamos a heurística da representatividade, pois ela nos permite avaliar a personalidade das pessoas por meio de sua expressão facial, se está sorrindo é amistosa, logo está predisposta a interação social, caso esteja carrancuda e de mau humor, é melhor evitar o contato. Desse modo, um belo e cativante sorriso faz sua mente rapidamente avaliar a dona do sorriso como uma pessoa simpática, amigável e acessível, sem nem conhecê-la. É por isso que de nada adianta um relatório extenso descrevendo alguém como simpática, amigável e acessível, se ao encontrar essa pessoa ela estiver de cara amarrada. O relatório terá sido inútil.

Perceba que a heurística da representatividade nos foi e continua sendo muito útil, pois favorece uma rápida e quase sempre precisa avaliação de probabilidade. Então, onde está o problema dela? É que substituir a avaliação objetiva por uma subjetiva, também pode nos cegar para a importância do resto das informações que deixamos de lado. No caso do perfil de Norton, apresentado no começo deste capítulo, o estereótipo "*nerd*" nos levou a concluir que ele seja formado em Ciência da Computação, desconsiderando o fato estatístico de que são poucos os formados nesta profissão e de que há muito mais profissionais formados em administração de empresas e, portanto, seria mais provável que ele fosse apenas um dos muitos administradores tímidos que adoram Star Wars.

O psicólogo social Robert Cialdini descobriu que a confiança nos estereótipos pode nos pôr em apuros, ele relata um experimento conduzido na década de 1950 pelos pesquisadores Lefkowitz, Blake e Mouton[29], os quais instruíram um sujeito a atravessar a rua de uma esquina movimentada com o sinal vermelho para pedestres aceso. Primeiramente o sujeito cometeria a infração vestido de camisa de manga curta, calça jeans e botinas. Em outro momento, o mesmo sujeito atravessaria no sinal vermelho trajando roupas de executivo (camisa e calça social, terno, gravata e sapato). "Os pesquisadores observaram à distância e contaram quantos pedestres que estavam esperando na esquina seguiram o homem: o número dos que foram atrás do sujeito de terno foi 3,5 vezes maior". (CIALDINI, 2012, p. 93)

Perceba que uma roupa foi capaz de despertar um conjunto de informações sobre quem a usava, levando muitos pedestres a confiar no sujeito de terno ao ponto de segui-lo, arriscando a própria vida. Mas, é lógico que você não atravessaria a rua junto ao engomadinho, você não se impressiona com homens de terno, certo? Imagine-se em uma situação diferente. Um corretor de seguros ligou para agendar uma visita em sua casa, sem compromisso, para conversarem sobre "a tranquilidade e a segurança de sua família".

O corretor chega à sua casa em um belo carro novo, com a barba bem feita, o cabelo bem aparado e penteado, trajando um terno de bom caimento, sua gravata é de seda e ele carrega nas mãos uma elegante maleta executiva de couro. Será que todos esses adereços podem conferir mais credibilidade aos seus argumentos? Claro que não! Agora, imagine a mesma cena com o mesmo sujeito, mas desta vez o carro dele é velho e fumacento, está com a barba de três dias e o cabelo todo desgrenhado, veste calça jeans e camiseta, e

---

[29] "*Status factors in pedestrian violation of traffic signals*". A tradução do título do artigo é: O fator Status nas violações de sinais de trânsito por pedestres.

traz consigo um monte de papéis em suas mãos. A proposta de seguro que você receberá é a mesma, idêntica até os mínimos detalhes, em qual dos "dois sujeitos" você depositará mais credibilidade?

As nossas decisões com base na representatividade não costumam ser como atravessar a rua atrás que alguém de terno e gravata, mas esses adereços são valiosos para formarmos rapidamente uma previsão sobre algo e tomarmos uma decisão. Porém, como vimos no caso do guizo da cobra, o contexto é fundamental, caso uma pessoa vestida de executivo nos abordasse à beira da praia, segurando um tabuleiro de espetinhos de camarão e tentasse nos convencer a comprá-los por um preço três vezes maior ao do vendedor que passou de bermudas, camiseta e chinelos, creio que a roupa de executivo neste contexto não teria nenhum impacto sobre a sua decisão.

A diferença entre a situação do índio na mata que ouviu o guizo da cascavel e o caso das pessoas na rua que seguiram o homem de terno, é que no primeiro caso o atalho mental da representatividade foi baseado nos instintos, que não dependem de aprendizagem, enquanto no segundo caso o processo mental dependeu de uma aprendizagem que foi socialmente construída. Em outras palavras, nos ensinam a confiar em homens de terno e gravata e esta aprendizagem é social, enquanto os nossos instintos aprenderam a ter medo de cobras e a identificar os sinais de sua presença.

Os psicólogos diriam que a representatividade tanto pode ser eliciada (vir dos instintos), como pode ser evocada (vir da memória). Sendo assim, tanto podemos fazer julgamentos e tomarmos decisões a partir dos processos mentais baseados em nossos instintos, ao verificar uma relação de causa e efeito (mata → guizo → cobra → perigo → afaste-se), como podemos tomar decisões automáticas e inconscientes, com base em nosso aprendizado sobre as relações de causa e efeito (cruzamento → homem → terno → confiança → siga-o).

Caso o contexto seja coerente, o Sistema 2 tende a validar a previsão feita pelo Sistema 1 e a tomada de decisão é feita com base na heurística da representatividade. Geralmente nossos instintos e o nosso aprendizado permitem a nossa mente realizar um bom trabalho, contudo, em muitos casos os estereótipos são insuficientes para uma análise correta das relações de causa e efeito, uma vez que desconhecemos os dados sobre a população e confiamos nossas decisões em poucos elementos, justamente aqueles que mais chamam a nossa atenção, ou seja, os mais representativos.

Representatividade em Análises Conjuntivas

A expressão "análise conjuntiva" parece complicada, mas não é. Uma conjunção é a reunião de duas partes, na qual uma delas faz parte do todo, por exemplos: a) A Bahia faz parte do Brasil, mas não é o Brasil, pois este é formado por outros 26 Estados e o Distrito Federal; b) O mercado de ações faz parte do mercado de capitais, mas este é formado pela junção daquele e mais quatro outros mercados (câmbio, de derivativos, de fundos de investimentos e títulos públicos e privados).

Assim, o mercado de ações faz parte do mercado de capitais, mas não é todo o mercado de capitais, só uma parte dele, embora muitas pessoas confundam as duas coisas como uma só. Do mesmo modo que dizemos que o Brasil é uma conjunção de Unidades Federadas, podemos afirmar que o mercado de capitais é uma conjunção dos demais mercados que o compõe.

A heurística da representatividade atua nos fazendo acreditar que uma parte da conjunção é igual ou maior que o

93

todo, é como considerar que a Bahia é o Brasil. É por isso que ao ouvirmos que o mercado de ações está caindo, pensamos que a economia está em crise, pode até ser, mas a economia é outra conjunção de sistemas no qual o sistema financeiro (onde está o mercado de ações) é só um deles. Aliás, a economia é a conjunção dos seguintes mercados: de bens e serviços (todas as empresas públicas e privadas, incluindo aí todo o sistema financeiro); e de fatores de produção (empresas e pessoas que fornecem capital, trabalho e recursos naturais), e estes dois mercados permitem as relações de trocas internas e externas (exportações, importações e os fluxos de entrada e saída de capitais).

Logo, transpor uma crise no mercado de ações para a economia é o resultado de uma utilização indevida deste mercado como o mais representativo da situação econômica geral e serve de exemplo de como usamos a heurística da representatividade para avaliarmos as questões econômicas de modo equivocado. Também erramos ao fazer o caminho inverso, ao considerarmos que um crescimento da economia leva a um aumento dos preços das ações, pois desconsideramos o fato de que, embora exista uma correlação entre os dois, as ações possuem uma dinâmica própria e está condicionada muito mais às expectativas futuras do que a situação presente da economia.

Mas, antes de passarmos à economia e a sua complexidade, quero que você participe de mais uma brincadeira para entender como a heurística da representatividade atua sobre a nossa mente e nos faz confundir uma pequena parte com o todo. Convido-o a conhecer a mundialmente famosa Linda, ela é famosa entre os psicólogos sociais e comportamentais, é claro. Leia a descrição dela e depois anote sua resposta à questão seguinte:

Linda tem 31 anos de idade, é solteira, franca e muito inteligente. É formada em filosofia. Quando era estudante, preocupava-se profundamente com questões de

94

discriminação e justiça social, e também participava de manifestações antinucleares. (Kahneman, 2012, p. 198).

A partir da descrição de Linda responda: o que é mais provável que ela seja?

a) Linda é caixa de banco; ou

b) Linda é caixa de banco e ativa no movimento feminista.

É evidente que Linda é caixa de banco e ativa no movimento feminista, aliás, "deve ter se formado na Unicamp", complementaria algum respondente brasileiro mais engajado nas questões políticas e ideológicas. É claro que o item "B" foi aquele que a maioria dos alunos escolheu quando a brincadeira foi realizada por Tversky e Kahneman em 1980.

A versão original desta brincadeira continha oito opções de respostas e, dentre elas as duas apresentadas acima. Daquelas oito opções disponíveis, Tversky e Kahneman (1980)[30] perceberam que a resposta "caixa de banco ativa no movimento feminista" ganhou mais escolhas do que apenas "caixa de banco", o que não fazia sentido do ponto de vista lógico, uma vez que todas as caixas de bancos ativas em qualquer movimento são, antes de tudo, caixas de banco. Logo, o subconjunto não pode ser maior que o

---

[30] As oito questões foram as seguintes:
(4,1) Linda é professora do ensino fundamental.
(3,5) Linda trabalha em uma livraria e faz aulas de Yoga.
(1,5) Linda é ativa no movimento feminista.
(2,1) Linda é assistente social.
(5,6) Linda é membro da Liga das Eleitoras.
(7,2) Linda é caixa de banco.
(7,1) Linda é vendedora de seguros.
(4,7) Linda é caixa de banco e ativa no movimento feminista.
Obs.: Entre parênteses está a probabilidade de 1 (mais provável) a 8 (menos provável), atribuída a cada item. Note que os alunos atribuíram maior probabilidade ao último item, em relação ao antepenúltimo.

conjunto todo do qual ele faz parte, enfim, a Bahia não é o Brasil.

A partir desta descoberta Tversky e Kahneman resolveram aplicar a versão simplificada, só com os itens "A" e "B" apresentados acima, para ter a certeza de que o atalho da representatividade era capaz de impor ao Sistema 2 uma resposta irracional sob o ponto de vista lógico.

Na versão simplificada a opção "B" foi escolhida por mais de 85% dos estudantes de universidades ao redor do mundo, e foi por conta disso que o "O Problema de Linda" ficou mundialmente famoso e virou tema de debate entre psicólogos, economistas, estatísticos e outros estudiosos das teorias de decisão, uma vez que a maioria dos participantes, que sempre eram universitários, contrariava uma lógica básica da teoria dos conjuntos e nem percebia. A lógica desta conjunção é representada na figura 3 que representa os dois conjuntos, sendo o menor "B" como parte do maior "A".

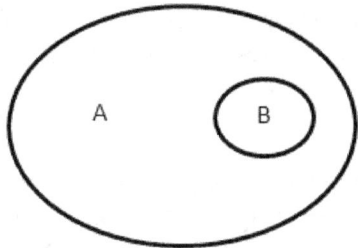

Figura 3: Representação da Conjunção A contém B.
Fonte: Elaboração do autor com base em Tversky e Kahneman (1980)

Mas, por que a maioria dos participantes achava que é mais provável que Linda fosse uma caixa de banco ativa no movimento feminista, do que apenas uma caixa de banco? Segundo Kahneman (2012) eles desprezavam a lógica em favor da **coerência narrativa**, pois a descrição de Linda a faz mais parecida com uma feminista e, portanto, a opção "B" é mais coerente ao Sistema 1. Anotar a resposta "A" implicaria perder essa coerência e proporcionar um desconforto cognitivo, portanto, o Sistema 2 aceitava a resposta do S_1, sem perceber o erro lógico existente.

Você deve pensar que os peritos em estatística não cometeriam o erro lógico de considerar a ocorrência dos dois eventos conjuntos, como mais provável que o evento maior, que inclui o evento menor, pois não foi o que aconteceu.

> A perícia estatística não forneceu nenhuma vantagem na versão de oito itens, em que os itens críticos apareciam distanciados um do outro. Na versão de dois itens, em contraste, quando os entrevistados precisavam comparar "caixa de banco" com "caixa de banco e é ativa no movimento feminista". A incidência de erros de conjunção [...] caiu drasticamente para os estatisticamente sofisticados. A maioria dos especialistas seguiu a lógica em vez da intuição quando reconheceu que uma das categorias continha a outra. Na ausência de um comando para comparar os itens, no entanto, os estatisticamente sofisticados fizeram suas previsões da mesma forma que todos os outros - por representatividade. (TVERSKY & KAHNEMAN, 2005, p. 278)

Conforme reforçado pelo caso dos peritos em estatística, que também foram enganados na apresentação com oito itens, para responder corretamente ao Problema de Linda é preciso uma motivação para convocar o Sistema 2 e esta só foi provocada quando existiam apenas duas escolhas, quando, então, os peritos percebiam que se tratava de uma conjunção e não eram iludidos pela representatividade. Na escolha com oito itens a comparação entre as duas escolhas não ficava evidente, pois as duas opções que formavam a conjunção foram afastadas uma da outra e este afastamento foi o suficiente para que os estatísticos profissionais cometesse o erro lógico ao basear suas escolhas na heurística da representatividade.

Achou complicado esse lance todo de conjunção? Pois nossa mente também acha e como o Sistema 2 é preguiçoso e não quer desperdiçar energia a toa, assume que a coerência narrativa identificada pelo Sistema 1 está correta e valida sua decisão automática como a mais provável. Mas, o que é coerência narrativa? É uma história que faz sentido, e à nossa mente faz mais sentido Linda ser caixa de banco e ativa no movimento feminista, do que apenas caixa de banco. Logo, essa coerência narrativa é o que inibe a avaliação criteriosa do problema pelo Sistema 2. É por isso que, na ausência de um estímulo mental apropriado, a nossa mente confunde a representatividade associada à coerência narrativa com a probabilidade objetiva.

A partir da experiência com o Problema de Linda, Kahneman (2012) cunhou o termo "falácia da conjunção" para descrever quando elegemos como mais provável a ocorrência simultânea de dois eventos que, na verdade os torna menos provável. A falácia da conjunção só acontece quando a combinação de dois eventos torna-se mais coerente para nós se acontecerem juntos e, com base nesta coerência maior elegemos a combinação como a mais provável, quando de fato não é. Para testarmos a influência da coerência narrativa, responda esta outra questão: O que é mais provável acontecer no seu bairro na próxima hora?

a) Um acidente de carro; ou
b) Um acidente de carro com vítima fatal.

Tenho certeza de que você não se atrapalhou nesta questão e identificou corretamente a resposta, pois não há uma narrativa coerente que faça sua mente acreditar que o evento combinado é o mais provável, portanto, a sua resposta foi "A". Isso aconteceu porque a representatividade depende de uma história que faça sentido e seja capaz de nos induzir à falácia da conjunção, a qual nos leva a considerar mais provável a combinação dos eventos. Como não havia uma narrativa que fornecesse coerência à alternativa "B", sua mente focou nos fatos objetivos, de que os acidentes de carro são um todo e aqueles com vítimas são uma pequena parte deste todo, logo, há muito mais probabilidade de acontecer um acidente de carro, com ou sem vítimas.

Você deve ter percebido que a heurística da representatividade, seja a causada pela falácia da conjunção, ou pela substituição da probabilidade objetiva pela subjetiva, é um atalho mental que atrapalha a nossa capacidade de decidirmos racionalmente, com base na probabilidade objetiva. Mas, como essa substituição afeta as decisões econômicas? É isso que vamos aprender a seguir.

Heurística da Representatividade e Decisão de Investimento

Para os economistas o investimento é a alocação de recursos para elevar a capacidade de produção, investir é abrir uma nova empresa ou expandir uma que já esteja em operação. Os profissionais das finanças sabem que um investimento só é justificável se apresentar viabilidade econômico-financeira, ou seja, se o capital retornar lucros e estes forem maiores do que seria obtido com juros, portanto, é o custo de oportunidade que deve orientar os investimentos, pois o dinheiro que será usado para investir em um negócio pode ter diversas outras aplicações, logo, a racionalidade econômica faz esta pergunta: Investir em uma empresa é a opção mais rentável para usar certa quantia de dinheiro?

Para responder a esta pergunta é preciso obter os indicadores de viabilidade econômico-financeira, como a Taxa Interna de Retorno (TIR) e o Valor Presente Líquido (VPL), ambos os indicadores confrontam os lucros esperados com a taxa de juros de mercado, que é a alternativa de aplicação financeira para aquele dinheiro. Caso a taxa de lucros supere a taxa de juros, o investimento é viável, caso os ganhos com lucros sejam inferiores aos obtidos com juros de aplicações financeiras alternativas, o investimento não tem viabilidade econômico-financeira.

Sendo assim, qualquer pessoa que pretenda abrir uma empresa, primeiramente, deveria elaborar um plano de negócio que reunisse todos os custos de abertura e de capital de giro necessários até que ela comece a dar lucros (esse é o valor do investimento), bem como, deveria projetar a quantidade de vendas ao longo do tempo (projeção da demanda de mercado), para definir a quantidade que irá produzir e, assim, poder apurar a projeção dos custos operacionais e as receitas de vendas que irá obter, nos mesmos períodos. Com as projeções de receita e de custos é possível projetar os lucros/prejuízos futuros e, assim, obter a Taxa Interna de Retorno, ou o Valor Presente Líquido, e decidir sobre a viabilidade do empreendimento.

Ficou cansando ao ler o parágrafo anterior? É que para entender o que foi escrito neles é preciso usar o Sistema 2, imagine então, para realizar tudo aquilo? É por isso que a maioria dos empreendedores substitui a difícil questão: **Há viabilidade econômico-financeira?** Por outra bem mais simples de responder: **Meu negócio vai dar certo?** Perceba que as perguntas se parecem, mas não são iguais.

Para responder a primeira é necessário muito esforço e dedicação na elaboração do plano de negócio, pois requer a reunião de todos os dados e informações sobre os custos de implantação e operação da empresa, sobre o mercado de atuação (clientes, concorrentes e fornecedores), sobre as condições econômicas (taxas de juros, crescimento, desemprego, taxa de câmbio, etc.), para então inserir os dados em planilhas eletrônicas a fim de realizar os cálculos que permitem obter os valores de TIR ou VPL. Dá uma canseira só de pensar e imagine que ao final de tudo, pode-se descobrir que o sonho da empresa própria não é viável.

100

Caso você opte por responder à segunda questão: "meu negócio vai dar certo?". Pode fazer isso com um simples "sim" ou "não", usando para isso a heurística da representatividade ao basear-se no exemplo de sucesso de outros empresários que conseguiram crescer, apesar das dificuldades, e projetar em si a mesma chance de sucesso: "se eles conseguiram, eu também serei capaz". A probabilidade subjetiva será formada, portanto, a partir da evidência saliente de que muitos empresários que resolveram apostar em seus talentos e foram determinados, conseguiram alcançar o sucesso.

A previsão objetiva, sustentada no levantamento de dados e nos cálculos necessários, é substituída pela subjetiva, sustentada nos casos de sucessos que oferecem os argumentos para a heurística da representatividade. Porém, a estatística sobre a mortalidade de empresas releva que as chances de sucesso são mínimas. Segundo o relatório de taxa de sobrevivência das empresas divulgado pelo Instituto Brasileiro de Geografia e Estatística em 2020, de cada 100 empresas que abriram as portas em 2008, apenas 25 delas permaneciam operando após dez anos.[31]

A heurística da representatividade atua conjuntamente com a da disponibilidade, pois os raros casos de sucessos empresariais costumam ser alardeados pelos meios de comunicação e, portanto, são facilmente recuperados pela nossa memória, enquanto os fracassos não costumam estampar capas de revistas e nem se tornam livros de sucesso. Note que a pequena parcela de sucessos empresariais torna-se representativa para o todo, pois cumprem os três requisitos de Tverky e Kahnemam (1982): é acessível, tem correlação e esta é exagerada. Ao cumprir esses três requisitos a previsão

---

[31]O relatório do IBGE está disponível em:
https://agenciadenoticias.ibge.gov.br/agencia-sala-de-imprensa/2013-agencia-de-noticias/releases/29206-demografia-das-empresas-em-2018-taxa-de-sobrevivencia-das-empresas-foi-de-84-1

obtida pela representatividade leva as pessoas a investir em seu negócio a partir da resposta à questão mais simples "o meu negócio vai dar certo?", correndo o risco maior de fracasso, do que de sucesso.

Assim, caso os empreendedores decidam arriscar seu capital confiando em suas percepções falhas da realidade, pode ser que alguns deles realmente obtenham sucesso, uma vez que o acaso é o fator mais importante para gerar resultados em um sistema caótico, como é a economia de mercado. Logo, quanto mais empreendedores toparem o desafio, mais histórias de sucesso existirão, é óbvio que as de fracasso sempre serão em quantidade bem maiores, tal como rege a Lei dos Grandes Números.

Contudo, caso os empreendedores façam a lição de casa e elaborem os planos de negócio com competência, evitariam tomar a decisão com base na heurística da representatividade e muitos deles poderiam descobrir antecipadamente que o fracasso seria o resultado mais provável, o que poderia fazê-los desistir de empreender ao descobrir que o negócio é inviável, uma vez que nem a viabilidade é capaz de garantir o sucesso àqueles que empreendem, pois nem para estes a sorte tem o dever de sorrir.

A heurística da representatividade não afeta somente os empreendedores novatos, pode levar a decisões de investimentos equivocados em grandes corporações também, uma vez que cenários favoráveis combinados podem ser mais representativos do que um cenário isolado, ou seja, os presidentes de multinacionais podem ser vítimas da falácia da conjunção em suas tomadas de decisões. Acompanhe o exemplo a seguir.

Uma empresa atua há mais de 50 anos no mercado e o seu crescimento foi proporcionado pelas inovações tecnológicas que desenvolveu ao longo deste tempo, que permitiram desenvolver produtos revolucionários e sustentar

102

o crescimento dos lucros. A equipe de Pesquisa e Desenvolvimento (P&D) está iniciando o projeto de uma nova tecnologia e precisa da aprovação da diretoria e da presidência da empresa para obter o orçamento necessário. As projeções para o sucesso da nova tecnologia são:

a) O projeto será bem sucedido e permitirá abrir uma nova linha de produtos; ou

b) O projeto será bem sucedido e os novos produtos lançados a partir dela elevarão os lucros da empresa.

Perceba que a falácia da conjunção está presente apenas no item "b", uma vez que os lucros estão condicionados não apenas ao sucesso do novo projeto, mas a outras variáveis não associadas a ele, como a concorrência com outras empresas e as condições da economia no momento do lançamento da nova linha de produtos. Contudo, conforme alertaram Hester e Calida (2010), o item "b" é mais representativo e tem um apelo maior junto aos tomadores de decisão, uma vez que o histórico da empresa é de lucros sustentados pelas atividades de P&D.

> Os gerentes de programa podem estar inclinados a escolher "b", devido aos 50 anos de história de sucesso da organização. Fundamentalmente, entretanto, esse não pode ser o caso, pois os axiomas de probabilidade evitam que a combinação de dois eventos seja mais provável do que qualquer um dos dois eventos individuais. (HESTER & CALIDA; 2010, p. 3)

Como vimos anteriormente, a preferência pela conjunção está associada à coerência narrativa e esta nos leva a crer que a ocorrência de dois eventos conjuntos é mais provável que a de apenas um evento isolado. No caso dos investimentos em P&D o histórico de 50 anos de sucesso da empresa proporciona a coerência narrativa, mesmo que, muitas das tecnologias anteriormente desenvolvidas não tenham causado o aumento dos lucros, porém, aquelas que tiveram sucesso e promoveram o crescimento da empresa e dos lucros estarão mais acessíveis e apagarão da memória as demais. Com base nessa coerência é que os tomadores de decisão são levados a acreditar que o item "b" é o mais provável, embora não seja.

A Heurística da Representatividade e a Assimetria de Informações

Caso você já tenha passado dos trinta anos deve ter assinado uma porção de contratos por aí, seja para alugar um imóvel, financiar um veículo, fazer seguros, entre outros. Esses contratos costumam ser extensos e escritos num "jurisdiquês" de dar sono, portanto, para entendermos todas as cláusulas deles precisamos convocar o preguiçoso Sistema 2 e exigir dele concentração para entendermos todas as obrigações e direitos contidos no contrato, bem como as punições devidas aos descumprimentos destas obrigações. Você concordaria comigo que de fato temos o costume de passarmos as vistas pelo contrato e pulamos direto ao campo de assinatura, então, fazemos o sinal da cruz e assinamos.

Mas, o que nos levaria a assinar um contrato sem ler atentamente antes? Aqui entra novamente o atalho mental da representatividade, novamente trocamos uma pergunta difícil por outra mais fácil. A pergunta difícil é: Terei condições de cumprir todas as minhas obrigações determinadas no contrato? A pergunta fácil que respondemos é: Gostei da proposta que recebi do proponente do contrato? Ao substituirmos uma pergunta pela outra, abdicamos de uma análise objetiva e aceitamos uma previsão subjetiva, que foi baseada na confiança. Mas, não é assim que a teoria econômica trata os contratos e também não deveria ser assim que deveríamos tratá-los.

A Teoria da Agência é o campo da economia que procura identificar os conflitos de interesses entre as partes de um contrato, o principal e o agente, para entender de que modo os contratos servem à regulação eficiente, do ponto de vista econômico, desta relação conflituosa. Esta teoria prevê que o *homo economicus* consultará os melhores advogados para que a elaboração do contrato atenda às necessidades de maximizar os interesses de cada parte interessada, elevando os benefícios e reduzindo os riscos, então, somente quando todas as cláusulas estiverem acordadas pelas partes é que o contrato será um instrumento economicamente eficiente e nenhuma parte estará em desvantagem.

Portanto, a Teoria da Agência não prevê que uma das partes pule a etapa mais importante do processo, a leitura minuciosa no contrato, pois sem essa parte é impossível descobrir se há conflitos de interesses entre as partes envolvidas no contrato. Logo, quando a heurística da representatividade é usada como um meio de fugir ao processo doloroso de analisar o contrato, assiná-lo envolve assumir riscos desconhecidos em função de ganhos prometidos, sem a devida análise objetiva dos benefícios *versus* riscos, pois esta fica impossibilitada.

Agora pense desse modo, se a maioria dos clientes de uma empresa costuma assinar o contrato sem uma leitura atenta e nem procura discutir alguma mudança nele, há alguma motivação para a empresa elaborar um contrato mais vantajoso para os clientes? Provavelmente não. Os clientes desta empresa passam a confiar em sua honestidade e benevolência, ao invés de confiar em sua compreensão exata de todos os riscos que assumirá ao assinar o contrato.

Quero que você conheça Lucas, um senhor de meia idade que é formado em administração de empresas, atua na gerência comercial de um grande grupo nacional e já acumulou um bom patrimônio, é pai de um filho adolescente e depois de muito esforço conquistou uma vida financeira tranquila. Contudo, essa tranquilidade pode desaparecer caso ele tenha alguma doença séria que o impossibilite de exercer sua atividade ou que o retire desta existência de um modo inesperado, o que o preocupa é deixar o filho desamparado antes de formado, caso algo lhe aconteça.

Há alguns anos Lucas recebeu a ligação de um rapaz muito simpático e que se apresentou como *"life planner"*. Lucas não entendeu bem esse termo gringo, mas o rapaz logo explicou que ele era um consultor de planejamento para uma vida segura e tranquila. Então ele se indagou "é assim que se chama o corretor de seguros hoje em dia?". Ao telefone o rapaz afirmou que havia obtido o seu telefone com o Roberto, amigo de Lucas, que havia gostado tanto da sua proposta que o orientou a entrar em contato com Lucas, pois certamente ele também teria interesse.

Ao ouvir o nome do amigo, Lucas ficou mais tranquilo. Certamente, Roberto não o colocaria numa fria, assim ao invés de dispensar o tal *"life planner"* rapidamente, deu-lhe a oportunidade de continuar a sua exposição e descobriu que o corretor trabalha com planos de seguros de longo prazo e ficou interessado e saber como isso funciona, assim, combinou com o corretor de recebê-lo em sua casa no próximo sábado à tarde, para uma apresentação detalhada da proposta.

Sábado, às três da tarde pontualmente o corretor apareceu em um belo sedã alemão branco, trajando terno e gravata, segurando uma pasta de couro preto com fechos dourados, de onde mais tarde tirou um prospecto, cheio de fotos de felicidade e pouco texto, mas, antes disso ele iniciou uma conversa agradável para saber do estilo de vida de Lucas, seus *hobbies*, sua família e tudo mais que possa dar pistas para uma abordagem de venda mais "personalizada", então, quando Lucas demonstrou curiosidade sobre o "planejamento de uma vida tranquila" o corretor sacou o material publicitário da pasta de couro e começou a explicar as modalidades de planos de seguros que a empresa oferecia e como eles se ajustavam às necessidades de Lucas.

O corretor parecia oferecer planos de seguro de vida parecidos aos planos de saúde, no qual o segurado devia pagar uma parcela mensal por anos a fio e, enquanto estivesse em dia com os pagamentos, receberia os benefícios do seguro em caso de qualquer sinistro previsto na apólice e não precisaria se preocupar em renovar todo ano, pois os planos possuíam prazos que iam de dez, vinte e até trinta anos.

Depois de quase uma hora de explicações sobre os planos, o corretor revelou que ao final do plano escolhido, Lucas teria de volta os valores pagos e corrigidos por uma taxa de juros. Ele arregalou os olhos e pensou: Vou receber o dinheiro de volta e corrigido? Lucas então formulou uma pergunta para ter certeza do que ouviu: É um plano de seguro que não preciso renovar todo ano e ainda terei meu dinheiro de volta corrigido por juros quando acabar de pagar? Ouviu como resposta um sonoro "Sim, é isso mesmo! Não é uma maravilha?". "É sim!", respondeu Lucas, com entusiasmo na voz.

Após ouvir as maravilhas dos planos, Lucas aceitou a proposta *premium*, de trinta anos, cuja mensalidade era a menor dentre todos os planos mais curtos, e como ele já pensava em fazer seguro de vida, essa proposta veio bem a calhar, dali para frente não precisaria mais se preocupar com seguros e nem com o futuro do seu filho. Após o acordo fechado, o corretor lhe pediu seus dados pessoais e outras informações sobre saúde, hábitos, etc. para redigir o contrato, então, depois de quase duas horas de um papo agradável e alguns cafezinhos, o vendedor de seguros se despediu e prometeu retornar em dois dias com o contrato pronto, para deixar tudo formalizado.

Passados dois dias o corretor apareceu, demonstrando um pouco de pressa, embora com a mesma gentileza de antes, avisou que teria uma reunião em trinta minutos na firma, mas que a assinatura do contrato era só uma formalidade e seria bem rapidinho. Lucas o convidou para entrar e antes mesmo de sentar-se, o corretor retirou da sua linda pasta executiva um calhamaço de papel e o pousou sobre a mesa. Lucas olhou aquela papelada toda um pouco assustado, mas neste exato momento o *life planner* o tranquilizou: "Não se preocupe Sr. Lucas, tudo que combinamos está escrito aí, o contrato é longo porque a empresa precisa atender todas as exigências do governo, burocracias, sabe? Mas pode confiar, está tudo certo!"

Bem mais aliviado, Lucas começou a ler a primeira página e o corretor pediu para ele confirmar se os dados estavam corretos: Nome, CPF, endereço, doenças pré-existentes, renda mensal declarada, e etc. Ele olhou tudo com atenção, conferiu e confirmou que estava tudo certo. Depois avançou à segunda página, onde começavam as cláusulas do contrato e percebeu o corretor olhando para o belo e caro relógio dourado em seu pulso. Lucas começou a ler o texto longo e maçante, percebendo que demoraria muito para ler tudo, passou os olhos com pouca atenção, avançou para outra página e foi passando, cada vez mais rápido até chegar à página 23, onde havia os campos de assinaturas e, quando chegou ali, o corretor prontamente tirou sua caneta de grife do bolso do paletó e lhe ofereceu, apontando para o papel "é só assinar aqui e pronto!".

Lucas já chegou até ali e parecia que estava tudo certo, "o corretor já havia explicado tudo e agora era só assinar", pensa ele, e motivado pela sua decisão preencheu o campo com sua assinatura, em seguida, o corretor lhe pediu para rubricar as outras folhas. Pronto! Em menos de dez minutos Lucas analisou e assinou um contrato de 23 páginas na base da confiança.

Com a assinatura no papel, o vendedor de seguros se levantou, estendeu a mão para um cumprimento de "negócio fechado", agradeceu novamente a hospitalidade, mas recusou ficar para um café, olhou novamente o relógio com ar de ansiedade e informou que uma cópia do contrato seria enviada pelo correio na próxima semana. Depois dos cumprimentos cordiais de despedida, o *life planner* arrancou veloz com seu bólido alemão para a suposta reunião na firma. Lucas, parado à porta, sentia-se mais aliviado com a decisão tomada, "agora está feito"!

As coisas iam muito bem, Lucas estava pagando as parcelas em dia e já se iam quatro anos que ele não se preocupava com aqueles pagamentos mensais. Porém, nesta época começou a enfrentar problemas financeiros, foi demitido da empresa e precisou fazer ajustes no orçamento doméstico, dentre os quais, suspender o pagamento das parcelas do plano de seguro. Porém, sete meses depois estava novamente empregado e poderia retomar os pagamentos, então resolveu ligar para a seguradora e solicitar a continuidade do plano, quando teve uma surpresa, o retorno ao plano implicaria antes de tudo o pagamento integral de todas as sete parcelas atrasadas, com juros e multa de atraso, de uma vez só, enquanto não fizesse o pagamento, ficaria inadimplente.

Lucas argumentou com muita educação que isso não era justo, pois a seguradora suspendera a cobertura do seguro logo após o atraso da primeira parcela, por isso, ela não poderia lhe cobrar por um período sem cobertura. Neste momento a pessoa do outro lado da linha lhe informa: "esta condição de quitação para reintegração está no contrato, senhor". Neste momento a ficha caiu para Lucas, "você não leu o contrato ainda", pensou ele, quase em voz alta. Voltou a conversar e insistiu na injustiça da cobrança, ameaçou romper o contrato de vez e pedir todo o seu dinheiro de volta, conforme o corretor engomadinho havia prometido e escuta em resposta a sua ameaça: "no caso de rompimento de contratos em atraso, não haverá devolução e, ainda, restará a dívida em atraso. Está no contrato, senhor".

Então, Lucas desliga o telefone vociferando palavrões que não posso escrever aqui e sai à busca daquele maldito contrato, depois de revirar caixas e gavetas, encontra-o. Senta-se à mesa e começa a ler, agora com muito interesse e acompanhado de uma caneta marca texto. Depois de cinquenta minutos lendo aquelas letras miúdas ele descobre que as condições de devolução dos valores são conforme informado por telefone, é preciso estar em dia para ter direito a alguma restituição e, no caso de rompimento antes do final, mesmo quitando os atrasados, não receberia nada do que houvesse pago, para isso deveria pagar todas as parcelas.

Com mais raiva agora, ele continua a leitura e descobre outra coisa que não foi explicada pelo engomadinho da pasta de couro. Mesmo que finalizasse o plano e quitasse todas as parcelas em dia, após os trinta anos não teria a devolução integral dos pagamentos, pois um terço dos valores pagos seria retido pela seguradora conforme "exigências legais", e a parte que seria restituída, renderia só um terço da taxa DI (taxa de juros de mercado), ou seja, bem menos que a poupança.

Em sua leitura atenta, Lucas descobriu que se comprometeu em um contrato de longo prazo, cheio de condições desfavoráveis e bem diferentes das prometidas pelo corretor. Que não havia mentido em nada, apenas escondeu todos aqueles detalhes perversos. O pior de tudo é que ele ainda se sentia preso ao contrato, na esperança de resgatar uma parte do valor gasto. Desistir agora, seria como "jogar dinheiro fora"[32].

---

[32] Esse sentimento é chamado de dilema dos custos afundados (ou custos irrecuperáveis), falaremos sobre isso mais à frente, por enquanto é importante saber que esse dilema é capaz de fazer alguém insistir em uma decisão, mesmo depois que descobre que ela não é mais vantajosa, só porque investiu muito tempo de dinheiro e este investimento é uma perda que não estamos dispostos a aceitar.

Mas, por que Lucas assinou o contrato sem ler? Porque ele trocou a resposta da pergunta mais difícil: Este plano de seguro é o melhor que encontrarei no mercado e este contrato corresponde exatamente às promessas do corretor? Pela resposta de uma questão bem mais fácil: Gostei da proposta do corretor e ele me inspira confiança?

Para responder à questão mais difícil seria preciso uma ampla pesquisa por apólices de seguros que atendessem as necessidades de Lucas, para encontrar a melhor proposta comercial e sobre esta empreender a negociação. Bem como, Lucas não deveria se preocupar com a pressa do corretor, deveria pedir alguns dias para ler o contrato com muita atenção e até consultar um advogado, em caso de necessidade. Contudo, o Sistema 2 de Lucas evitou essa trabalheira ao aceitar a proposta do Sistema 1, que se baseou na resposta à questão mais fácil. Assim, a heurística da representatividade ganhou, Lucas foi direcionado a julgar e a tomar sua decisão com base nos elementos mais superficiais, e de fácil entendimento, sobre a negociação que estava empreendendo e só percebeu seu erro quando já era tarde demais.

A longa história de Lucas procura exemplificar de que modo a heurística da representatividade atua sobre nossas escolhas envolvendo contratos, mas nem sempre isso acontece. Agora, pense que história de Lucas não existiu, o mesmo corretor ligou para ele e marcou uma reunião em seu escritório. O engomadinho chegou com seu carro alemão, carregando a mesma pasta de couro, com seu terno bem cortado, cabelo aparado e tudo mais para inspirar seriedade e confiança. Ao chegar à empresa, o corretor é recepcionado e espera sua autorização para subir ao escritório do "Dr. Lucas", que o recebe com um forte aperto de mãos, dali em diante se desenrola uma apresentação das modalidades de seguro que o corretor tem a oferecer à empresa.

Após a longa exposição, e alguns cafezinhos, o corretor se despede e Lucas lhe diz que entrará em contato em breve. O que você acha que Lucas fará em seguida? Aceitará a única proposta que recebeu daquele engomadinho? Lógico que não! Ele irá procurar mais duas empresas para verificar quais são as outras opções de seguros no mercado. Porém, após receber outras propostas, Lucas descobre que o primeiro corretor tinha mesmo a proposta com a melhor relação benefício/custo, liga para ele e marca um novo encontro para fechar o negócio, contudo, pede-lhe para levar uma minuta do contrato, que será analisada na reunião pelo advogado da empresa. Após intensas negociações sobre as condições do contrato, o advogado garante a Lucas que os interesses da empresa estão assegurados e que o contrato pode ser levado ao dono da empresa para ser assinado.

As duas histórias envolveram os mesmos dois personagens, mas o enredo é bem diferente. Na primeira delas, a heurística da representatividade fez Lucas confiar no corretor engomadinho e ele se comprometeu no longo prazo em um contrato draconiano. Quando ele precisou tomar a mesma decisão na empresa, a heurística da representatividade não atuou, uma vez que os processos internos de governança foram estruturados para que as tomadas de decisão passassem pelas instâncias de checagens e porque Lucas não estava tomando uma decisão para si, mas para a empresa. O risco que assumiria impactaria diretamente na manutenção do seu emprego, logo, este risco acendeu um alerta que substituiu a confiança no corretor, pela confirmação, por escrito, dos acordos verbais estabelecidos com o vendedor de seguros.

Por que as pessoas estão mais vulneráveis à heurística da representatividade em suas decisões pessoais do que nas empresariais? Porque aprendemos a nos relacionar com outras pessoas com base na confiança e transportamos esse aprendizado para as relações contratuais, a confiança estabelecida entre as partes cria um conforto cognitivo e quebrar essa confiança impõe um desconforto, ou seja, nossa mente acredita que estará traindo a confiança estabelecida na relação social.

A história de Lucas exemplificou como a heurística da representatividade provoca uma situação de assimetria de informação, quando um lado da negociação possui mais informações e conhecimentos que o outro. Contudo, perceba que naquela história não havia nada de ilegal, apenas um vendedor muito habilidoso que conseguiu transmitir confiança e honestidade, o que fez seu cliente pular a etapa árdua e penosa de avaliar outras opções de seguro e de analisar o contrato com dedicação, de modo que impediu Lucas de obter todas as informações necessárias para tomar a sua decisão. A assimetria de informações desapareceu quando Lucas firmou o contrato para o seu patrão, pois naquele caso, os processos internos da empresa e o risco associado à perda do emprego, impuseram a ele a necessidade de uma análise detalhada das condições contratuais que seriam estabelecidas e, portanto, ele preferiu consultar o advogado da empresa, para se certificar que os termos não prejudicariam a empresa, nem a sim próprio.

Perceba que em uma transação na qual um lado é especialista no assunto e o outro é leigo, caso este tome a sua decisão no atalho mental da representatividade, ficará desfavorecido e sem as condições de igualdade de informação para tomar a melhor decisão. Entretanto, a ciência econômica tradicional considera que todos os envolvidos em uma transação são especialistas, possuem as mesmas informações e ela é perfeita (abrange tudo que é importante saber). Logo, para a teoria econômica a heurística da representatividade não afetaria as tomadas de decisões econômicas e considerar seu impacto seria assumir que os seres humanos não são racionais, pois tomariam decisões sobre coisas que não conhecem direito.

Você sabe que o princípio da informação perfeita é um ideal teórico e não corresponde à realidade, isto porque os especialistas em alguma atividade possuem mais conhecimentos que os leigos, e a assimetria de informação se faz presente em quase todas as relações entre leigos e especialistas.

Quando a assimetria não é combatida com uma busca por mais informações, ou a contratação de outro especialista no mesmo assunto, o leigo ficará mais vulnerável à tomada de decisão baseada na heurística da representatividade, que o fará substituir a resposta a uma questão complexa, sobre o assunto que ele não domina, pela resposta a outra questão mais simples, e que ele consegue formular, com base em suas percepções subjetivas a cerca dos fatores relacionados ao problema (confiança, honestidade, simplicidade, etc.), mas que não respondem às suas necessidades objetivas.

O problema da assimetria de informação antecede às pesquisas em Economia Comportamental, George Akerlof publicou em 1970 um artigo no qual descrevia como a diferença de acesso às informações favorecia os vendedores de carros "limões" [33] e prejudicava os compradores, pois apenas os vendedores tinham como saber exatamente o que estavam oferecendo e não havia incentivo nenhum para revelarem os problemas dos carros aos compradores, sob pena de vendê-los por um preço muito abaixo dos demais, em bom estado.

Deste modo, ao esconder os graves problemas eles poderiam vender um carro "limão" pelo preço de outro, em perfeitas condições. Perceba que ao utilizar essa estratégia de venda, os vendedores procuram fazer com que os

---

[33] *Lemons car* (carros limões) são aqueles que por algum motivo escondem problemas que não são aparentes ou foram escondidos, como batidas, defeitos mecânicos, etc. O título do artigo é "The markets for 'lemons': Quality uncertainty and market mechanism", que pode ser traduzido como "O mercado por limões: Qualidade desconhecida e mecanismos de mercado".

compradores acreditem neles e evitem buscar a resposta à pergunta certa: Conheço bem as condições do veículo para compará-lo com outros modelos iguais e de preços similares? Incentivando-os a responder a outra, bem mais fácil: Gostei do carro e confio neste vendedor?

Assim como a racionalidade limitada de Herbert Simon, as descobertas empíricas de Akerlof (1970) sobre a existência de assimetrias de informação nos mercados ainda não possuía uma explicação plausível para a irracionalidade dos agentes e, portanto, não conseguiu demover a fé dos economistas em seus modelos econômicos de tomada de decisão, sustentados na perfeita informação. Foram as descobertas de Tversky e Kahneman (1974) sobre heurísticas que lançaram luzes sobre o debate e permitiram compreender os mecanismos mentais que sustentam as tomadas de decisões sob assimetria de informação.

Heurística da Representatividade e a Negligência com a Taxa Base

A taxa base é a probabilidade média de ocorrência de um evento. Vamos entender essa ideia a partir de um jogo simples, se você jogar um dado não viciado para o alto, a probabilidade de cair com o valor 3 para cima é de 1/6, ou 16,67% de chance. Logo, a taxa base de cada evento é de 1/6. Assim como, ao observarmos o número de bebês nascidos em uma grande cidade durante um ano, veremos que cerca de metade deles serão meninas e a outra metade meninos, pois a taxa base para nascimento de meninas ou meninos é sempre muito próxima a 50%.

Não é preciso jogar os dados para conhecer a taxa base de ocorrência de cada evento, podemos usar a matemática para isso. Contudo, para saber a taxa base de nascimento de meninas, é preciso fazer levantamentos contínuos, ou seja, é preciso usar a estatística. Perceba que a taxa base pode ser obtida por dois métodos, o matemático ou lógico-dedutivo, e o estatístico ou empírico-indutivo. A dedução da taxa base por meio da matemática não depende da observação de ocorrência dos eventos, é o caso dos jogos de dados, de cartas, etc.. Para descobrirmos a taxa base, basta fazermos uma simples divisão entre o evento particular (valetes = 4) e a população (baralho = 52 cartas), para descobrirmos que a sua chance é de 7,7% (4/52 = 0,077).

Por outro lado, a estatística utiliza a indução empírica e é baseada na observação sistemática da ocorrência de casos particulares, que revela a sua probabilidade a partir da consistência dos eventos observados, portanto, é um método estatístico e está sujeito a variações a partir da mudança nos fatores de geração dos eventos. Por exemplo: Caso as condições genéticas da população se alterem, a taxa base de 50% para cada sexo pode se alterar também, se as condições climáticas do planeta mudarem, a média pluviométrica de uma região pede se alterar, etc.

Chamamos a sua atenção para o fato de que a taxa base é aliada da Lei dos Grandes Números, ou seja, quanto mais vezes você jogar o dado para cima, mais se aproximará da taxa de 16,67% para qualquer número de sua face, e quanto mais nascimentos acontecerem, mais certo que metade dos nascidos será de um sexo e metade de outro. Contudo, o contexto e a coerência narrativa podem nos iludir e nos induzir à negligência com as taxas bases, que são preponderantes para os resultados nos eventos matematicamente determinados ou em uma grande população, na qual a Lei dos Grandes Números está sempre em atuação, e esta negligência é uma aposta contra as leis da probabilidade.

Voltemos ao Problema de Linda, no qual a maioria dos participantes respondeu que era mais provável que ela fosse uma "caixa de banco e ativa no movimento feminista", do que apenas uma "caixa de banco". Esse engano é chamado de negligência com a taxa base e ocorre quando consideramos que há mais probabilidade de ocorrência de um evento estatisticamente menos provável a outro, de maior probabilidade.

A negligência com a taxa base, ou mesmo a sua ignorância, pode nos fazer tomar decisões que são economicamente ineficientes, mas que são coerentes, do ponto de vista da narrativa. Para entender melhor o impacto da coerência narrativa sobre nossas decisões econômicas, vamos analisar a inclusão na apólice de seguro de veículo de uma cobertura para atendimento em viagens, aquelas que cobrem o reboque do veículo até a cidade mais próxima e o translado dos passageiros, do local onde o veículo quebrou até a cidade mais próxima. Antes, porém, responda-me: Você considera que a probabilidade do seu carro quebrar em uma viagem é maior que ele pifar na cidade onde você costuma dirigir?

Com exceção das pessoas que trabalham viajando, as quais são a minoria, as demais utilizam muito mais seus veículos em suas cidades e, algumas vezes a cada ano fazem uma viagem, geralmente nas férias. Bem como, a maioria só viaja após terem feito uma boa revisão no veículo, coisa que não é comum para o dia a dia na cidade. Logo, temos dois fatores que indicam que a probabilidade do nosso carro quebrar em uma viagem é menor àquela de pifar em nossa cidade, seja porque usamos muito mais na cidade e porque costumamos revisar o carro antes de pegar a estrada, coisa que não fazemos todos os dias antes de usá-lo para ir ao trabalho.

É claro que os custos para um atendimento de emergência em uma viagem são maiores, em relação ao mesmo serviço prestado na cidade do segurado, contudo, este custo deve ser ponderado pela probabilidade estatística dos eventos. Digamos que ao longo de um ano cerca de 5% dos

117

segurados precisem de atendimento em suas viagens, enquanto a taxa base deste evento para as cidades seja de 20%. Considere que o custo da seguradora para o atendimento na estrada seja em média quatro vezes àquele para o atendimento na cidade, logo, os valores das coberturas deveriam ser iguais, tanto para viagens, como para o uso urbano.

Mas, será que as seguradoras não sabem disso também? Claro que sabem, pois o negócio delas é cobrir riscos, os quais são estatisticamente calculados regularmente. Mesmo assim, em termos proporcionais ao risco elas cobram bem mais caro pela cobertura de atendimento em viagens, em relação à mesma cobertura para atendê-lo na cidade onde o segurado reside. É que a venda dessas coberturas, no qual o segurado paga um prêmio proporcionalmente maior aos riscos cobertos, é que permite às seguradores elevarem a sua taxa de rentabilidade na operação.

Por que aceitamos pagar mais caro para obtermos a cobertura em viagens? Simplesmente porque não pensamos estatisticamente, confiamos nossas decisões na coerência narrativa, pois achamos que "quebrar o carro na estrada" é mais provável do que apenas "quebrar o carro", seja na estrada ou na cidade. Neste caso, a falácia da conjunção nos faz acreditar que o evento mais raro é o mais provável e, por isso, consideramos que a cobertura para atendimento em viagens deva ser mais cara.

Heurística da Representatividade e as Decisões de Investimentos

Vamos ver agora de que modo a coerência narrativa pode afetar as nossas decisões de investimentos. Um estudo conduzido por De Bondt e Thaler (1990) procurou entender

118

as causas das reações anormais dos preços das ações em função das avaliações de desempenho de empresas, que são realizadas por analistas profissionais que elaboram previsões de rentabilidade, esses analistas são chamados de *security analyst* (analistas de risco)[34]. O estudo pretendia descobrir o impacto das expectativas sobre as previsões dos analistas, que deveriam ser baseadas em informações e de dados da economia, dos mercados e das empresas.

A pesquisa de De Bondt e Thaler (1990) queria saber duas coisas: 1) Se os erros das previsões dos analistas estão vinculados às próprias previsões, ou seja, se uma previsão serve de base para a outra; e 2) Se as previsões ficam mais extremas à medida que o nível de incerteza se reduz, a partir da obtenção de dados futuros que confirmem as previsões iniciais.

Os resultados da pesquisa de De Bondt e Thaler (1990) revelaram que as previsões iniciais dos analistas eram formuladas a partir do conjunto de dados e informações, do passado e do presente, que alimentavam um modelo de previsão inicial. Contudo, a partir da previsão estabelecida para o primeiro ano, os pesquisadores descobriram que analistas usavam os resultados iniciais para formular a previsão do segundo ano. Bem como, eles descobriram que previsões otimistas para o primeiro ano sustentavam outra mais otimista ainda para o segundo, embora, fossem baseadas nos resultados previstos para o primeiro ano, tendo como base os dados do passado.

Portanto, segundo De Bondt e Thaler (1990) os resultados previstos para o segundo ano não dependiam apenas do ciclo de negócios de longo prazo, revelados pelo conjunto de dados e informações coletados inicialmente, mas também incorporavam os resultados da previsão feita para o

---

[34] A tradução de Analista de Segurança se refere aos profissionais que no Brasil atuam na proteção patrimonial e prevenção de delitos e, portanto, não é apropriada.

primeiro ano. Caso a previsão para o primeiro ano fosse otimista, este sentimento seria incorporado para gerar os resultados esperados para o segundo ano. Perceba que o evento conjunto, os dois anos, era mais otimista que o evento isolado, apenas o primeiro ano, isto é o mesmo que considerar mais provável que Linda seja caixa de banco e ativa no movimento feminista, do que apenas caixa de banco. Os professores De Bondt e Thaler (1990) também descobriram que as previsões eram revisadas com alguma frequência e as revisões refletiam as condições dos preços dos ativos no momento em que eram feitas. Então, as mudanças no presente afetavam as previsões para o futuro e, como estas eram utilizadas pelos investidores, afetavam novamente os preços dos ativos no presente e, novamente, serviriam para fazer ajustes nas previsões para o futuro.

Chamo a sua atenção para o fato de que essas avaliações não eram realizadas por leigos, mas pelos especialistas mais bem pagos em Wall Street para fornecer relatórios que seriam usados para que grandes investidores tomassem decisões, portanto, elas "faziam preço". A depender da influência dos analistas, essa retroalimentação de causa e efeitos conduziria a uma cadeia de novos eventos capazes de confirmar as previsões iniciais dos analistas, e os novos preços seriam incorporados aos relatórios seguintes e serviriam às novas decisões de investimentos e, assim por diante.

Perceba que a pesquisa de De Bondt e Thaler descobriu que as novas condições do mercado moldavam as expectativas futuras dos analistas e ofereciam uma coerência narrativa para ativar o atalho mental da representatividade. A coisa funcionava assim, se a previsão anterior era de alta nos preços das ações e esta se confirmava posteriormente, o novo relatório inseria esta nova informação para reforçar o viés de alta. Os próprios analistas caiam na armadilha da conjunção, ao considerar que a tendência de manutenção da alta dos preços das ações era mais provável, pois os a previsão de alta anterior se confirmou.

Contudo, a primeira alta dos preços, dada a influência dos analistas, poderia ser em parte explicada pela própria previsão inicial e não pelas condições objetivas do mercado. Perceba que esta validação das condições do mercado, oferecida pelos analistas, reforçava a crença dos investidores no acerto das previsões, sem que estes desconfiassem se tratar de uma profecia autorrealizável, com o potencial de gerar uma bolha financeira em um cenário otimista.

A ampla pesquisa de De Bondt e Thaler (1990) foi sustentada em dois elementos chaves, os relatórios dos analistas financeiros mais influentes de Wall Street e na evolução dos preços dos ativos que constavam naqueles documentos e, conforme os pesquisadores observaram, os erros das previsões estavam vinculados às próprias previsões, pois uma previsão servia de base para a outra; e elas se tornavam mais extremas (otimistas ou negativas) à medida que o nível de incerteza se reduzia a partir dos resultados obtidos no momento seguinte, pois estes eram incorporados às novas análises.

Você compreendeu que a heurística da representatividade é capaz de afetar os relatórios dos analistas financeiros, pois eles podem incorporar expectativas futuras com bases em dados passados, produzindo a falácia da conjunção, na qual dois eventos são considerados mais prováveis que apenas um. Como os relatórios dos analistas são importantes a tomadas de decisões pelos investidores, eles substituem a resposta a uma questão complicada: Como são elaborados os relatórios de recomendação de investimentos? Pela resposta a outra bem mais simples: Os analistas de investimentos estão acertando as suas previsões?

A resposta à primeira questão exige um entendimento profundo de todo o processo de análise econômico-financeira das empresas, das condições concorrenciais de mercado e da economia como um todo, enquanto a resposta à segunda é obtida apenas confrontando as recomendações dos analistas com os resultados do mercado, o que ignora o fato de que os analistas são capazes de afetar os preços na direção proposta em seus próprios relatórios.

HEURÍSTICA DA DISPONIBILIDADE

Para Kanehman (2012, p. 166), a heurística da disponibilidade é o "processo de julgar a frequência segundo a facilidade com que as ocorrências vêm à mente", de modo que confiança na resposta é diretamente relacionada à sua facilidade de recuperação da memória, e esta regra de julgamento nos faz considerar mais provável aquilo que é mais fácil de lembrar. Caso alguém lhe pergunte qual era o nome da esposa de Napoleão Bonaparte e o primeiro que vier à sua mente for Leopoldina, esse nome será mais confiável que outro que demorar mais tempo a aparecer, mesmo que esta confiança maior resulte apenas da rapidez de achar um nome e não da veracidade da informação.[35]

De todas as heurísticas utilizadas para tomar decisões, o atalho da disponibilidade é o mais associado à preguiça, pois se a nossa mente pode usar a primeira resposta encontrada, por que perder tempo e desperdiçar energia procurando por outras? Não gostamos de admitir nossa preguiça para pensar, contudo, acredite que ela é a responsável por uma boa parte das decisões que tomamos e, geralmente, nem percebemos, uma vez que o processo é todo realizado de modo automático e inconsciente pelo Sistema 1, ou seja, nem suspeitamos que estamos sendo preguiçosos.

A carga afetiva associada aos fatos registrados na memória também contribuem para que algumas informações sejam mais fáceis de serem lembradas que outras, conforme destacaram Kliger e Kudryavtsev (2010), pois o afeto realça as informações com uma tinta mais forte e uma cor mais intensa em nossas mentes. Por exemplo: Qual foi o atentado terrorista que matou mais civis no mundo? É claro que você

---

[35] Napoleão Bonaparte se casou duas vezes, primeiro com Josefina de Beauharnais e após o divórcio em 1809, casou-se com Maria Luísa de Áustria. Maria Leopoldina foi a esposa de Dom Pedro I.

acertou essa resposta, pois a informação veio como um raio à sua mente, junto a imagens de aviões se chocando contra duas torres. Aliás, antes mesmo de você acabar de ler a pergunta, a sua mente já lhe havia disponibilizado a resposta.[36]

Agora, tente responder essa: Qual é a maior democracia do mundo? A resposta a esta pergunta também é fácil: São os Estados Unidos da América. Foi apenas uma brincadeira contigo, você sabe que a resposta correta é a Índia, cuja população em 2019 ultrapassava 1,3 bilhões de habitantes, portanto, superava em mais de quatro vezes a população dos EUA naquele ano. Creio que você tenha acertado a resposta, mas desconfio que "Estados Unidos" deva ter aparecido antes que "Índia" em sua mente. Isso aconteceu porque os EUA são a maior economia do mundo e todos acompanham suas eleições presidenciais, logo, essa maior disponibilidade foi utilizada pela sua mente para lhe oferecer a resposta, errada. Então, se você pensou EUA e respondeu Índia, o Sistema 2 atuou para evitar a sua falha.

Você tem 3 segundos para responder esta outra, senão morre. Quem era o presidente da Índia em 2019? Acho que você já era, sinto muito. Talvez tivesse se salvado caso eu perguntasse a você quem era o presidente dos EUA em 2019, pois "Dolnald Trump" estaria na ponta da língua. Na verdade, os indianos não votam em presidente, pois na Índia o sistema é parlamentarista e há um primeiro ministro, que em 2019 era Narendra Modi. Você deve ter percebido que o Sistema 1 é bem rápido para fornecer respostas disponíveis, mas não sabe todas as respostas e, algumas que pensa saber

---

[36] Queria te deixar no suspense. Mas, foi mesmo o ataque contra as torres gêmeas do World Trade Center em Nova York em 11 de setembro de 2001, que vitimou 2.993 pessoas e deixou mais de 8.900 feridos. É muito provável que o seu cérebro tenha lhe oferecido até a data, pois ela está bem disponível, contudo, duvido que tenha lhe oferecido a quantidade de vítimas, pois essa é uma informação que, caso você tenha obtido, não é de fácil acesso.

são erradas. Isso acontece porque a sua função é ser rápido, não é estar certo, por isso, não é raro que ele nos apresente a resposta errada e se colar, colou! Ou seja, se o Sistema 2 não corrigir, vai a resposta errada mesmo.

Kahnemam (2012) alerta que os fatos marcantes, por ficarem mais vívidos na memória, são mais fáceis de serem lembrados e esta facilidade distorce a percepção sobre a probabilidade de sua ocorrência. É por isso que temos mais medo de assaltos em uma grande cidade, do que em cidades pequenas. Contudo, algumas grandes metrópoles como São Paulo, possuem índices de criminalidade menores que outras pequenas e médias cidades. A percepção equivocada de insegurança está associada ao grau de disponibilidade da violência urbana em São Paulo, que é o resultado do destaque que a imprensa costuma dar aos crimes que acontecem naquela capital e que, por este motivo, ficam mais disponíveis em nossa memória.

A heurística da disponibilidade atua em nossa mente para substituir a pergunta difícil: Eu conheço os dados estatísticos sobre a violência urbana em São Paulo e em outras cidades. Por esta outra bem mais simples de responder: Há muita violência urbana em São Paulo?

Quanto mais complexa for a questão envolvida, maior é a chance de substituirmos os fatos objetivos, baseados em dados, pela facilidade de recordar de fatos marcantes e isto está associado, muitas vezes, à Lei dos Grandes Números. Você sabia que em 2019 a população estimada da cidade de São Paulo era de 12,5 milhões de habitantes? Perceba que com tanta gente assim, mesmo que os índices de criminalidade sejam baixos, haverá uma grande quantidade de crimes diariamente, contudo, esta capital possui uma das menores taxas de crimes violentos dentre as demais no

Brasil, em 2019 ocorreram apenas 3,7 homicídios para cada 100 mil habitantes, enquanto que em Maceió houve 181![37]

Mas, por que ficamos com mais medo de andar a noite no centro de São Paulo, do que pela orla de Maceió? Porque a maior quantidade absoluta de crimes em São Paulo, incluindo alguns violentos, é conteúdo para muitos programas de TV de elevada audiência, dedicados à cobertura policial, bem como, alguns destes crimes diários ganham destaques da cobertura jornalística nacional, o que torna a relação "crime violento e São Paulo", mais disponível e fácil de lembrar, o que contribui para reforçar o equívoco de percepção sobre a violência urbana nesta cidade.

Qual crime violento você se lembra de ter acontecido em Maceió no último mês? Se você for desta cidade poderá responder a esta questão com mais facilidade, caso não seja, só responderá a ela se tiver ocorrido um crime de destaque nacional no mês que antecedeu a sua leitura à minha pergunta.

O que você considera mais importante na hora de tomar uma decisão: A quantidade de fatos que consegue se lembrar sobre certo assunto, ou a facilidade de lembrá-los? Claro que a quantidade de registros recuperados, caso sejam todos verdadeiros, é mais importante e útil ao julgamento do que a facilidade de se lembrar de poucos fatos. Isso é o que pensa o nosso lado racional, contudo, o nosso Sistema 1 considera que a facilidade de se lembrar das coisas é muito mais importante à tomada de decisão, foi o que a equipe do professor Norbert Schwarz descobriu.

Schwarz *et al.* (1991) realizaram vários experimentos controlados para confrontar a quantidade de registros

---

[37] Segundo dados do Atlas da Violência, divulgados pelo Instituto de Pesquisa Econômica Aplicada (IPEA), no ano de 2019 houve 454 homicídios em São Paulo (SP) e em Maceió foram 362, o que gera uma taxa de 3,7 homicídios para cada 100 mil habitantes na capital paulista e 181 na capital alagoana.

recuperados da memória, com a facilidade de recuperá-los, para avaliar qual era o fator mais importante no processo de julgamento e tomada de decisão. Nos experimentos foi solicitado aos voluntários que tentassem se lembrar de ocasiões em que eles tinham assumido um comportamento confiante em suas decisões (haviam sido assertivos), bem como, para outros voluntários pediram para se lembrar de comportamentos não assertivos.

Os grupos foram divididos em outros dois, a partir da quantidade de exemplos de assertividade e não assertividade que deveriam lembrar, um dos grupos deveria tentar se lembrar de apenas 6 exemplos e outro de 12 exemplos. O quadro 2 apresenta a formação dos quatro grupos e os resultados obtidos.

Grupos	Lembranças Solicitadas	Número de Lembranças		Facilidade para Lembrar	Auto Avaliação da Maioria
		Solicitadas	Lembradas		
A	Assertividade	6	5,1	Fácil	Muito Assertivo
B	Assertividade	12	7,2	Difícil	Pouco Assertivo
C	Não Assertividade	6	5,2	Fácil	Pouco Assertivo
D	Não Assertividade	12	6,2	Difícil	Muito Assertivo

Quadro 2 – Experimento de Assertividade *versus* Disponibilidade
Fonte: Elaboração do autor com base em Schwarz *et al.* (1991)

Perceba no quadro 2 que aos participantes do grupo A foi solicitado que se lembrassem de até 6 casos de comportamentos assertivos e na média conseguiram se lembrar 5,1 exemplos, neste a maioria achou fácil se lembrar (havia uma escala de 1 a 10 de dificuldade para medir a percepção deles). Quando solicitados a fazer uma avaliação de seu próprio comportamento, a maioria dos participantes do Grupo A se declarou muito assertivo. Eles pensaram assim: Se foi fácil lembrar os casos de assertividade, devo ser muito assertivo.

Compare agora com os participantes do Grupo B, que deviam tentar se lembrar de 12 comportamentos assertivos, lembraram em média 7,2 casos, bem mais que o Grupo A, mas acharam mais difícil lembrar tantos casos e, então, a maioria deles se julgou pouco assertivo. Os voluntários do Grupo B pensaram desse modo: Como foi difícil lembrar tantos casos de assertividade, devo ser pouco assertivo.

Os resultados dos grupos A e B revelaram que a facilidade de obter os registros da memória é muito mais importante para o julgamento, do que a quantidade de registros recuperados. Pois o Grupo B, que se recordou de mais casos de assertividade, mas teve mais dificuldade no processo de recordação, declarou-se menos assertivo. Enquanto os integrantes do Grupo A, que se lembraram de menos casos, julgaram ser muito assertivos.

Os pesquisadores liderados pelo professor Schwarz também queriam saber se a disponibilidade podia afetar o julgamento no sentido oposto, ou seja, quando os voluntários eram instigados a lembrar-se de sua falta de assertividade e, conforme os dados dos Grupos C e D revelaram, também não foi a quantidade de lembranças que determinou o resultado, mas a facilidade da lembrança dos casos de falta de assertividade que definiu o julgamento da auto avaliação que os respondentes fizeram.

O Grupo C deveria se lembrar de até 6 casos de não assertividade e a média foi de 5,2 casos em média, o que fez a maioria dos integrantes achar o processo fácil e com base nesta facilidade a maioria se declarou pouco assertivos. Eles pensaram assim: Se foi fácil recordar dos casos de pouca assertividade, devo ser pouco assertivo. Os voluntários do Grupo D precisavam recordar até 12 casos de não assertividade e na média eles conseguiram se lembrar de 6,2 casos, mas acharam o processo muito difícil e, portanto, a maioria se avaliou muito assertivo. Os integrantes do Grupo D pensaram deste modo: Como foi muito difícil lembrar tantos casos de não assertividade, devo ser muito assertivo.

Os estudos de Schwarz *et al.* (1991) reforçaram o consenso de que a facilidade de recuperar informações da memória é mais importante do que a quantidade recuperada para acionar o atalho da disponibilidade. Uma pessoa que possa rapidamente se lembrar de poucos fatos associados a um problema, pode inferir que entende o problema bem mais que outro indivíduo, que tenha se recordado de mais fatos relacionados, mas que tenha tido mais dificuldade de lembrá-los.

Segundo Kahnemam (2012, 173), as descobertas da equipe de Schwarz revelam que a heurística da disponibilidade explora fraquezas mentais associadas aos dois sistemas de processamento de informações, pois para lembrarmos uma pequena quantidade de informações, acionamos apenas o Sistema 1, e a facilidade de recuperação nos oferece conforto cognitivo, que vêm da fluência do processo e reforça a nossa confiança na qualidade das informações lembradas. Por outro lado, para lembrarmos uma quantidade maior de fatos é preciso acionar o Sistema 2, que é lento e crítico, e nossa mente passa a dar foco no conteúdo da lembrança e não mais na rapidez, e a perda de fluência nos retira a confiança sobre a qualidade das informações obtidas.

Causas da Heurística da Disponibilidade

Segundo Kanehmann (2012), a heurística da disponibilidade é causada pelo efeito surpresa entre a expectativa criada de recuperar uma quantidade de registros da memória e a quantidade real recuperada. Quando as expectativas são correspondidas pela realidade, há uma fluidez no processo de lembrança que provoca conforto cognitivo e isto aumenta a confiabilidade das informações lembradas, essa confiança conduz às decisões baseadas nas lembranças sem a necessidade de uma intervenção do

Sistema 2, deste modo, a heurística da disponibilidade permite à nossa mente substituir a resposta à pergunta difícil "eu conheço isso?", ao responder uma mais fácil "eu lembro disso?".

Por outro lado, quando nossa mente cria uma expectativa sobre a capacidade de recuperar registros da memória, mas a realidade de recuperação é menor e, portanto, há mais dificuldade no processo, há uma queda na fluidez que causa um desconforto cognitivo, uma vez que a dificuldade enfrentada está associada ao uso do Sistema 2, que eleva o consumo de energia mental e desperta uma análise consciente sobre o conteúdo recordado. Esta queda na fluidez do processo de recuperação de registros da memória provoca uma queda no nível de confiança das informações lembradas, mesmo que a quantidade lembrada não seja pequena, conforme revelou a pesquisa empreendida por Schwarz *et al.* (1991).

Para Kahneman (1991) a heurística da disponibilidade é mais atuante quando há fluidez no processo de lembrança e as informações lembradas sejam confirmatórias, exemplo: Precisei me lembrar de 6 países que falam espanhol e foi fácil lembrar de 6, logo, devo ser muito bom em geografia. Neste caso não houve surpresa, pois a fluidez alcançada pela rapidez de obter os nomes dos países, quando apenas o Sistema 1 atuou, ofereceu-me conforto cognitivo e elevou a minha confiança no julgamento.

A heurística da disponibilidade também pode resultar da baixa fluidez, no caso de desconfirmação, por exemplo: Precisei me lembrar de 12 países que falam espanhol e foi muito difícil, lembrei de apenas 8, logo, devo ser muito ruim em geografia. Neste caso, a expectativa criada foi frustrada pela dificuldade de se lembrar de tantos países, o processo de lembrança necessitou da atuação do Sistema 2, reduzindo a fluidez e causando desconforto cognitivo, a surpresa entre a expectativa e a realidade reduziu a confiança e, portanto, afetou minha capacidade de julgamento com base na quantidade de registros que fui capaz de recuperar na memória.

Note que a heurística da disponibilidade atua em duas direções, de confirmação (ou positiva) e de refutação (ou negativa). A confirmação ocorre quando a fluidez da recordação é satisfatória e não há surpresa, neste caso o Sistema 1 é capaz de gerar a resposta rapidamente e sem a atuação crítica do Sistema 2, o que aumenta a confiança na resposta obtida. A refutação acontece quando o processo de recuperação é mais lento e necessita da atuação do Sistema 2, o que provoca uma queda da fluidez no processo de lembrança e um desconforto mental, a frustração causada pela lentidão em recuperar os registros da memória provoca um surpresa e leva à desconfiança na resposta obtida.

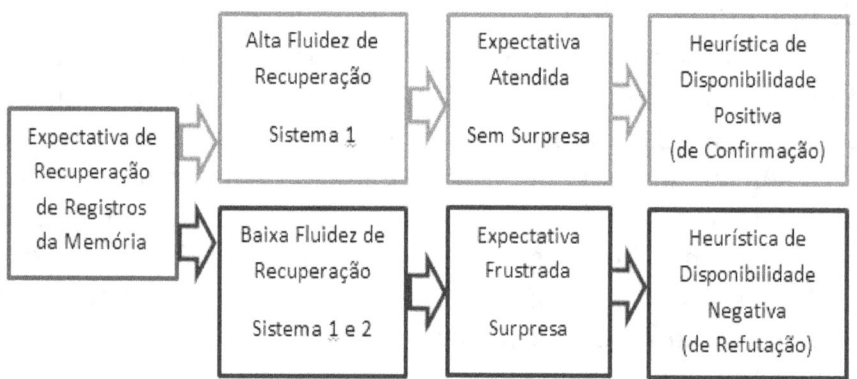

Figura 4: Processo de Geração de Heurística de Disponibilidade
Fonte: Elaboração do autor com base em Kahneman (2012) e Schwarz *et al.* (1991).

Veja na Figura 4 que o caminho superior é aquele em que apenas o Sistema 1 atua, no qual não há surpresa com o processo de lembrança e os resultados obtidos atuam para confirmar as expectativas formadas. No caminho inferior, aquele no qual é difícil obter da memória a quantidade esperada de registros e no qual o Sistema 2 também é acionado, há uma queda da fluidez no processo de recordar e a ocorrência de surpresa, que abala a confiança e leva a uma refutação das expectativas previamente formadas.

Perceba que a heurística da disponibilidade é dependente da surpresa, quando esta não acontece a nossa mente cria uma consonância cognitiva, um estado de conforto mental, o que eleva a confiança nos registros facilmente recuperados da memória e a utilização deles, via heurística da disponibilidade positiva, que serve para confirmar nossa expectativa de entendimento sobre certo assunto. Quando a surpresa acontece, há uma dissonância cognitiva, pois a mente precisa exigir que o Sistema 2 atue e isso causa um desconforto mental, o que abala a confiança sobre os registros recuperados da memória e gera a tendência de ocorrer uma heurística de disponibilidade negativa, que é utilizada para refutar nossas expectativas de conhecimento sobre certo assunto.

Fatores associados à heurística da disponibilidade

Para Kahneman (2012), a heurística da disponibilidade do tipo confirmatória pode ser estimulada por alguns fatores psicológicos que inibem a atuação do Sistema 2, uma vez que este tipo ocorre na ausência de surpresa entre expectativa e realidade e, portanto, deriva do processo de lembrança que se utiliza apenas do Sistema 1. Os fatores capazes de inibir a atuação do Sistema 2 e favorecer o atalho mental da disponibilidade são: a) Sobrecarga mental; b) Bom humor; c) Erro de julgamento das habilidades; e d) Autoestima elevada. Vamos entender como cada um atua.

A sobrecarga mental, ou *stress* cognitivo, acontece quando realizamos uma tarefa intelectual que demanda uma quantidade maior de energia mental para ser realizada. Neste caso a nossa mente, de modo inconsciente, opta por não

132

elevar ainda mais o consumo de energia do cérebro e inibe a ativação de outros processos mentais realizados pelo Sistema 2. Em um momento de sobrecarga mental e diante de uma necessidade de recordar fatos ou informações, nossa mente tende a escolher o atalho da disponibilidade, para poupar energia e evitar a amplificação do desconforto cognitivo, que já está elevado pela tarefa intelectual principal.

Para exemplificar como a sobrecarga mental atua para favorecer a heurística da disponibilidade, imagine-se saindo de uma prova bem difícil e com fome, você vai até à cantina, para diante do balcão e "vai no automático", pede uma coxinha e uma coca. Dali uns dez minutos, quando a sobrecarga mental da prova começa a se dissipar, você se lembra de que havia começado uma dieta e que deveria ter pedido um sanduiche natural e um suco de melão sem açúcar. A sobrecarga mental inibiu a recuperação de registros da memória associados aos novos hábitos alimentares, que não incluía mais frituras e refrigerante. Isto é a heurística da disponibilidade sabotando a sua dieta.

O bom humor é uma característica sempre desejável, ninguém gosta de gente rabugenta e má humorada, contudo, quando você está de bom humor seu Sistema 2 também relaxa, pois seu bom humor não é fruto de concentração. O estado de relaxamento mental provocado pelo bom humor atua para inibir o pensamento lento e crítico, assim, o Sistema 2 deixa de atuar para avaliar os resultados obtidos pelo Sistema 1, favorecendo a ocorrência de tomadas de decisão baseadas na heurística da disponibilidade.

Para entender melhor essa influência do bom humor, acompanhe essa história que aconteceu em um churrasco na casa do meu amigo Luciano. A nossa turma estava petiscando linguicinha, ouvindo samba, bebendo caipirinha e travando uma conversa bem animada, o humor geral não podia estar melhor. A certa altura apareceu o Bruno, filho de Luciano, pedindo uma ajuda, pois sua professora havia solicitado uma redação sobre uma "grande personalidade do esporte brasileiro", os nomes que oferecemos foram: Pelé e Airton Senna. Ninguém se lembrou de Hortência ou Oscar do basquete, Guga ou Maria Esther Bueno do tênis, dentre tantos grandes atletas espetaculares, enfim, o Bruno se decidiu por Airton Sena.

O erro de julgamento das habilidades é muito comum quando se consegue acessar rapidamente informações sobre certos assuntos. O fato de termos facilidade para lembrarmos coisas de certo assunto nos induz a acreditar que também dominamos bem este assunto e ficamos mais vulneráveis à heurística da disponibilidade. Isso acontece principalmente quando usamos o conhecimento sobre um assunto para resolver problemas referentes a outro tema, como um vendedor de carros que tenta usar seus conhecimentos para vender sua casa.

As habilidades do vendedor de carros lhe facilitam o acesso rápido a um grande conjunto de informações sobre vendas, fornecendo-lhe confiança em sua capacidade de realizar um bom negócio com a venda de sua casa. Contudo, as habilidades para vender carros não são as mesmas necessárias para se vender um imóvel, e ele corre um elevado risco de fracasso, uma vez que disputará um jogo com as regras de outro, confiante por achar deter muito conhecimento e altamente disponível em sua memória, sem desconfiar que este não lhe ajudará a enfrentar os profissionais do ramo, que estarão do outro lado da negociação bem mais preparados para tirar todo tipo de vantagem do leigo em imóveis e *expert* em carros.

A elevada autoestima pode relaxar o nosso lado crítico e nos levar a confiar mais em nossa memória do que em nossos conhecimentos reais. Assim, a disponibilidade associada à facilidade de recuperar da memória casos de sucessos passados, podem ser reforçador para confiarmos em nossas habilidades para enfrentar novos e diferentes desafios no presente. Imagine um executivo de sucesso que está na "crista da onda", pois a empresa que comanda está indo muito bem e, em sua avaliação, isto se deve a escolhas acertadas tomadas no passado.

Perceba que a confiança exagerada do executivo pode relaxar sua capacidade de identificar riscos associados a mudanças no ambiente de negócios, fazendo-o tomar decisões baseadas em seu sucesso passado e que podem não ser mais tão apropriadas à nova realidade. Assim, a heurística da disponibilidade se aproveita das informações mais fáceis de recordar, sobre as tomadas de decisões anteriores e que deram certo, inibindo a checagem do Sistema 2, que deveria confrontar essas memórias com as novas condições ambientais, o que deixa o executivo vulnerável a erros de avaliação e à tomada de decisões equivocadas.

Disponibilidade e Decisões Econômicas

Antes de começarmos quero que você que indique a marca que vier a sua cabeça para cada um destes três produtos: *Smart phone*, site de busca e sandália. Na outra página revelarei as três marcas que acho que você escolheu. Antes disso, vamos entender a importância da disponibilidade das marcas à tomada de decisão e como isso contraria as premissas da decisão econômica racional.

Segundo a racionalidade econômica a tomada de decisões deve considerar apenas os fatores objetivos associados à escolha. No caso das decisões de investimento, deve-se considerar apenas o custo de oportunidade do capital, para direcionar os investimentos à escolha mais rentável, ao mesmo nível de risco. Caso seja uma decisão de consumo, a decisão deve considerar a maximização da utilidade esperada pelo consumidor, que avalia o preço e o valor, com o objetivo de consumir apenas aqueles bens cujo preço seja inferior, ou igual, ao valor percebido.

Para tomar as decisões econômicas mais racionais, investidores e consumidores precisam obter uma quantidade de informações que lhes permitam avaliar as escolhas para maximizar o retorno do capital ou a utilidade do consumo. Sendo assim, a facilidade para obter informações não deveria ser um fator relevante à tomada de decisão, exceto quando o custo de aquisição das informações não for compensado pelos benefícios que uma quantidade maior de informações proporcionará. Contudo, o custo de obter informação deve ser analisado de modo racional e definir uma situação ótima, no qual o benefício obtido por mais informação não será compensado por um custo superior de sua obtenção, isto é o que rege a teoria econômica tradicional. Será que é assim que os humanos procedem?

No caso das marcas dos produtos e serviços, elas são um bloco de informações que contém um conjunto amplo de significados, ou atributos esperados, tais como: qualidade, preço, design, tecnologia, tradição, *status*, entre outros. Esses atributos são socialmente construídos e oferecem uma identidade à marca, por outro lado, a fama é o fruto da presença constante das marcas nos veículos de comunicação, nos pontos de vendas e nas embalagens dos produtos, resultado dos investimentos em marketing. Por isso, as marcas mais famosas são aquelas mais disponíveis na memória dos consumidores, o que é uma óbvia redundância.

Porém, você bem sabe que a marca é um atributo externo, não é o produto ou o serviço, de modo que um líquido escuro e borbulhante deveria ser chamado de refrigerante de cola, mas em sua embalagem nós o chamamos pela marca. Agora, imagine-se no balcão da lanchonete preste a escolher seu refrigerante para acompanhar o lanche, o atendente lhe faz aquela pergunta habitual "e para beber?", então você responde "um refrigerante de cola, por favor.".

Claro que não, você pedirá a marca de sua preferência e este ato é inconsciente, não é preciso um ato voluntário de reflexão, pois a sua mente busca automaticamente a marca mais disponível, aquela que você pede sempre. A propósito, acredito que na sua lista da página anterior estavam essas marcas: iPhone, Google e Havaianas. E aí, acertei alguma?

Se o que consumimos está dentro das embalagens, então as marcas não deveriam ser relevantes à tomada de decisão, contudo, a disponibilidade das marcas oferece confiança na escolha e isto contribui para elevar o valor percebido e é capaz de alterar nossas preferências de consumo, ao colocar no topo da lista os produtos e serviços das marcas que mais facilmente vem à nossa mente. Por conta dessa facilidade pagamos um preço maior por eles e as empresas utilizam uma parte deste preço maior para investir em propaganda e marketing, o que tornam suas marcas mais disponíveis ainda à nossa memória. Perceba que o investimento nas marcas não altera a qualidade dos produtos e nem a dos seus concorrentes, altera a nossa mente.

Vamos tentar outro tema, finanças pessoais. Responda-nos: Por que você acha que a caderneta de poupança é a aplicação financeira preferida da população brasileira?

a) Porque a poupança rende mais que as outras aplicações;

b) Porque a poupança é mais conhecida que as outras aplicações; ou

c) Porque a poupança é uma aplicação mais fácil de fazer que as outras aplicações.

No Brasil a caderneta de poupança raramente rende mais que outras boas aplicações em renda fixa, como os títulos do Tesouro Direto, os Certificados de Depósito Bancários (CDB) oferecido pelos bancos, ou fundos de renda fixa, logo, a rentabilidade não é a causa para a preferência da poupança. Por outro lado, quem já abriu uma conta no Tesouro Direto, aplicou em CDB ou em fundo de renda fixa, também percebeu que são aplicações fáceis de fazer, tanto quanto abrir uma caderneta de poupança, logo, a facilidade é uma desculpa apenas para quem não tentou fazer outras modalidades de aplicações.

Certamente a maioria da população aplica dinheiro na poupança porque ela é a mais conhecida dentre todas as outras modalidades e, advinha qual é a segunda? Título de capitalização, que nem aplicação financeira é, trata-se de um bilhete de loteria parcialmente reembolsável no longo prazo. Neste caso, a capitalização ganhou destaque em função da propaganda maciça que as instituições financeiras fazem, pois é um dos produtos que mais dá lucro aos bancos e não oferece risco nenhum a eles.

A preferência pela caderneta de poupança está associada a essa facilidade de se lembrar deste tipo de aplicação financeira e, portanto, a heurística da disponibilidade atua para afetar as nossas preferências e nos conduz a decisões econômicas ineficientes sob o ponto de vista do custo de oportunidade. É por isso que preferimos abrir uma caderneta de poupança que rende menos, a buscar outras opções tão seguras quanto ela e que rendem mais, e essa diferença entre a rentabilidade maior das outras aplicações e menor da poupança é o nosso custo de oportunidade, um pecado mortal para qualquer economista, mas que cometemos cotidianamente e sem remorso.

Mas, daí você pensa, a diferença de rentabilidade é tão pequena que não justifica a trabalheira de pensar em outro tipo de aplicação. Será mesmo que o custo de obter mais informação não é mais que compensado por um benefício superior? Supondo que você consuma quatros horas para entender como funciona o Tesouro Direto e nenhum minuto para saber da Caderneta de Poupança, e essas quatro horas lhe deem um custo de R$ 200,00 em tempo e dados de internet. Será que a rentabilidade dos títulos públicos não supera esse valor de custo?

Acompanhe as duas linhas do Gráfico 1 que mostram a evolução de uma aplicação mensal pelo período de trinta anos no valor R$ 500,00, que renderão em média 0,487% de juros ao mês na poupança (uma taxa equivalente a 6,0% ao ano) e os mesmo montante aplicado todo mês em títulos públicos do tipo Tesouro Selic, com rentabilidade de 0,565% ao mês (ou 7% ao ano), portanto, apenas 1% a mais que a caderneta de poupança. Essa comparação é possível porque ambas as aplicações possuem riscos mínimos, sendo que o risco menor é dos títulos públicos, os quais são garantidos pelo Tesouro Nacional, enquanto as aplicações em bancos são garantidas pelo Fundo Garantidor de Crédito, até o limite de 250 mil Reais por cliente.

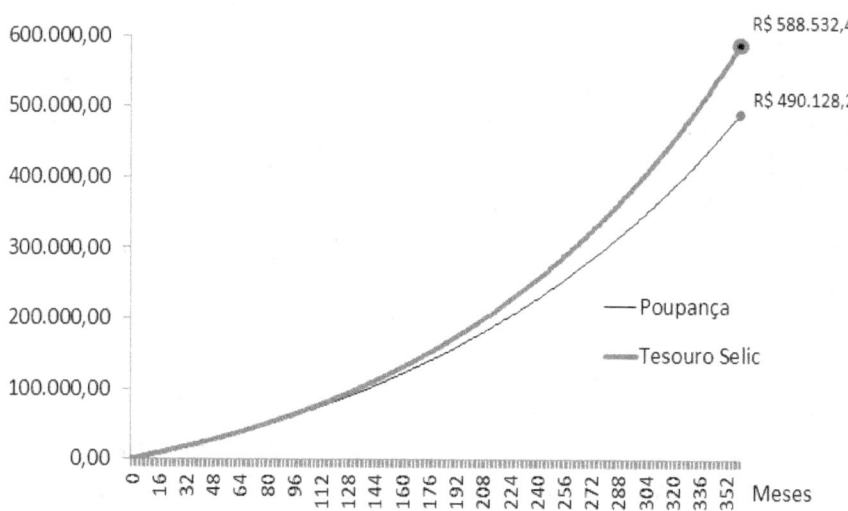

Gráfico 1 – Rentabilidade entre a Caderneta de Poupança e Título Público Pós-Fixado
Fonte: Elaboração do autor com dados fictícios.

Perceba que após trinta anos aplicando R$ 500,00 todo mês para sua merecida aposentadoria, a poupança lhe oferece um saldo final de R$ 490.128,23 e o título público um montante de R$ 588.532,43, o seja, a caderneta perde para os títulos públicos em R$ 98.404,20. Se descontarmos aqueles duzentos Reais de custo de informação, ainda assim, o benefício dos títulos superaria muito o rendimento da poupança e esses quase cem mil a menos que você obteria na poupança é o seu custo de oportunidade, que só acontece caso você seja induzido pela heurística da disponibilidade a preferir a poupança.

Então você pensa: Esses 490 mil Reais da poupança já são uma bolada! Será mesmo que vale a pena perder quatro horas de trabalho para entender o Tesouro Direto, só para ganhar mais 100 mil? Nem vai fazer diferença! Será que não? Imagine que você se aposente mesmo e use o saldo das aplicações para obter uma renda mensal por mais 30 anos, mantendo o dinheiro aplicado às mesmas taxas de rentabilidade ao ano (6% na Poupança ou 7% para Tesouro Selic). Ao longo dos próximos 30 anos você poderia sacar todo mês R$ 2.888,67 da Poupança e poderia sacar R$ 3.830,90 todo mês do Tesouro Nacional. São quase mil Reais a mais todo mês! Será que isso não faz diferença?[38]

A heurística da disponibilidade não atua apenas sobre os investidores em renda fixa, que são atraídos para aplicações menos rentáveis, afeta também as decisões de investimentos na bolsa de valores. Foi o que descobriram Doron Kliger e Andrey Kudryavtsev em seu artigo "A heurística de disponibilidade e a reação dos investidores a eventos específicos da empresa", publicado em 2010.

---

[38] Legal saber que se você aplicar só R$ 500,00 por mês por 30 anos pode obter uma renda mensal de quase R$ 4.000,00 por outros 30 anos, sem ter que aplicar mais nada. Isso acontece porque a partir do momento que você começa a fazer as retiradas mensais, o resto da montanha de dinheiro continua aplicada rendendo juros. Esses cálculos são detalhados no livro "Matemática Financeira na Prática", no capítulo sobre anuidades.

Testamos o efeito da disponibilidade nas reações dos investidores às revisões de recomendações dos analistas. Empregando os retornos diários do mercado como uma aproximação para a disponibilidade de resultados, descobrimos que as reações positivas dos preços das ações às elevações das recomendações são mais fortes quando acompanhadas por retornos positivos do índice do mercado, enquanto as reações negativas das cotações das ações, quando há rebaixamentos das recomendações, são mais fortes quando acompanhadas por retornos negativos do índice do mercado de ações". (KLIGER & KUDRYAVTSEV; 2010, p. 1)

Perceba que a descoberta de Kliger e Kudryavtsev (2010) foi de que as recomendações dos analistas não atuam isoladamente, mas em conjunto com as condições do mercado, se a bolsa estiver em alta, as ações com recomendações positivas tendem a subir de preço, mas se o mercado estiver em queda a recomendação dos analistas é neutralizada pelo índice negativo do mercado, neste caso, ações indicadas para compra não sobem ou sua alta é menor que a esperada em uma situação de bolsa positiva.

O trabalho de Kliger e Kudryavtsev (2010) apurou dados de mercado sobre as empresas listas na Bolsa de Valores de Nova York (NYSE: New York Stock Exchange), entre os anos de 2001 e 2006, confrontando as variações de preços de suas ações às divulgações de recomendações dos principais analistas de investimentos do mercado. Ao todo foram avaliadas as variações das cotações das ações de 1.373 empresas e confrontadas com 2.746 revisões de recomendação. Esses dados foram classificados em função do nível de conhecimento das empresas listadas nas NYSE e da importância relativa dos analistas, para determinar a correlação entre os relatórios e as cotações de preços.

O estudo de Kliger e Kudryavtsev (2010) revelou que os preços das ações de empresas que tinham obtido uma recomendação favorável dos analistas subiam numa

141

proporção maior à média do mercado nos dias posteriores à divulgação do relatório ao público, bem como, as ações daquelas empresas que obtiveram uma recomendação negativa caiam mais fortemente que a média do mercado, caso o mercado estivesse em queda.

Contudo, nem todas as ações eram impactadas da mesma forma pelos relatórios dos analistas e aqui está a grande descoberta dos pesquisadores e que está associada à heurística da disponibilidade. Kliger e Kudryavtsev (2010) descobriram que a variação nas cotações das empresas menos conhecidas era maior em relação às empresas famosas. Tome como exemplo a empresa Vale que no Brasil é famosa, tanto na bolsa de valores, como pelo público em geral, enquanto a Le Lis Blanc, cujas ações são negociadas pelo código LLIS3 na B3, é pouco conhecida pelos investidores e menos ainda pelo resto da população. O relatório do analista de ações mais famoso do Brasil não seria capaz de tirar a Vale do anonimato, pois ela já é bem famosa, contudo, tornaria a Le Lis Blanc uma celebridade instantânea.

Mas, qual seria o impacto que a divulgação dos relatórios dos analistas causaria sobre os preços das ações das empresas pouco conhecidas? E como esse impacto está relacionado ao atalho mental da disponibilidade? A figura 1 resume esse impacto e facilita o entendimento da relação entre fama e disponibilidade, acompanhe.

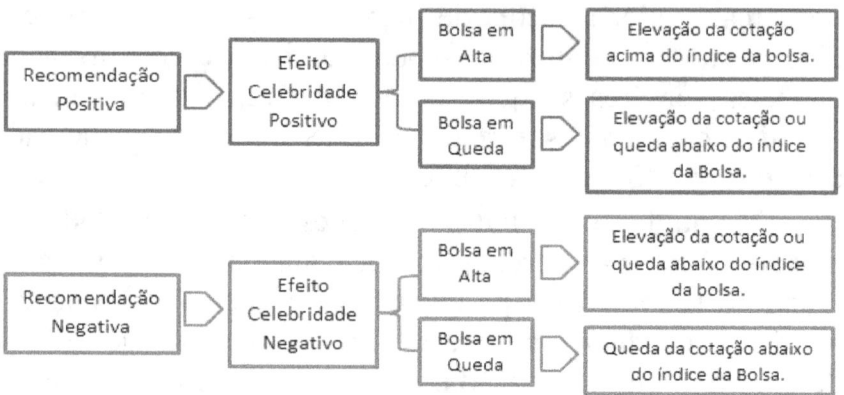

Figura 5 – Efeito celebridade sobre as ações de empresas
        desconhecidas.
Fonte: Elaboração do autor com base em Kliger e Kudryavtsev
(2010)

Observe na parte superior da figura 1 que as
recomendações positivas geram um efeito celebridade
positivo, ou seja, a fama dos analistas desperta o interesse na
compra de ações que estão fora do radar dos investidores,
porque são pouco conhecidas, caso a bolsa esteja em alta nos
dias posteriores à divulgação do relatório ao público em
geral, essas ações sobem de preço acima da média do índice
da bolsa de Nova York (NYSE: New York Stock Exchange),
por outro lado, se a bolsa estiver em queda, uma
recomendação positiva é capaz de reduzir a intensidade da
queda ou, até mesmo, induzir uma leve alta na cotação das
ações.

Perceba na parte inferior da figura 1 que as
recomendações negativas também causam impacto, uma vez
que os analistas indicam não comprar estas ações ou, caso o
investidor as tenha, deveria vendê-las. Desse modo, o efeito
celebridade cria um movimento exagerado de vendas e
derruba o preço bem abaixo do índice, do caso de bolsa
queda. Se após a divulgação do relatório a bolsa estiver em
alta, as ações das empresas com recomendação negativa
subiriam abaixo do índice ou poderiam até cair.

Kliger e Kudryavtsev (2010) descobriram que o efeito celebridade não afeta igualmente todos os investidores que tem acesso aos relatórios dos analistas famosos, alguns deles recebem as informações dias antes da divulgação dos relatórios ao público em geral. Quem poderia desconfiar que o acesso às informações é assimétrico no maior mercado de ações do mundo? O resultado desta assimetria de informação é que os clientes das corretoras e dos bancos de investimentos, que têm acesso privilegiado aos relatórios, dias antes de sua divulgação ao público, podem tomar decisões antecipadas e se aproveitar desta assimetria de informação para obter vantagens do efeito celebridade que virá após a divulgação dos relatórios.

Segundo Kliger e Kudryavtsev (2010), a repercussão dos relatórios dos analistas famosos é capaz de provocar uma profecia autorrealizável, reforçando ainda mais a crença do mercado em seus acertos, ao menos no curto prazo. Isso acontece porque após a divulgação dos relatórios os preços das ações indicadas para compra sobem, conforme indicação dos analistas, pois são empresas com potencial de valorização, porém, este movimento de elevação das compras, que provoca a valorização das ações, está associado à divulgação do relatório. Bem como, as cotações das empresas indicadas para venda caem, pois os analistas aconselharam os investidores a se desfazerem delas.

Mas, daí você pensa: os analistas apenas fizeram o trabalho deles e não podem ser culpados pelos movimentos dos preços nas direções indicadas nos relatórios, onde está o problema?

Realmente não é possível culpar os analistas pela utilização da heurística da disponibilidade por parte dos investidores. O problema é que a maioria destes recebem os relatórios tardiamente e tomam decisões com base no efeito celebridade, compram ou vendem ações das empresas porque seus nomes, de repente, tornaram-se mais disponível em suas mentes. Este atraso na tomada de decisões os leva a comprar ações caras demais e, por causa dos preços mais elevados, a rentabilidade esperada será inferior àquela sugerida pelos analistas, a qual será usufruída pelos investidores privilegiados, que tomaram suas decisões antes da divulgação geral do relatório. Por outro lado, aqueles que as venderam após o efeito celebridade acontecer, enfrentarão perdas de capital maior em relação àqueles que tiveram acesso ao relatório primeiro e, portanto, venderam as ações antes.

RESUMO DE HEURÍSTICAS

Encerro aqui os nossos estudos sobre as heurísticas e espero que você tenha apreciado, ou pelo menos, não tenha se aborrecido demais. Neste capítulo aprendemos que a nossa mente prefere utilizar atalhos mentais para tomar decisões, pois eles economizam energia e, geralmente, os julgamentos automáticos que fazemos com bases nas heurísticas são muito eficientes para tomarmos boas decisões.

Contudo, diante de certas decisões, principalmente àquelas em que a racionalidade econômica exige um processamento lento das informações e, principalmente, a reunião de um amplo conjunto de dados, se a nossa mente recorrer aos atalhos e ignorar o processo lento e laborioso de tomada de decisões, as heurísticas podem nos conduzir a julgamentos equivocados, uma vez que nos induz a substituir a análise da probabilidade objetiva sobre a ocorrência dos eventos, pela probabilidade subjetiva, que é formada a partir da nossa percepção da realidade e que está vulnerável ao efeito de ancoragem, aos nossos afetos, à representatividade que atribuímos a uma parte do todo e à facilidade que temos de nos recordar das coisas.

Somos iludidos pelas âncoras. Você aprendeu neste capítulo que a heurística da ancoragem é um atalho mental acionado a partir do efeito de *priming*, que de modo inconsciente é capaz de desviar o nosso julgamento em direção a uma âncora.

Âncoras mentais podem tomar várias formas, desde um preço em oferta capaz de afetar a nossa percepção de valor, ou aqueles com finais em "99", que puxam nossa atenção ao número anterior, enquanto escondem o seguinte, como podem ser palavras e imagens, capazes de nos induzir a um comportamento mais cooperativo ou menos crítico. Você aprendeu que as âncoras nos servem de referência à comparação de valor entre as qualidades das coisas, quando

146

tomamos o preço para ordenar as qualidades entre os produtos e serviços, bem como, a ancoragem no preço zero tem um forte apelo emocional, pois somos avessos a perdas, e é por causa disso que o chamariz da palavra "grátis" nos faz tomar decisões econômicas irracionais.

Somos iludidos pelos nossos afetos. Neste capítulo você tomou conhecimento sobre o poder das emoções e sentimentos para direcionar os nossos julgamentos e tomadas de decisões, sejam econômicas ou não. Isto porque nossa mente marca tudo que absorve e guarda na memória com *tags* de "bom" ou "ruim", e com base nestas avaliações afetivas ela direciona nossos julgamentos sobre o valor das coisas e, em alguns casos, sobre os riscos delas. É desse modo que os afetos são capazes de inverter uma lógica essencial da racionalidade econômica, de que quanto maior o risco, maior deve ser o retorno para compensá-lo.

Ao marcamos certas coisas com afetos positivos, gostamos disto, também reduzimos o risco percebido delas e aceitamos ganhos menores àqueles que objetivamente seriam necessários para compensar o risco real. Isto acontece porque essas avaliações de risco não são feitas com base em dados, mas a partir de nossos afetos, que podem contrariar a realidade objetiva dos fatos e nos induzir a tomadas de decisões equivocadas, como comprar ações de empresas de alto risco, mas que oferecem baixa rentabilidade, só porque gostamos da empresa.

Somos iludidos pelos estereótipos. Neste capítulo você entendeu que a nossa mente prefere usar a probabilidade subjetiva a recorrer a cálculos estatísticos e, por conta disso, utilizamos a heurística da representatividade para avaliarmos as chances de ocorrência de um evento. Assim, a partir de poucas informações, as mais representativas sobre algo, a nossa mente realiza um julgamento rápido e automático sobre a probabilidade de um evento, e foi por isso que até estatísticos profissionais consideraram mais provável que Linda fosse uma caixa de banco e ativa no movimento feminista, do que apenas uma caixa de banco, e sucumbiram à "falácia da conjunção", pois consideraram o evento particular como mais provável que o caso geral.

A heurística da representatividade afeta as nossas decisões econômicas, principalmente quando envolvem contratos, quando a nossa mente prefere tomar decisões com base na confiança estabelecida e não a partir dos fatores objetivos em negociação. Você aprendeu que ignoramos as taxas bases, aquela que é obtida com o método estatístico e que define a probabilidade de um evento ocorrer, porque a nossa mente prefere fazer julgamentos a partir da coerência narrativa, que é formada a partir da importância que atribuímos ao sentido de uma história, assim substituímos questões complicadas de responder, porque exigem levantamentos de dados e processamentos mentais complicados, por outras mais fáceis, que têm como base a coerência de uma história que formulamos para explicar a realidade.

Somos iludidos pela nossa memória. Por fim, você aprendeu neste capítulo que a nossa mente tem preguiça de buscar um amplo conjunto de informações em nossa memória, pois esse trabalho mental consome muita energia e nos causa desconforto cognitivo, e quanto maior for esta sensação ruim, menos confiável tornam-se os registros que recuperamos da memória.

A preferência por economizar energia mental para obter lembranças é a base da heurística da disponibilidade, que nos faz avaliar como mais importante aquilo que é mais fácil de lembrar. Esse atalho mental tem a capacidade de afetar os nossos julgamentos, uma vez que julgamos mais provável aquilo que facilmente lembramos, mesmo que a quantidade de eventos lembrados seja bem pequena. Por outro lado, avaliamos com menos provável um evento cuja quantidade de registros lembrados seja maior, porém, tenha demorado mais tempo para serem recuperados da memória e, assim, a disponibilidade distorce a nossa capacidade de julgar as nossas lembranças, oferecendo-nos mais confiança a partir da rapidez e fluidez da recordação e menos a partir da quantidade e qualidade das informações lembradas.

Só para concluir, quero chamar a sua atenção para o fato de que esses atalhos mentais não agem isoladamente, sem sabermos a nossa mente pode recorrer a dois, a três, ou a todos eles, para lhe oferecer uma resposta fácil para uma questão difícil, de modo rápido e automático. Assim as heurísticas podem atuar juntas para nos induzir a comprar o celular da marca mais popular (mais disponível em nossa mente), da qual nutrimos afetos positivos (amamos), pois o seus produtos têm o *design* mais descolados (e representativo de *status*) e, porque a empresa está realizando uma oferta imperdível, de R$ 3.499,90 por apenas R$ 2.999,00.

VIESES

Para entender melhor o que são vieses cognitivos, peço que você imagine um lago com peixes nadando. Pensou? À beira de um lago de águas límpidas a nossa visão dos peixes sofre o efeito de desvio provocado pela densidade da água, de modo que eles estão alguns centímetros à frente do que é percebido por nossos olhos. O efeito de refração da água desvia os raios de luz e altera a nossa percepção da realidade, somente uma pessoa com a mente treinada sabe onde exatamente o peixe está e com uma lança é capaz de arremessar no local preciso para atingi-lo, mas sem esse treinamento mental apropriado irá lançar no local onde os olhos indicam e, claro, não levará o peixe para o almoço.

Os vieses são, portanto, processos mentais que desviam o nosso pensamento da realidade objetiva dos fatos, e a mente não é capaz de perceber esses desvios por falta do treinamento adequado, que a permita reconhecer a diferença entre a realidade, filtrada por nossos sentidos, daquela real ou objetiva. Esses desvios de percepção são diferentes das heurísticas, pois estas alteram o nosso processo mental, fazendo-nos preferir atalhos rápidos e automáticos a processos mais lentos e trabalhosos, enquanto os vieses atuam para alterar a nossa percepção da realidade. Embora os vieses atuem junto com as heurísticas, vamos entendê-los separadamente para compreendermos como cada tipo de viés prejudica nossa percepção da realidade e nos fazem arremessar a lança no lugar errado.

Conforme definiu Kahneman (2012), os vieses (*bias* em inglês), são erros sistemáticos provocados por desvios de pensamento que nos afastam da coerência lógica e da racionalidade econômica. Tais desvios podem ser provocados por inúmeros fatores, como a forma de apresentar as opções de escolha, o apego às coisas possuídas, a vontade de manter as convicções e a dificuldade de lembrar fatos antigos como de fato aconteceram, além de outros fatores psicológicos que desviam a percepção objetiva da realidade e conduzem a mente a julgamentos tendenciosos, sejam eles sobre coisas ou pessoas.

Para começarmos a entendermos como os vieses afetam nossa percepção da realidade proponho que você ordene, por ordem do maior para o menor, quais são as profissões onde há um percentual maior de homens infiéis em seus casamentos, a partir da lista a seguir: Médicos; Advogados; Vendedores; Atores; e Políticos.

Sabemos que os políticos são todos "safados", não é? Então, eles devem ficar no topo. Mas, diariamente a mídia nos mostra artistas pegos com a "boca na botija", logo, os artistas devem disputar com os políticos o primeiro lugar, certo? Bom, mesmo que todos os políticos fossem safados, isso se aplicaria à política, não a sua vida pessoal. Mas, como temos a tendência a generalizar, associamos a safadeza deles nas coisas da política com a conduta na vida pessoal e, creio que no caso dos políticos, que dependem de uma imagem pública de pessoas sérias, ser taxado de promíscuo não deve ajudar em nada para ganhar votos, ao contrário, ser reconhecido como um cônjuge fiel e dedicado à família, deve ajudar muito para atenuar a imagem ruim que "naturalmente" as pessoas fazem deles.

Já no caso dos artistas, sejam eles atores, atrizes, cantores(as), etc., somos influenciados pela quantidade de casos de traição expostos na mídia e imaginamos que a maioria deles traem seus parceiros, é que a traição do nosso vizinho com a cunhada pode até ser um escândalo na nossa rua, mas não vira manchete nacional, pois ninguém está interessado na vida do meu vizinho e a pulada de cerca dele não vende jornal, ao contrário das celebridades mundiais flagradas em um caso de traição. Aliás, é a raridade das traições entre os famosos que despertam tanto o interesse da audiência, assim como as raras quedas de avião. Agora, imagine a quantidade de policiais, vendedores e advogados que pulam a cerca diariamente, casos que jamais saberemos, excetos se forem nossos vizinhos.

A sua memória seletiva deve ter colocado os políticos, ou dos artistas, no topo do *ranking* dos infiéis. Isso aconteceu porque temos uma ideia pronta sobre essas duas categorias e, a partir dela, generalizamos para tudo, inclusive para casos de traição. No caso dos acidentes aéreos, a disponibilidade da notícia, ativada e reforçada pelos meios de comunicação, também nos provoca uma falsa sensação de elevação do risco após o fato ter ocorrido, embora, a queda de um não seja capaz de afetar as estatísticas de acidentes aéreos e este tipo de transporte continue a ser um dos mais seguros do mundo.

Nos capítulos anteriores aprendemos que a teoria econômica considera que as tomadas de decisões de consumo dependem dos fatores objetivos (preço, quantidade, qualidade, prazo de entrega, condições de pagamentos, etc.) e da utilidade que um bem tem à satisfação de uma necessidade. Portanto, a teoria econômica tradicional descarta a importância dos Fatores Supostamente Irrelevantes (FSI) e que nos impulsionariam a decisões baseadas em avaliações subjetivas, que são influenciadas pelas nossas habilidades, pela restrição de acesso às informações, pelas crenças e compromissos sociais assumidos, dentre outros fatores que na prática nos fazem tomar decisões economicamente ineficientes.

Para exemplificar a importância dos FSI à tomada de decisão de consumo, imagine que você queira comprar um televisor novo, os fatores objetivos e relevantes para a escolha econômica racional seriam:

a) Quais são as características do aparelho? Tamanho da tela, recursos disponíveis, entre outros critérios objetivos de qualidade;

b) Qual é a quantidade necessária? Apenas um para sua casa ou cinquenta para um hotel;

c) Quem oferta o produto no mercado? Fabricantes, importadores e/ou comerciantes;

d) Quais são os preços praticados, condições e forma de pagamentos? (à vista ou parcelado, cartão de crédito ou dinheiro, etc.); e

d) Qual a disponibilidade e prazo de entrega da quantidade desejada?

A partir desses critérios objetivos, ou fatores relevantes, você já pode decidir racionalmente sobre sua escolha e levar para casa o melhor televisor, pelo menor preço e com a condição de pagamento mais vantajosa, certo? Contudo, a psicologia comportamental descobriu que alguns vieses, considerados fatores supostamente irrelevantes, são de fato importantes às tomadas de decisões, ainda mais quando se trata de uma escolha pessoal, pois se o televisor for para sua casa, o fato de você já ter comprado vários produtos de uma marca, de modo inconsciente, pode conduzi-lo a dar preferência a ela, ainda mais se você nunca sofreu um aborrecimento com as escolhas anteriores.

Mesmo que você fosse o gerente de compras de um hotel e estivesse escolhendo televisores novos, alguns fatores supostamente irrelevantes também afetariam a sua decisão na hora da escolha do fornecedor, como a sua marca preferida e a confiança depositada em um vendedor que já lhe vendeu frigobares, câmeras de circuito fechado, etc. Por que arriscar o seu bom emprego com uma marca nova ou com um fornecedor desconhecido, só para economizar algumas dezenas de Reais em cada aparelho? Embora a confiança seja um fator importante para você, para a teoria econômica é um FSI e não deveria desviá-lo da decisão racional e economicamente eficiente, que deveria ser tomada apenas com base nos fatores relevantes listados acima.

Richard Thaler chama os vieses cognitivos de "comportamentos desviantes" (*misbehaving*), e segundo ele tais comportamentos são importantíssimos para prever de que modo nos afastamos da racionalidade econômica em nossas tomadas de decisões. Para Thaler (2019), esses comportamentos irracionais são previsíveis, ou seja, mesmo que a lógica econômica determine que você tomará uma decisão racional, se algum fator supostamente irrelevante estiver presente, a sua decisão será irracional do ponto de vista econômico, isto é, você escolherá com base em algum viés de pensamento e não seguirá a pura lógica econômica dos custos de oportunidade e da maximização dos benefícios.

Como essas escolhas erradas são previsíveis é possível alterar a forma de apresentar uma escolha para direcionar melhor as decisões dos agentes econômicos, estratégia que foi definida como "paternalismo libertário", que é um termo contraditório, pois o paternalismo é uma maneira de limitar a autonomia para proteger o indivíduo, a palavra tem origem em *pater*, equivalente a "pai" em latim (aquele que protege), logo é contrário à noção de "libertarismo", associado à liberdade, à independência e à responsabilidade individual por seus atos.

As estratégias econômicas baseadas no paternalismo libertário procuram direcionar as escolhas das pessoas àquelas que são economicamente mais eficientes, protegendo-as de escolhas erradas ao procurar evitar que sejam influenciadas pelos vieses de pensamento que afetam a tomada de decisão e as afastam da racionalidade econômica. Desse modo, os arquitetos da escolha[39] identificam quais

---

[39] Richard Thaler usa o termo "arquiteto de escolhas" para identificar todos aqueles com o poder de direcionar as escolhas alheias, esses arquitetos precisam decidir como apresentarão as escolhas aos outros indivíduos, que de fato tomarão as decisões, pois a forma de

vieses afetam o julgamento dos tomadores de decisão e procuram neutralizar essas influências para conduzir os indivíduos a escolhas melhores, sem retirar deles a opção pelas escolhas piores.

Há muitos vieses provocados por diferentes fatores, sejam eles psicológicos ou fisiológicos, e que afetam nossa capacidade de decidir racionalmente diante de escolhas econômicas, dentre os quais, destacam-se os seguintes que você aprenderá em detalhes a seguir:

a) Viés de conservação;

b) Viés de confirmação;

c) Viés de enquadramento; e

d) Viés retrospectivo.

Agora que você já entendeu o que são vieses e como eles são capazes de afetar nossa tomada de decisão e nos afastar da escolha economicamente racional, seguimos a diversão para compreendermos como cada um deles atua para desviar nosso pensamento da racionalidade econômica e nos conduzir a escolhas duvidosas.

---

apresenta-las poderá afetar o comportamento deles, induzindo-os ou não a escolhas mais eficientes e benéficas. Você aprenderá mais sobre este tema no capítulo 4, quando abordaremos os *nudges*.

VIÉS DE CONSERVAÇÃO

Em time que está ganhando, não se mexe! Quem nunca ouviu essa frase, que atire a primeira bola. A frase é um bom exemplo da nossa preferência a manter as coisas como estão. Parece que somos programados de fábrica para evitar a mudança e só aceitá-la como último recurso, mas essa programação tem sua razão de ser, o que teria sido da humanidade se as coisas não tivessem se mantido estáveis por longos períodos? "Mudar é bom", diria Spencer Johnson. Porém, a nossa mente prefere o conforto cognitivo da conservação e é bem relutante em aceitar sair da "zona de conforto" e isso faz toda a diferença na hora de tomar decisões.[40]

Imagine que há dez mil anos um grupo de homo sapiens tenha achado uma boa caverna para se abrigar, então, no dia seguinte o grupo acorda e decide procurar outra caverna, e perto da hora de dormir conseguem achar outra. No outro dia, após uma noite de sono tranquila, todos se levantam e partem em busca de uma nova caverna, assim prosseguem e todos os dias são consumidos pela busca de cavernas, tanto que nem sobra tempo à busca de alimentos e de água. Você deve concordar que se as coisas fossem assim, a humanidade não teria ultrapassado a época dos homens das cavernas.

Aconteceu o oposto desta mudança constante, ao encontrar uma boa caverna para servir de abrigo e próxima de boas fontes de alimentos e água, o grupo permanecia nela por um longo tempo, pelo menos enquanto as fontes provessem o suficiente para o grupo e esta permanência fosse

---

[40] Spencer Johnson é o escritor famoso do *best seller* mundial "Quem Mexeu no Meu Queijo?", que prega, ingenuamente, que a mudança é um valor positivo e absoluto, enquanto a evolução comprova que ela é neutra e relativa. Mais à frente você aprenderá que o viés de confirmação foi o grande responsável pelo sucesso do livro.

útil tanto para ampliar a exploração dos recursos locais, como para desenvolver os laços sociais, que ampliavam a confiança entre seus membros e as chances de procriação, visando à preservação da espécie.

Os biólogos diriam que se impregnou em nossos genes uma necessidade humana pela permanência e uma relutância às mudanças, pois através das gerações aprendemos que conservar certas coisas é útil e talvez seja por isso que ainda mantemos esse hábito estranho de morar no mesmo lugar por anos, décadas, ou mesmo, a vida toda. Talvez porque tenhamos aprendido com nossos ancestrais que um bom local de abrigo, próximo às fontes de subsistência e que permitam um contato social apropriado à preservação da espécie, seja uma condição preferível a uma vida nômade e de eterna mudança.

A necessidade de permanência, de conservar o status quo[41], é uma força psicológica poderosa que nos conduz à inercia, vinculada a diferentes sentimentos que atuam para reforçar essa preferência pela conservação, um deles, e talvez o mais poderoso, é o medo. Temos aversão ao desconhecido que vem com as mudanças, uma vez que não é possível conhecer tudo que pode acontecer a partir delas e esse medo é um elemento que inibe nossas atitudes em direção ao movimento. É por isso que decidimos manter a mesma marca de produto, com medo de comprar outra e se arrepender depois.

Responda-me esta pergunta: Você acha importante pensar bem antes de escolher um plano de aposentadoria privada? Lógico! É uma decisão importante para obter tranquilidade na velhice. Pois acompanhe o que descobriram

---

[41] *Status quo* é uma expressão em latim que significa o "estado atual" ou "estado das coisas". Os autores de economia comportamental usam a expressão quando querem se referir a uma posição mantida no presente e sobre a qual uma pessoa precisa decidir entre mantê-la ou trocá-la por outra posição, em função de perdas ou ganhos esperados a partir de algum risco envolvido.

Madrian e Shea (2001), pesquisadores que ficaram famosos ao divulgar os resultados de uma pesquisa sobre a inscrição de funcionários em planos de aposentadoria empresarial.

A pesquisa de Madrian e Shea foi dividida em três etapas, primeiramente os pesquisadores levantaram dados sobre os funcionários de uma empresa que já tinham plano de previdência, para saber qual era o percentual de funcionários que aderiram ao plano corporativo e o percentual médio de contribuição de cada funcionário, bem como, queriam saber qual era o percentual de novos funcionários que aderiam ao plano ao ingressar na empresa. Nesta época todo novo funcionário contratado tinha a opção de ingressar no plano de aposentadoria coletivo, bastava ler as regras e marcar um X na opção **para entrar** e passar a contribuir 3% do seu salário para o plano.

A segunda etapa da pesquisa aconteceu após a mudança no formulário de inscrição do plano, cuja adesão dos novos funcionários, com o mesmo percentual de 3% do salário, passou a ser automática e era preciso marcar o mesmo X em um campo específico **para não entrar** no plano, caso eles não quisessem. Você não vai acreditar, mas a simples alteração da apresentação da opção no formulário resultou em um aumento de 75,5% na adesão ao plano de aposentadoria. Antes da mudança da apresentação da escolha, apenas 49% dos novos funcionários aderiam ao plano e após a mudança o percentual subiu para 86%. (MADRIAN & SHEA, 2001)

Destaco que nada mudou no plano, o percentual sobre o salário continuou igual, as demais condições de participação e de usufrutos dos benefícios futuros, tudo foi mantido, a única mudança no formulário foi a alteração da opção inicial de marcar um X para aderir, para a nova opção de marcar o mesmo X para não aderir. Como o que mudou foi apenas a apresentação do formulário, essa alteração seria apenas um fator supostamente irrelevante, mas foi capaz de acionar um viés de comportamento associado à conservação do status quo e elevar a participação dos novos funcionários em 75,5%.

Perceba que antes a maioria dos funcionários preferia não mudar uma coisa já predefinida, que era não aderir ao plano, depois da mudança no formulário o comportamento deles não mudou, a maioria continuou mantendo a escolha definida, mas agora esta escolha era de adesão automática ao plano. Enfim, os estudos de Madrian e Shea descobriram que temos preguiça de ler uma explicação de poucas linhas para podermos escolher ou não marcar um X em um formulário, mesmo que isto represente uma velhice financeiramente mais pobre.[42]

Segundo Kahneman (2012), o viés de conservação (ou viés do status quo) é uma alteração da percepção da realidade causada pela nossa preferência à manutenção daquilo que possuímos, que é causada pelo medo inconsciente do arrependimento com as consequências de uma mudança, despertado pela nossa aversão a perdas. Contudo, economicamente isso não é racional, pois se há uma maneira de se avaliar os riscos e estes podem ser confrontados com os ganhos, sempre que houver um resultado positivo deste confronto, mais ganhos do que riscos, nós deveríamos aceitar a mudança como bem vinda, pois ela representaria maiores ganhos. Enfim, nem toda mudança é benéfica, contudo, algumas são e as ignoramos porque temos a tendência a manter as coisas como estão.

---

[42] Ficou curioso sobre o artigo da Brigitte Madrian e do Dennis Shea? Você pode encontra-lo grátis na internet sob o título *"The power of suggestion: inertia in 401(k) participation and savings behavior"*. Ah! A terceira etapa da pesquisa levantou informações após nova alteração na apresentação da opção no formulário, que além da inclusão automática também incluía um aumento automático no percentual de contribuição do funcionário, sempre que ele tivesse um aumento de salário, e essa mudança no padrão foi capaz de elevar a contribuição dos novos funcionários a um percentual acima da contribuição média dos antigos funcionários.

É claro que a preguiça mental é um fator importante para nos manter parado, em inércia, aprendemos isso com as heurísticas, mas quando se trata de viés, não é a preguiça mental que é a responsável pela nossa preferência à conservação do status quo, mas é o filtro da aversão à perda que distorce a realidade e nos mantém firmes em uma posição assumida e que seja razoavelmente confortável, conforme apontou Kahneman (2020).

> As desvantagens de uma mudança assomam como maiores do que suas vantagens, induzindo um viés que favorece o *status quo*. Claro que a aversão à perda não implica que você nunca prefira mudar sua situação; os benefícios de uma oportunidade podem exceder até perdas preponderantes. A aversão à perda implica apenas que as escolhas são fortemente inclinadas em favor da situação de referência. (KAHNEMAN; 2012, pp. 363-364)

Perceba que Kahneman (2012) chama a atenção para o fato de que as mudanças são possíveis, mas não prováveis, uma vez que o medo de mudar tende a favorecer a manutenção da situação de referência (o *status quo*), que é conhecido e previsível. O autor destaca ainda que o viés de conservação é sustentado em duas motivações de natureza e intensidade distintas: O prazer do ganho e o medo da perda. Para ele o ser humano dá mais valor às perdas que aos ganhos, bem como, tratas estas duas coisas como diferentes em essência.

Tversky e Kahneman apontam que ao avaliar diferentemente os ganhos e perdas, nosso Sistema 1 associa as perdas como uma ameaça à sobrevivência e, portanto, elicia a sensação de medo. Enquanto os ganhos são associados à fruição da conquista, elicia a sensação de prazer[43]. Perceba que o contrário da sensação de medo é a segurança, quando estamos seguros não sentimos medo, enquanto o contrário da sensação de prazer e o desconforto. É essa diferença de avaliação entre perdas e ganhos, que a nossa mente realiza de modo inconsciente, que nos induz a preferência ao status quo, a preservação daquilo que já possuímos ou a escolhas as quais já nos habituamos.

Por outro lado, a teoria econômica tradicional trata perdas e ganhos como dois lados da mesma moeda, iguais em essência, portanto. Para os economistas são apenas variações objetivas no valor de alguma coisa e seriam ponderadas em igual intensidade de utilidade esperada, positiva para ganhos e negativa para perdas. Por exemplo: Caso você ganhasse mais 100 mil e dobrasse a sua riqueza, a sua satisfação com isso seria idêntica em intensidade àquela insatisfação com a perda de 100 mil, mesmo que você só tivesse essa quantia e ficasse sem nada. Sim, nós sabemos que a felicidade de dobrar a riqueza é bem diferente da tristeza de perder tudo que se tem, mas para a teoria econômica é a mesma coisa.

Um experimento conduzido por Amos Tversky e Daniel Kahneman em 1983 revelou que diante de escolhas que conduziam a ganhos e perdas de igual valor, os participantes tinham uma aversão às perdas duas vezes maior às chances de ganhos, o que equivale dizer que as perdas geravam uma tristeza duas vezes superior à felicidade com os mesmos ganhos. Esse experimento permitiu à elaboração de um gráfico que sintetiza essa ideia, no qual se observa que a parte negativa tem uma inclinação muito mais acentuada que a parte positiva, conforme revela a figura 6.

---

[43] O verbo eliciar é utilizado na psicologia para definir uma sensação ou ação comandada por nossa mente de modo espontâneo, sem a intervenção direta do indivíduo, pois é inata a ele. Por exemplo: Quando alguém ao seu lado boceja e logo em seguida você também dá um bocejo, não foi sua vontade fazê-lo, de repente, seu corpo foi tomado por uma súbita vontade de imitar aquele gesto e, sem perceber, você bocejou.

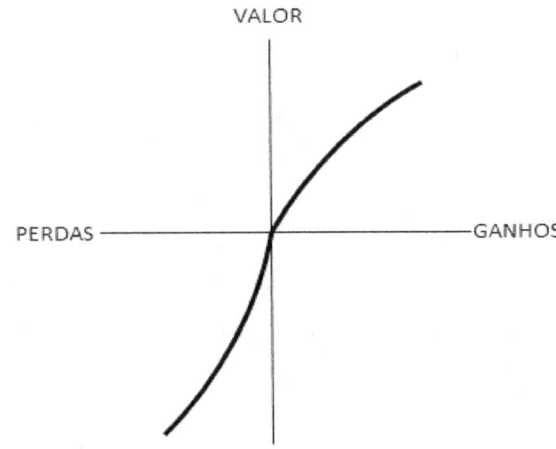

Figura 6: Função de Valor Hipotética
Fonte: Kahneman (2012, p. 542)

A primeira vista a figura 6 não revela muita coisa, então vamos brincar um pouco com ela atribuindo valores e contexto. Suponha que Valter seja um executivo recém-contratado por uma empresa que lucrou no último ano 100 milhões de Reais, sua missão é liderar a empresa para que o lucro aumente em 30% no próximo ano, contudo, ele sabe que seus esforços podem resultar em uma guerra de preços com seus concorrentes e produzir também uma queda de 30% nos lucros. Assim, os 30 milhões adicionais de lucros seriam ganhos bem vindos, mas este valor de perdas de lucros seria encarado como um desastre.

Para Valter o valor do aumento nos lucros será menor àquele atribuído às perdas do mesmo valor, pois as perdas são encaradas como fracasso e que podem resultar em uma severa penalidade, como a sua demissão e o abalo em seu prestígio público como executivo de sucesso, e é por conta do medo embutido nas perdas que o seu valor negativo é muito superior ao positivo dos ganhos. Observe agora o mesmo gráfico anterior, mas com os valores em jogo na estratégia de Valter.

162

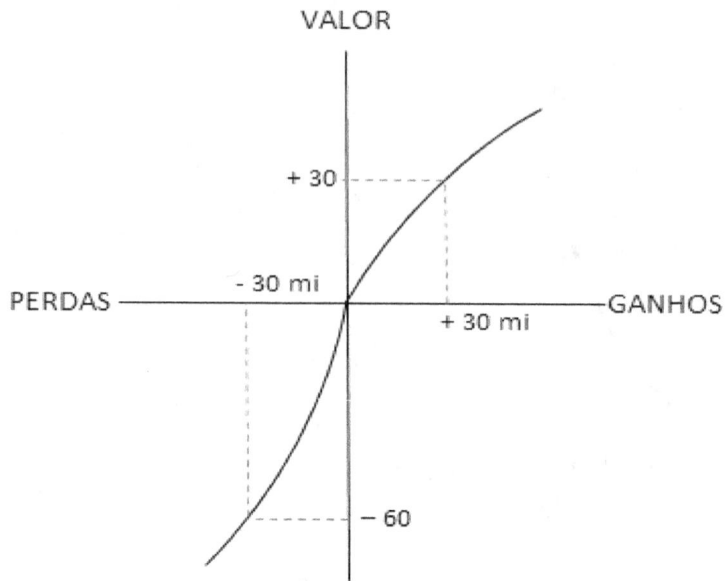

Figura 7: Exemplo de Intensidade do Valor Percebido
Fonte: Elaboração do autor com base em Kahneman (2012)

Perceba na figura 7 que o mesmo montante de 30 milhões, quando é um ganho (aumentos de lucros) resulta em um valor percebido menor, do que quando é uma perda (quedas de lucros). Acho que você deve ter percebido outra coisa interessante, para que os valores percebidos de ganhos e perdas sejam equivalentes (equidistantes), os ganhos precisam ser o dobro das perdas, sendo assim, para compensar o valor de uma perda de 15 milhões, o ganho deveria ser de 30 milhões.

Como há essa diferença entre o valor percebido dos ganhos e das perdas, diante de escolhas que envolvam riscos há uma tendência natural a reduzir a exposição às perdas e isso conduz à manutenção do *status quo*, exceto, como advertiu Kahneman (2012), quando a manutenção do *status quo* implica em perda certa e houver uma chance de reversão da perda através da tomada de um risco maior. Neste caso, o medo de permanecer em uma situação perdedora sustenta uma atitude mais arriscada, com a tentativa de eliminação da perda sofrida.

Imagine agora que Valter realmente tomou ações visando o crescimento dos lucros e seu medo se concretizou em uma guerra de preço, que provocou uma queda dos lucros em 15 milhões no fechamento do ano, ao contrário do crescimento esperado de 30 milhões (lembre-se que os dois montantes se equivalem em valor percebido). Diante da perda sofrida ele ficará motivado a assumir mais riscos para revertê-la no momento seguinte, revidando à "guerra" com mais redução de preços, na intenção de "quebrar a concorrência" e recuperar o lucro perdido.

A nova estratégia assumida por Valter expõe a empresa a um risco ainda maior que o inicial e será assumido porque ele agora enfrenta uma decisão entre duas escolhas ruins, continuar perdendo ou zerar suas perdas, a situação desfavorável na qual se encontra o dominará, motivando-o a assumir mais riscos para tentar zerar as perdas e regressar ao ponto de referência, ao *status quo* anterior. Perceba que em uma situação de perda, tendemos a elevar as nossas apostas para recuperar o que foi perdido, conforme afirmam Tversky e Kahneman (1983).

> A atração pelo risco no domínio das perdas foi confirmada por diversos pesquisadores [...]. Será que é errado ser avesso ao risco no domínio dos ganhos e atraído pelo risco no domínio das perdas? Essas preferências se ajustam a intuições convincentes sobre o valor subjetivo de ganhos e perdas, e a pressuposição é de que as pessoas estão em seu direito de ter os próprios valores. Entretanto, [...] uma função de valor em forma de S tem implicações que são normativamente inaceitáveis. (TVERSKY & KAHNEMAN, 1983 *in* KAHNEMAN; 2020, p. 542-543)

Tversky e Kahneman chamam a atenção para o fato de que a diferença subjetiva na avaliação entre ganhos e perdas nos induz a decisões iniciais que evitem perdas e, caso estas ocorram, na sequência nos levam a escolhas que busquem recuperar o que foi perdido, mesmo que isso implique assumir mais risco. Isto vai ao encontro do viés de conservação, uma vez que o maior risco assumido é uma escolha feita pelo indivíduo na tentativa de retornar ao ponto inicial, antes da perda.

Vamos entender de que modo a aversão à perda afeta as decisões econômicas a partir do relato do professor Richard Thaler, que em seu livro *Misbevaving* conta o caso de uma reunião que teve com 23 gerentes de um grande grupo de mídia dos Estados Unidos da América, na qual também estava o presidente mundial do grupo (CEO). Estavam na reunião os executivos responsáveis pelas diversas divisões da empresa (revista, jornal, tv a cabo, etc.), e estas eram independentes umas das outras, ou seja, as decisões tomadas por um executivo afetavam somente a divisão dele e as variações nos ganhos daquela divisão impactavam proporcionalmente à importância dela para o faturamento global do grupo, ou seja, muito pouco.

Durante o encontro o professor Thaler propôs uma tomada de decisão aos 23 gerentes de áreas, pediu que eles levantassem a mão no caso de aceitarem a seguinte proposta: Investir em sua divisão com a chance de 50% de ganhar 2 milhões de dólares e de igual probabilidade de perder 1 milhão de dólares. Perceba que aceitar a aposta oferece um resultado esperado médio de 500 mil dólares de ganho[44]. Portanto, se todos os 23 gerentes aceitassem a proposta de

---

[44] Ganho Esperado (Ge) = (probabilidade x ganho) + (probabilidade x perda)
Como: Probabilidade = 50% (ou 0,5); Ganho = 2.000; Perda = 1.000.
Logo: Ge = (0,5 x 2.000) + (0,5 x – 1.000); Ge = 1.000 – 500; Ge = 500

165

investimento, o ganho esperado total para a empresa seria de 11,5 milhões de dólares (500 mil x 23). Contudo, apenas três deles levantaram a mão, os outros vinte recusaram a proposta e preferiram manter o status quo. Do potencial total de elevação dos lucros, apenas 1,5 milhão seria obtido com os três investimentos, resultando em 10 milhões de lucros desperdiçados para a empresa de mídia.[45]

Por que a maioria dos executivos não aceitou a proposta? Porque, como revelou um deles ao ser indagado por Thaler (2019), o prêmio pelo sucesso seria pequeno, um bônus equivalente a três meses de salário e um "tapinha nas costas" de reconhecimento. Por outro lado, o risco associado ao fracasso deles poderia ser a demissão.

Perceba a diferença qualitativa nos sentimentos envolvidos, pois o prazer do ganho viria de uma recompensa monetária, temporária e modesta, enquanto o medo da perda decorreria da possibilidade de demissão, um risco associado à própria sobrevivência profissional. Essa diferença na avaliação qualitativa entre os ganhos e perdas individuais impelia os gerentes de área à tomada de decisões mais cautelosas e, portanto, menos arriscadas, reduzindo assim o potencial de ganhos do grupo como um todo.

Após a avaliação das respostas do grupo, o professor Thaler resolveu perguntar ao presidente da empresa (CEO), o que ele desejaria que todos fizessem? Este respondeu sem titubear que desejaria que todos aceitassem o risco e fizessem o investimento. Mas, por que o presidente aceitava o risco e a maioria de seus executivos a rejeitava? Porque o fracasso de uns seria contrabalançado pelo sucesso de outros e não haveria perda individual para ele, mas um ganho líquido de 11,5 milhões. Contudo, individualmente, para cada executivo à aversão ao risco era justificável a partir de uma avaliação

---

[45] Total dos ganhos perdidos pelos 20 executivos que rejeitaram a proposta. (500 x 20 = 10.000).

distinta entre os ganhos e perdas, uma vez que o sistema não recompensa o fracasso e o sucesso individual de modos equivalentes.

Para neutralizar a aversão à perda e incentivar os gerentes de área a tomarem o risco, quando a soma dos ganhos individuais é positiva, o sistema de recompensa também deve avaliar os processos, não apenas os resultados, uma vez que estes últimos podem não depender diretamente das decisões de cada executivo. Conforme aponta Thaler (2019):

> Para fazer com que os gerentes estejam dispostos a assumir riscos, é necessário criar um ambiente no qual esses gerentes sejam recompensados por decisões que sejam maximizadoras de valor *ex ante*, ou seja, com informação disponível na época em que forem tomadas, mesmo que acabem provocando perda de dinheiro *ex post*. (THALER, 2019, p. 204)

O Professor Thaler descata que as recompensas devem estar atreladas às decisões, não aos resultados, pois boas decisões nem sempre provocam bons resultados, dados que estes dependem de fatores dinâmicos e que podem não estar presentes no momento da tomada de decisão e nem podem ser previstos. Para você entender melhor como o viés de conservação conduz a tomadas de decisões equivocadas, do ponto vista econômico, acompanhe o caso de Joana, que precisa decidir como investir o dinheiro da venda de um terreno que recebeu na partilha da herança de seu pai.

Na época da compra o terreno foi adquirido por Seu Ernesto, pai de Joana, por 100 mil Reais e que era compatível ao tamanho e à sua localização, pois ficava em um bairro novo e bem afastado das áreas mais nobres da cidade. Seu Ernesto não comprou o terreno para construir nele, apenas como um investimento para o seu futuro e dos filhos (Júlio e Joana), infelizmente um infarto fulminante abreviou a existência de Seu Ernesto, que veio a falecer vinte anos após a sua compra. O terreno, que se valorizou muito com o progresso do novo bairro, ficou de herança aos filhos, Joana e Júlio conseguiram 2 milhões com a venda do terreno e cada um ficou com a metade, descontado o imposto sobre a herança.

Com quase um milhão caindo na conta de uma vez só, Joana ficou bem preocupada e pensou "o que farei com todo este dinheiro?". Muitas eram as opções e envolviam custos de oportunidades variados, ela poderia investir noutro terreno em outro bairro e esperar uma valorização, ou investir em aplicações financeiras variadas (poupança, CDB, títulos públicos), também poderia investir na bolsa de valores (ações, fundos imobiliários), ou fazer um *mix* de investimentos.

Eram muitas opções de escolhas para Joana decidir e os dados históricos revelavam que a mais rentável ao longo prazo, numa relação entre retorno e risco, seria investir a maior parte do dinheiro em um fundo de ações. Contudo, essa opção implicaria algum risco de perda de capital, caso as ações se desvalorizem e ela precisasse resgatar seu investimento num período de baixa. Sendo assim, Joana descartou de imediato essa opção, devido à sua aversão à perda. A preferência pelo *status quo* fez Joana aplicar a maior parte do dinheiro na compra de outros terrenos, pois foi o que deu certo para o seu pai e time que está vencendo, não se mexe!

Perceba que a probabilidade de valorização de um terreno é parecida a das ações subirem no longo prazo, bem como o risco de desvalorização é parecido, com a diferença de que as ações rendem dividendos, parte dos lucros que são pagos aos acionistas, e os terrenos geram custos de manutenção: como pagamento de impostos e manutenções. Mesmo assim, Joana opta por repetir o que deu certo, comprar terrenos, pois o viés de conservação a deixa mais segura com um investimento menos rentável, mas que deu certo no passado.

No caso de Joana, o viés de conservação atua junto com a heurística da disponibilidade, o evento de um ganho com a compra de terrenos está mais disponível e não há nenhum trauma com a perda de capital com esta decisão, portanto, a probabilidade de perda é ignorada, embora entre a data da compra e a da venda do terreno do seu pai possa ter havido altos e baixos no preço de mercado, entretanto, o que importou mesmo foi a diferença entre o preço obtido com a venda e o preço pago na compra, a coincidência da venda ter acontecido em um momento de alta não será encarada como sorte, mas como uma situação normal e esperada em transações com terrenos.

Agora veja o caso de Luciana, que aos 8 anos ganhou dez mil ações de uma empresa, parte da herança de seu avô, porém, por alguma cláusula absurda ela deveria manter as ações consigo por vinte anos, podendo vendê-las somente aos 28 anos de idade. Durante esse tempo ela receberia apenas os dividendos e poderia gastá-los como quisesse. Ao longo das duas décadas Luciana nunca se importou com os preços das ações que possuía, não podia vendê-las mesmo. Até os dezoitos anos os dividendos foram acumulados em uma caderneta de poupança, aberta em seu nome, e quando fez aniversário usou o dinheiro para comprar um carro, usado, mas bem conservado.

A cada ano que passava, ela notava que sua conta corrente recebia dois a três créditos de dividendos, cujos valores variavam, às vezes a soma dos depósitos no ano era o equivalente a um, dois e até três salários mínimos, mas em certos anos nada era creditado. Porém, na maioria dos anos ela sempre ganhou uma graninha boa, que na maioria das vezes usava para viajar. Quando finalmente completou 28 anos a sua mãe lhe avisou que já podia vender as ações, se quisesse.

169

Lembrada pela mãe, Luciana então entrou em contato com a corretora na qual sua conta tinha sido aberta e foi informada dos procedimentos para movimentar as ações, neste momento lhe informaram que as dez mil ações daquela empresa valiam cerca de 1 milhão de Reais! O corretor lhe disse que ela podia manter o investimento, vender parte ou tudo para usar como quisesse. Caso Luciana não precisasse de dinheiro no momento, o que você acha que ela faria? Venderia as ações e compraria terrenos? Provavelmente não, ela provavelmente não venderia nada, pois o *status quo* dela é: investimento em ações é rentável e em time que está ganhando, não se mexe!

Se você acompanhou o caso de Joana e Luciana, percebeu que o *status quo* é capaz de levar duas pessoas a escolherem opções distintas para o mesmo montante de recursos, mesmo tendo as mesmas oportunidades disponíveis no mercado financeiro, e essas escolhas não foram associadas à comparação de rentabilidade e risco, mas à busca pela conservação de uma posição vencedora e que não pode ser garantida no futuro.

Agora responda rápido: Qual é a principal aplicação financeira que os pais fazem para seus filhos? Acertou de novo! Nossos pais geralmente abrem uma caderneta de poupança, eles não compram ações, fundos imobiliários ou terrenos, logo, há um motivo a mais para mantermos nosso dinheiro na caderneta de poupança quando chegamos à maioridade, o *status quo*.

Perceba que o viés de conservação pode reforçar os efeitos da heurística da disponibilidade, esta nos induz à escolhas mais habituais, enquanto o outro nos faz acreditar que caderneta de poupança é um investimento seguro, sem risco de perdas, logo, mantê-lo é o melhor a ser feito e, assim, dada a baixa rentabilidade da poupança, perdemos a oportunidade de um ganho maior a longo prazo com os títulos públicos, conforme você aprendeu no capítulo sobre heurísticas.

Creio que você já entendeu que o viés de conservação inibe ações mais arriscadas em buscas de maiores ganhos, caso haja possibilidade de perdas com essa escolha, uma vez que as perdas pesam muito mais que os ganhos, mesmo quando são de magnitudes iguais. Contudo, mesmo as decisões de manter uma posição rentável podem ser incompatíveis com o risco assumido, pois elas podem ser mais bem atribuídas à sorte que à competência de quem as tomou.

Recorde o caso de Luciana, que manteve seu investimento em ações. Será que ela fez isso por que ponderou os riscos de perdas e a rentabilidade futura esperada? A decisão da compra das ações foi feita por seu avô, talvez ele tenha ponderado, mas ela deu sorte da empresa escolhida por ele ter se valorizado no mercado, podia ter falido, esta sorte pode não se repetir após a sua escolha de manter seu patrimônio em ações, mesmo assim, o viés de conservação atua para que ela as mantenha, pois agora o risco de perda para Luciana está associado à mudança, ou seja, à venda das ações e à escolha de outro tipo de investimento.

Kahneman, Knetsch e Thaler (1991, pp. 197-198), destacam que "uma implicação da aversão à perda é que os indivíduos têm uma forte tendência a permanecer no *status quo*, porque as desvantagens de deixá-lo são maiores do que as vantagens" e essa análise não é feita com base em cálculos objetivos, de rentabilidade e risco, mas com base na experiência pessoal, ou seja, na avaliação subjetiva. Portanto, é o medo associado à mudança que explica que diante de escolhas que envolvem riscos compatíveis, mas com ganhos diferentes, os indivíduos preferem manter uma posição assumida e abdicam de ganhos esperados maiores, pois tem

171

receio do arrependimento de trocar a posição inicial e isto resultar em alguma perda futura.

Perceba que as decisões de escolha realizadas a partir da preferência pelo *status quo*, sem a devida análise de retorno e risco, é irracional do ponto de vista do custo de oportunidade, conforme descreve a teoria econômica tradicional, mas complemente racional a partir da análise do comportamento humano, que avalia de modo diferentemente os ganhos e as perdas, sempre em busca de evitá-las.

Efeito Dotação e Viés de Conservação

A dotação é um valor de referência que atribuímos às coisas. Pode ser o valor da nossa casa, do nosso salário, do lucro da nossa empresa, como também, pode ser o valor esperado com a venda da casa, o percentual esperado de aumento no salário e o percentual pretendido de aumento nos lucros. Portanto, tanto faz se é um valor presente e conhecido, ou se é um valor futuro e esperado, a dotação serve como um ponto de referência para o *status quo*, e é sobre ela que avaliamos nossos ganhos e perdas.

O efeito dotação foi descoberto pela primeira vez pelos pesquisadores Knetsch e Sinden, que publicaram a descoberta em 1984 num artigo intitulado "Disposição para pagar e compensação exigida: Evidência experimental de uma disparidade inesperada nas medidas de valor". Perceba que no título do artigo já vem o alerta de uma "disparidade inesperada", isto porque eles descobriram que quando era exigido que as pessoas pagassem por algum item, avaliavam-no com preço inferior àquele que solicitavam para vendê-lo, o que não faz sentido, segundo a racionalidade econômica, é claro.

As descobertas de Knetsch e Sinden (1984) foram duramente criticadas no meio acadêmico, pois contrariava a lógica da taxa marginal de substituição, mas não se preocupe com essa taxa, é só uma criação ficcional que nós economistas usamos para explicar a indiferença de alguém à variação nas quantidades possuídas de duas coisas. O que importa é que as críticas motivaram novos experimentos, dentre os quais o mais famoso de todos, o das canecas de café. Este estudo foi conduzido pelos professores Richard Thaler, Daniel Kahneman e o próprio Jack Knetsch, o resultado do estudo foi exposto num artigo escrito pelos três e publicado em 1991 com o título de "Anomalias: o efeito dotação, a aversão à perda e o viés do *Status Quo*".

No experimento os três professores reuniram 44 alunos da Universidade de Cornell e distribuíram aleatoriamente para a metade dos participantes canecas de café, gravadas com o símbolo da universidade, estas haviam sido compradas por seis dólares cada na lojinha da universidade. A outra metade dos alunos recebeu tíquetes para comprar as canecas no mercado organizado pelos professores para transacionar as canecas. Ao final do experimento o valor obtido em tíquetes, com a venda das canecas, seria convertido em dinheiro e dado aos vendedores, as canecas ficariam com os alunos que não as vendessem ou que as conseguissem comprá-las.

Primeiramente foram realizadas quatro transações no mercado, com os mesmos alunos desempenhando sempre os mesmos papéis de compradores e de vendedores, com o objetivo de dar-lhes a chance de ajustar seus lances e, desse modo, promover mais competitividade entre os interessados em comprar e os interessados a vender. Foi avisado que apenas uma das rodadas seria escolhida, por sorteio e ao final, para valer de verdade e quem tivesse vendido naquela rodada ficaria com o dinheiro e o comprador com a caneca. O mesmo experimento foi repetido também em quatro rodadas com belas canetas com o brasão da universidade, embaladas em caixas de presente e que ainda preservavam a etiqueta

173

com o preço de compra, realizada na mesma lojinha e pelo preço de US$ 3,98 cada.

Os experimentos das canecas e das canetas resultaram no mesmo padrão de comportamento nas quatro rodadas, os alunos que ganhavam os objetos (canecas ou canetas) exigiam um preço de reserva[46] muito acima daqueles que eram oferecidos pelos compradores, que ganharam os tíquetes. Esta "disparidade inesperada" entre os preços de reserva, para a venda e para a compra, resultou em uma redução na quantidade esperada de transações, segundo previa os modelos de oferta e de demanda da teoria econômica tradicional, conforme explicaram os professores Kahneman, Thaler e Knetsch.

> O volume de transação previsto de 50% não se materializou. Havia 22 canecas e canetas distribuídas, então o número previsto de negociações foi 11. Nos quatro mercados de canecas, o número de negociações foi 4, 1, 2 e 2, respectivamente. Nos mercados de caneta, o número de negociações foi 4 ou 5. Em nenhum dos mercados houve qualquer evidência de uma tendência ao longo dos quatro testes. A razão para o baixo volume de transações é revelada pelos preços de reserva de compradores e vendedores. (KAHNEMAN, KNETSCH & THALER; 1991, p. 196)

Segundo os professores a maioria dos alunos que ganhavam as canecas exigia preços superiores a US$ 5,25 para vendê-las, enquanto a maioria dos compradores estava disposta a pagar o máximo de US$ 2,75 pela caneca. As poucas transações que ocorreram foram em torno de US$ 4,50. O mesmo aconteceu com as canetas, cujos donos

---

[46] O preço de reserva é aquele estipulado pelo comprador como o preço máximo a ser pago e pelo vendedor como o preço mínimo a ser aceito. Se no processo de negociação o preço de reserva estipulado por um dos lados coincidir com a proposta realizada pelo outro lado, a transação acontece.

exigiam em média preços duas vezes superiores aos oferecidos pelos compradores.

Este e outros experimentos que se seguiram revelaram que "o baixo volume de transações é produzido principalmente pela relutância do proprietário em abrir mão de seu patrimônio e não pela relutância dos compradores em abrir mão de seu dinheiro"[47], uma vez que aceitar receber um valor abaixo do preço de reserva (preço definido pelo vendedor) é visto como uma perda, que tem um peso bem maior que os ganhos nas transações. Assim, os compradores até ajustaram os preços das canecas para cima, mas os vendedores não ajustavam para baixo, limitando as chances de o mercado realizar as 11 transações previstas pela teoria econômica tradicional.

O efeito dotação tem impactos práticos em nossas decisões diárias, caso você deseje vender sua casa, o valor esperado dela será o seu preço de reserva e embasará o seu preço de oferta, qualquer valor obtido acima é um ganho e abaixo é uma perda. Caso você espere aumento de salário de 10%, o mesmo acontece, qualquer percentual acima é ganho e abaixo é perda, caso você tenha projetado um aumento de 5% nos lucros da sua empresa para o próximo semestre, o que vier acima é ganho e abaixo é perda.

Como você já aprendeu que damos mais importância às perdas que aos ganhos, pois avaliamos esses resultados a partir de sensações qualitativamente distintas, os ganhos abaixo do esperado serão considerados como perdas e amplificados, enquanto os ganhos acima das expectativas serão amenizados. Assim, ao definir como ponto de referência um valor qualquer, seja real ou imaginário, estaremos nos aproximando mais de uma decisão para evitar perdas do que para buscar ganhos e, conforme o experimento das canetas revelou, se estivermos no lado vendedor, estaremos reduzindo as chances de fechar um negócio, se a

---

[47] Kahneman, Knetsch e Thaler (1991, p. 196).

proposta que recebermos ficar no campo negativo, ou seja, abaixo do nosso preço de reserva para a venda.

As pesquisas em economia comportamental também descobriram que o preço de reserva, estipulado para a compra ou venda de alguma coisa, tem impacto sobre o valor esperado em cada transação específica, a depender do ponto de referência que partimos, pois diante de dotações diferentes o mesmo valor pode ser avaliado de maneira diferente pela mesma pessoa. Essa descoberta foi explicada assim por Kahneman:

> Um princípio de sensibilidade decrescente se aplica tanto a dimensões sensoriais como à avaliação de mudanças de riqueza. Acender uma luz fraca produz um forte efeito em um ambiente escuro. O mesmo incremento de luz pode ser indetectável em um ambiente brilhantemente iluminado. De modo similar, a diferença subjetiva entre novecentos dólares e mil dólares é muito menor do que a diferença entre cem dólares e duzentos dólares. (KAHNEMAN, 2012, p. 351)

Vamos entender como funciona esse princípio de sensibilidade decrescente com a ajuda de Carlos, um sujeito que precisou se desfazer de umas coisas. Ele colocou à venda o seu belo carro por 50 mil Reais e depois de um tempo recebe algumas propostas, mas a melhor delas foi de 48 mil Reais, abaixo do seu preço de reserva, porém, um pouco relutante, Carlos aceitou fechar o negócio e firmou a venda com aquele famoso aperto de mão. Nesse mesmo tempo, Carlos também colocou sua moto seminova à venda por 10 mil Reais e depois de meses anunciando a sua magrela a melhor proposta que recebeu foi de apenas 8 mil, que ele não aceitou por achar o preço muito baixo.

Você e a maioria na situação de Carlos faria a mesma coisa, pois perder dois mil Reais na venda da moto é muita grana. Mas, se ele aceitou esta mesma perda na venda do carro, por que então não aceitaria na venda da moto? Segundo a teoria econômica tradicional o valor de 2.000,00 deveria importar igualmente para ambas as transações. Contudo, Carlos é um ser humano e encara o valor de uma perda em relação ao seu ponto de referência, que era de 10 mil para a moto e de 50 mil para o carro, e não leva em conta apenas o valor absoluto da perda, isoladamente.

Para Carlos a perda de 2 mil, em relação ao valor do carro, pareceu pequena e não causou tanta dor quanto a perda do mesmo valor sobre a moto, que pareceu a ele grande demais e aceitá-la causaria uma tristeza muito maior. Perceba que a partir de dotações diferentes e crescentes (10 mil e 50 mil), Carlos atribuiu pesos decrescentes à perda de mesmo valor e, portanto, ficou mais disposto a aceitar uma perda quando a dotação era maior e, por outro lado, quando a dotação era menor não aceitou vender a moto para evitar a perda, de mesmo valor, e decidiu conservar o *status quo*.

Por outro lado, os ganhos esperados a partir de pontos de referências distintos – dotações diferentes – também impulsionam comportamentos que contrariam a racionalidade econômica. Atribuímos mais valor a um ganho relacionado ao um baixo ponto de referência e atribuímos menos valor ao mesmo ganho, quando este estiver relacionado a um ponto de referência maior, a uma dotação mais elevada.

Para entender como o efeito dotação se relaciona ao um mesmo ganho esperado, mas com pontos de referências distintos, acompanhe o caso de Milena. Ela quer comprar um aparelho celular e descobriu que uma loja perto de sua casa está vendendo o modelo desejado por R$ 2.499,90 e em outra loja, do outro lado da cidade, o mesmo aparelho está em oferta por R$ 2.299,90. Para ganhar os R$ 200,00 de desconto, Milena decide atravessar a cidade e comprar na loja com o preço menor. Nós faríamos o mesmo, certamente.

Milena agora pretende comprar um carro novo e descobre que o modelo escolhido está à venda por R$ 39.900,00 em uma loja perto de sua casa e que noutra loja, também do outro lado da cidade, o mesmo modelo custa R$ 39.700,00. Desta vez ela desiste de atravessar a cidade e compra o carro mais caro na loja perto de casa. Mas, por que ela não foi à loja comprar o carro mais barato? Porque a diferença de R$ 200,00 agora é tão pequena em relação ao valor total, que não representava um ganho expressivo que a motive a fazer esta economia. Contudo, trata-se dos mesmos R$ 200,00 que a fez atravessar a cidade para comprar o celular mais barato.

Assim, descobrimos que o viés de conservação não está diretamente associado ao valor da perda ou do ganho, mas à relação entre estes valores e o ponto de referência, a dotação inicial. Caso o ponto de referência seja um valor elevado, o efeito dotação nos fará atribuir menos importância à perda de igual valor comparado a um ponto de referência menor. O mesmo acontece com os ganhos, que serão sobrevalorizados para as dotações menores e desvalorizados para valores elevados que sirvam de ponto de referência.

Imagine que você receba um salário de 10 mil Reais em seu emprego atual, um concorrente lhe oferece 15 mil e o mesmo pacote de benefícios para te contratar, provavelmente você não pensará duas vezes para trocar de empresa. Agora, imagine-se ganhando 50 mil e que tenha recebido a proposta de 55 mil para trabalhar na concorrência, neste caso, arriscar o certo pelo duvidoso, para ganhar apenas 5 mil Reais a mais, parece não compensar, mas são os mesmos 5 mil que o fariam trocar de empresa no primeiro caso.

Acompanhe a figura 8 para entender melhor o impacto do tamanho das dotações iniciais sobre o viés de conservação. Neste exemplo o valor dos ganhos e das perdas são sempre os mesmos ($10,00), neste exemplo a única variação é a da dotação inicial, pequena no valor de $100,00 e grande no valor de $1.000,00.[48]

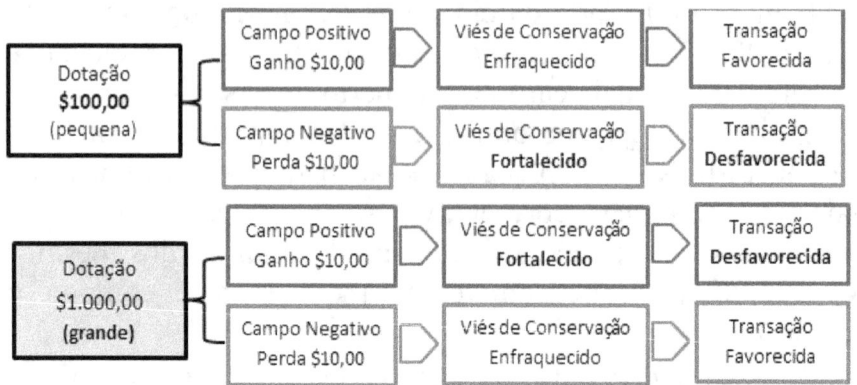

Figura 8 – Efeito Dotação sobre o Viés de Conservação.
Fonte: Elaboração do autor com base em base em Kahneman, 2012.

Perceba que os mesmos valores de ganhos e de perdas, quando associados a diferentes dotações, resultam em fortalecimento ou enfraquecimento do viés de conservação e, portanto, ao favorecimento da realização de uma transação ou à sua inibição. Lembre-se que a ativação do viés de conservação provoca em nossa mente um efeito inconsciente, que nos induz a nos mantermos no mesmo estado e evitar à realização de uma transação. Você também aprendeu que esse efeito tanto pode ser produzido pela grande dor de uma perda, que nos induz a evitá-la, como pelo pequeno prazer de um ganho, que parece não compensar o suficiente.

Volte à figura 8 e veja que a partir de uma dotação inicial pequena o viés de conservação é fortalecido no campo

---

[48] Embora o tamanho da dotação seja relativo, a ideia central apresentada por Kahneman (2012) é a diferença entre os valores envolvidos em uma transação, por exemplo: Mil dólares é uma dotação pequena se comparada a cem mil dólares, mas é uma dotação grande quando comparada à mesma transação de cem dólares. O mesmo vale para um milhão, comparado a cem milhões ou a cem mil.

negativo das perdas, pois neste caso as pessoas consideram que o valor da perda é muito grande em relação à dotação e se recusam a realizar a transação, para evitar a dor daquela perda. Perceba que no campo positivo, dos ganhos, o viés de conservação é fortalecido quando a dotação é grande, uma vez que o valor dos ganhos é pequeno em relação à dotação, neste caso, o prazer percebido não é o suficiente para estimular a realização da transação e as pessoas preferem manter o *status quo*.

Viés de Conservação e Decisões de Portfólio

Até agora você aprendeu que o viés de conservação ocorre porque a nossa mente foi programada para dar mais importância às perdas que aos ganhos, também entendeu que a importância dada às perdas e aos ganhos depende da nossa dotação inicial, ou ponto de referência, sobre a qual podem ocorrem variações para cima ou para baixo. Assim, tanto a aversão às perdas, como o efeito dotação afetam nossas decisões sobre investimentos em renda variável, como por exemplo, a compra e a manutenção de ações de empresas por um determinado tempo. Para entender como isso se aplica às ações, acompanhe o caso de Adriano, um novato na bolsa.

Adriano recebeu 10 mil Reais de indenização trabalhista, depois de muito estudo e pesquisa, resolveu investir todo o montante em ações de uma boa empresa. Depois de dois meses saiu uma notícia ruim e inesperada: uma grande empresa estrangeira estaria prestes a entrar no mercado e poderia rapidamente tomar até 30% da participação da empresa de mercado da empresa escolhida por Adriano. As previsões também prediziam uma redução dos preços médios de venda e das margens de lucro com o acirramento da concorrência, enfim, um cenário ruim para o longo prazo e que fez o mercado reagir rapidamente, descontando sobre a cotação no presente, os prováveis problemas da empresa no futuro.

Como Adriano não conseguiu prever a entrada da nova concorrente, quando percebeu o valor das suas ações havia caído para 7 mil, uma perda de 30% em apenas dois meses. Porém, vender as ações agora seria amargar este prejuízo todo e quando havia decidido pelo investimento ele acreditava muito no potencial de longo prazo da empresa, mas com a nova concorrente no mercado, as chances de recuperação do valor de mercado da empresa seriam mínimas e a previsão de rentabilidade de dividendo, menores ainda. Contudo, Adriano relutou em vender as ações e realizar o prejuízo, e contra a piora das expectativas futuras ele manteve o investimento, conservando o *status quo*.

Na mesma época Luiza também avaliou muito bem aquela empresa e investiu o mesmo valor de Adriano na compra de suas ações e, assim como aconteceu com ele, ela também foi surpreendida com a péssima notícia da entrada do concorrente estrangeiro. Contudo, a diferença entre eles não repousa nas habilidades de avaliação das empresas, pois ambos ignoravam a possibilidade de uma perda de mercado e o acirramento da concorrência, o que os diferenciava era o valor do portfólio total e isso faz toda a diferença. O total dos investimentos de Luiza era de 100 mil Reais e assim como Adriano, ela investiu 10 mil para comprar ações da mesma empresa e ao perceber que seu investimento perdeu 30% do valor, após os mesmos dois meses, ela se depara com as mesmas escolhas: a) vender suas ações e amargar o prejuízo; ou b) manter o investimento e esperar por uma improvável recuperação de longo prazo.

Perceba que a decisão de Luiza é a mesma de Adriano, mas o portfólio dela é dez vezes maior e para ela a perda dos 3 mil Reais devido à queda no preço das ações tem um impacto de apenas 3% sobre a sua dotação inicial, logo, sua aversão a esse prejuízo é menor para ela do que foi para

Adriano e, sendo assim, Luiza decide enfrentar a dor da perda e vende as ações para liberar o recurso para uma nova tentativa em outra empresa. Devido ao efeito dotação mais favorável, a decisão de Luiza foi menos traumática do que para Adriano, que resolveu esperar pelo improvável, uma recuperação do capital no longo prazo.

Após a queda da cotação da empresa, Adriano e Luiza enfrentaram uma decisão racional baseada na mesma questão, que pode ser assim formulada: Caso fosse hoje, sabendo o que sei sobre a empresa e seu mercado, eu compraria suas ações? Luiza e Adriano deviam responder de maneira igual a esta questão, ou seja, hoje não valeria a pena investir na empresa. Porém, o viés de conservação, promovido pela aversão à perda e pela menor dotação de capital, impediu que Adriano aceitasse vender as ações na baixa, enquanto a elevada dotação de Luiza lhe ajudou aliviar a dor da perda e decidir pela venda, que era a decisão racional a ser tomada.

Note como o efeito dotação, aliado à aversão a perdas, leva as pessoas a tomadas de decisões que as prejudicam, principalmente se elas forem investidores com pouco capital e pouca experiência no mercado. Na mente de Adriano ele não havia perdido dinheiro ainda, isso aconteceria somente após a venda das ações ao preço mais baixo, para ele a conservação das ações lhe dava a falsa sensação de não perder, este é um truque usado pela maioria dos investidores que "casam" com ações perdedoras e trocam o papel de investidores pelo de torcedores.

Lembre-se que o efeito dotação, que nos faz dar mais valor às perdas sobre quantias menores, também funciona no sentido dos ganhos e vamos entender como isso afetaria Adriano e Luiza, caso o cenário fosse o oposto.

Imagine agora que Adriano se deu bem, os 10 mil Reais investidos depois de dois meses viraram 13 mil! É que nesse meio tempo saiu uma notícia ótima, a empresa que ele escolheu investir fez uma parceria e expandirá seu mercado utilizando os canais de distribuição e vendas de outro grande grupo que atua em toda a América do Sul. Ao perceber a oportunidade de lucrar 30% em apenas dois meses, Adriano não resiste e manda a ordem para vender tudo, pois o lucro no bolso nunca será um prejuízo, ele pensa. Do outro lado está Luiza, feliz da vida também, pois sua escolha se mostrou acertada, contudo, ela não se empolga tanto a ponto de vender e mantém as ações na carteira.

Dai você se pergunta: Adriano não vende quando as ações caem 30% e Luiza vende? Quando as ações sobem, ele vende quando ganha 30% e ela não? Mas, trata-se da mesma empresa, é do mesmo valor de perdas e ganhos. Por que os dois tomam decisões tão diferentes? Novamente, porque eles não possuem a mesma dotação de capital. Para Adriano, o valor de 3 mil sobre os 10 mil de seu capital é um valor expressivo e a emoção de perder ou ganhar esse valor é muito mais intensa para ele do que é para Luiza, que tinha uma dotação inicial de 100 mil.

Os casos de Adriano e de Luiza também exemplificam a importância que as pessoas dão aos custos afundados (irrecuperáveis), que são perdas inevitáveis e irreversíveis, as quais as pessoas relutam em assumir. Para a ciência econômica os custos afundados são fatores supostamente irrelevantes e não devem ser levados em conta nas tomadas de decisão, uma vez que o importante não é o passado, mas as perspectivas de futuro, contudo, para nós humanos as perdas têm relevância e esta é inversamente proporcional ao tamanho do capital que a originou.

Viés de Conservação e Custos Afundados

Os custos afundados são todos aqueles impossíveis de se recuperar com a reversão de uma escolha feita. Para entender melhor esta ideia, imagine que Jonas investiu na compra de um terreno para construir uma casa e pretende vendê-la, assim que estiver pronta, para lucrar com a diferença entre o preço da venda e os custos totais da obra. Dentre os custos que ele terá, um deles é com os projetos de arquitetura e engenharia e, após a compra do terreno, Jonas contrata os projetos com um escritório pelo preço de 30 mil Reais, os quais são pagos dois meses após a compra do terreno.

Agora com os projetos em mãos, Jonas já pode contratar uma empreiteira e encomendar os materiais de construção, mas, algo inesperado acontece e antes mesmo de iniciar a obra Jonas precisa desistir do empreendimento, sua mãe precisa urgentemente fazer uma cirurgia e ela não dispõe de um plano de saúde para cobrir os gastos. Este inesperado problema de saúde familiar vai lhe consumir os recursos que ele usaria na construção e, ainda demandará o dinheiro que foi usado na aquisição do lote, mas Jonas dá muita sorte e rapidamente encontra um comprador para o terreno e que está disposto a aceitar o preço que Jonas pagou por ele e, portanto, a perda será mínima, apenas dois meses de juros.

Porém, o valor gasto com o escritório de arquitetura e engenharia Jonas não consegue recuperar, até tenta convencer o comprador do terreno a lhe pagar alguma coisa pelos projetos, mas ele não se interessa, pois pretende comprar o terreno apenas para especulação e revendê-lo daqui alguns anos. Logo, para se desfazer do terreno Jonas precisa aceitar a perda daqueles 30 mil Reais gastos com os projetos e este valor é um custo afundado, pois é irrecuperável a partir de sua decisão de reverter uma escolha assumida.

184

Perceba que Jonas aceitou a perda dos custos afundados porque no exemplo havia outra perda a ser enfrentada, e de maior gravidade, caso o terreno não fosse vendido, portanto, a aversão à perda maior foi decisiva à aceitação de uma menor e, portanto, o viés de conservação esteve associado à manutenção da saúde da mãe.

O exemplo de Jonas apenas ilustra o que são custos afundados, mas nem sempre haverá uma comparação entre perdas qualitativamente distintas (vida e dinheiro) que conduza à aceitação da perda dos custos afundados. Quando elas são exclusivamente de natureza financeira, assumir uma perda com os custos afundados para reverter uma posição assumida, a qual não se revela mais rentável, a partir de uma análise objetiva dos custos de oportunidade, é a única opção racional para os *Econs*. É por isso que projetos devem ser abandonados, mesmo que já se tenha investido neles mais de 90% do valor estimado, caso a nova realidade dos custos de oportunidade não mais justifique o aporte dos 10% restantes.

Mas, só faltam 10% e seria uma loucura abandonar um projeto quase pronto! Esta seria a reação da maioria de nós, exceto para um *Econ*, isso porque nós somos humanos e o tempo, a dedicação, o esforço e o dinheiro empregados em algo contam muito. Estes custos afundados em termos de dinheiro e emoções são perdas as quais relutamos muito para assumir, induzindo-nos à conservação da escolha feita, ainda mais quando falta tão pouco à sua concretização. Logo, não se surpreenda se a maioria dos projetos que se mostrem inviáveis, recebam os 10% restantes à sua conclusão, mesmo que este valor seja jogado fora, pois assim como os demais 90% já investidos, este restante nunca poderá ser recuperados com os lucros futuros.

O viés de conservação, associado aos custos afundados, também explica porque empresários mantem negócios com lucros quase inexistentes ou até com prejuízo, apesar de todas as evidências de que a situação não se reverterá no futuro. É que além do medo de perder o que investiu no negócio, contam o tempo de esforço e dedicação investidos, que reforça ainda mais o viés de conservação e impede que esses empresários tomem a decisão mais sensata de suas vidas, fechar a empresa e tentar a sorte novamente.

Só para relaxar, você sabia que o viés de conservação, associado aos custos afundados, pode ser o responsável por casamentos duradouros? É que a maioria dos casais evita utilizar a racionalidade econômica dos custos de oportunidade para rever, de tempos em tempos, a viabilidade do investimento realizado. Aliás, caso você esteja casado há dez anos ou mais, evite fazer esta pergunta: Sabendo o que sei hoje sobre a pessoa com quem me casei e ainda não fôssemos casados, hoje eu aceitaria me casar com ela?

Evite a pergunta, porque para respondê-la você deve pesar os benefícios usufruídos nos últimos dez anos de casado e compará-los aos sacrifícios impostos pela vida a dois, pois ambos devem justificar a escolha no presente. Isto implica ignorar os custos afundados nestes dez anos de convivência (juventude, liberdade, monogamia, etc.), que são perdas irrecuperáveis. Logo, sua decisão deve ser a mesma que foi tomada há dez anos, com a única diferença de que será baseada nas informações de benefícios e sacrifícios disponíveis hoje. Caso a sua resposta seja sim, a teoria econômica recomenda a manutenção do casamento; se a resposta for não, o divórcio é a decisão mais racional a ser tomada. Aliás, sei de economistas que evitam a mesma pergunta, preferem ser racionais apenas na profissão.

VIÉS DE CONFIRMAÇÃO

> Qualquer pessoa que procure por confirmações encontrará um número suficiente delas para enganar a si próprio e também, sem dúvida, a seus colegas. (TALEB, NASSIM; 2015, p. 23)

O viés de confirmação talvez seja o mais perigoso de todos os vieses mentais, pois ele é capaz de lhe fazer negar as evidências que contrariem suas crenças e buscar apenas os indícios que as reforçam. Esse viés também podia ser chamado de ideia fixa, pois ele nos conduz a um compromisso com uma ideia que adotamos e relutamos muito a abandoná-la, fazendo-nos seguir com ela longe demais, tão longe que o elevado custo assumido ao longo do tempo reforça ainda mais a nossa fidelidade a um engano. Que tal entender isso por meio da história de Helena? Uma garota gente fina para todo mundo, exceto para sua sogra.

Depois de três meses de namoro firme e apaixonado, Luiz decidiu que era o momento de apresentar Helena a seus pais e juntos viajaram até a cidadezinha onde moravam. A viagem foi deliciosa, ambos curtiram a paisagem enquanto Luiz contava os detalhes da cidade em que nasceu e cresceu. Falou dos colegas da rua, da escola, evitou falar das namoradinhas, e contou um pouco mais sobre seus pais, que tinham uma loja de produtos veterinários, fato que o motivou a escolher medicina veterinária, pois pensava em regressar formado para montar sua clínica, junto à loja dos pais, ideia que já havia tirado da cabeça ainda durante o curso, quando se decidiu por seguir carreira acadêmica.

Quando chegaram, Dona Dália, a mãe do rapaz, olhou bem para a moça e fez uma cara de "não gostei", mas Seu Antônio ficou todo animado e foi logo se apresentando a Helena, quase constrangendo a moça com tanta simpatia. Dona Dália foi direto ao filho, deu-lhe um forte abraço e começou a sua sessão de perguntas sobre saúde, estudos e, finalmente, perguntou se a sua vinda era para iniciar as tratativas para montar a clínica junto à loja. Luiz deixou a última pergunta sem resposta, pegou na mão de Helena e gentilmente a apresentou à mãe, que a cumprimentou sem entusiasmo algum e em seguida mandou-os que entrassem em casa. Já lá dentro Dona Dália perguntou se estavam com fome, apontou os quartos onde cada um iria dormir e disse que estaria na cozinha, caso precisassem de alguma coisa. "Quartos separados?", sussurrou Helena, Luiz deu fez um gesto com ombros e as mãos, dando a entender que eram "coisas da minha mãe".

Na cozinha a senhora olhou bem para o marido e resmungou, "não gostei dessa aí, viu as roupas dela? Ela não serve para o nosso filho. Com tantas moças descentes aqui, essa aí, parece uma..." Realmente, a jovem estava exuberante, pois eles viajaram em um carro sem ar condicionado, fato que fez Helena preferir um short e uma blusinha para enfrentar o calor da viagem. Seu Antônio riu do comentário da esposa e lhe disse que parecia uma boa moça, que Dália tivesse paciência, o filho fora bem educado e, com certeza, soube escolher uma moça com muitas qualidades. Ouviu-se outro resmungo que parecia um "duvido" e o papo acabou ali.

O final de semana foi agradável, o casal de namorados conheceram a bela cidade de interior e os amigos de Luiz, mas o clima ficou azedo quando ele decidiu enfrentar aquela pergunta sobre a clínica, o que contrariou as expectativas de sua mãe e a fez acreditar que a decisão do filho estivesse relacionada ao seu namoro com aquela sirigaita da capital.

Logo após o almoço de domingo o casal retornou à capital e o namoro prosseguiu, virou noivado e, finalmente, o altar. Apesar de Helena se esforçar muito para agradar e de não ter nenhuma atitude que pudesse macular seu papel de boa companheira e, mais tarde, excelente mãe, Dona Dália pescava um detalhe aqui, outro ali, para reforçar a sua primeira impressão e usava esses pequenos desvios, entre a esposa ideal e a esposa real do seu filho, para criticá-la, seja com indiretas a Helena, seja espalhando fofocas aos demais parentes sobre a "péssima nora" que o filho lhe arrumara.

O filho Luiz, Seu Antônio e os demais parentes não entendiam o motivo para tanta antipatia pela moça e procuravam ressaltar as qualidades de Helena, contudo, Dona Dália era impenetrável aos apelos, nada do que dissessem, ou que ela pudesse ver com os próprios olhos, servia para mudar a sua convicção, formada e reforçada pelos inúmeros erros, que somente a sogra enxergava na conduta da nora.

Com o tempo o casal começou a ter problemas de relacionamento, pois Helena perdia frequentemente a paciência com a mãe de Luiz, este não conseguia mudar a opinião de Dona Dália, ao mesmo tempo, ele sentia falta da companhia dos pais, já velhinhos, os quais ele visitava cada vez menos por conta da péssima relação estabelecida entre as duas. Enfim, depois de doze anos de casamento e dois filhos, o pedido de separação de Helena veio confirmar as expectativas da sogra. "Não foi por falta de aviso", foi o que se ouviu da ex-sogra quando tudo acabou.

Perceba que Dona Dália fez uma ideia prematura e baseada em poucos elementos sobre a nora e de seu desejo de ter o filho novamente próximo a si, o que ativou a sua convicção sobre o impacto negativo que Helena representava a ele e a seus planos. A partir destes elementos a sua mente assumiu uma posição, uma ideia fixa, para a qual apenas evidências confirmatórias podiam ser aceitas, fazendo-se de cega a todos os fatos contrários. Estabeleceu-se, portanto, um viés de confirmação na mente de Dona Dália e a partir disso uma regra de julgamento, baseada apenas em uma parte da história, aquela que confirmava o seu compromisso com a sua verdade.

Segundo o psicólogo Raymond Nickerson, um dos pesquisadores que mais se dedicou ao tema do viés de

189

confirmação, o termo está relacionado à "busca ou interpretação de evidências de maneira que são parciais às crenças existentes, expectativas ou uma hipótese em mãos" (NICKERSON; 1998, p. 175). Note que a palavra chave nos argumentos de Nickerson é "parcial", o que indica que o viés de confirmação é um processo mental que nos leva a buscar apenas, ou majoritariamente, informações que apoiem nossas ideias (crenças formadas, expectativas construídas e/ou hipóteses levantadas), fazendo-nos rejeitar a busca de informações que possam refutar aquilo que assumimos previamente como verdadeiro ou mais provável de sê-lo.

Para Nickerson (1998, p. 175), o viés de confirmação é um desvio do pensamento lógico e racional, pois é baseado em argumentos iniciais, e que possui um caráter essencialmente involuntário, uma vez que a nossa mente realiza uma busca seletiva e "involuntária à aquisição e uso de evidências". Portanto, o viés de confirmação é ativado pelo Sistema 1, que processa automaticamente as informações recebidas e tende à busca de informações seletivas e parciais.

Como você já aprendeu anteriormente, o S_1 busca sempre economizar energia mental, e uma vez que uma ideia foi assumida como verdadeira, selecionar dados e informações para mantê-la requer um menor gasto de recurso mental, do que abandoná-la e buscar por novas fontes de dados e informações, que possa fornecer outra explicação para o mesmo fenômeno. Perceba, portanto, que o viés de conservação atua também para direcionar a mente à busca seletiva que confirme a ideia original, para conservá-la.

A busca seletiva e parcial de informações confirmatória oferece à nossa mente um conforto cognitivo, enquanto a procura por evidências de refutação de uma ideia assumida como verdade causa um desconforto, pois nossa mente gasta mais energia com a ativação do Sistema 2 para realizar os processos lentos, laboriosos e analíticos. Então, para evitar a dissonância cognitiva e economizar energia, a nossa mente decide, à revelia de nossa vontade, cegar-se a busca de evidências contrárias às nossas ideias e como não somos capazes de perceber, pois a parcialidade da busca e seleção é um processo inconsciente, o viés de confirmação se estabelece involuntariamente e direciona nosso processo de julgamento e tomada de decisão, com base em evidências fracas que sustentam hipóteses falsas.

Agora que você já entendeu o básico sobre o viés de confirmação, que tal relaxar com um bom desafio? Abaixo há quatro cartas e você precisa confirmar a hipótese de que **atrás de todas as cartas com vogais haverá sempre um número par**. Para isso você deve escolher uma das opções abaixo, aquela escolhida lhe dá o direito a virar duas cartas, definidas entre parentes, para confirmar esta hipótese. Qual delas você escolhe?

Opção 1: (A e 6); **Opção 3:** (A e 7);
Opção 2: (B e 6); **Opção 4:** (B e 7).

Você escolheu a primeira sequência de abertura, não foi? Tem lógica, uma vez que se houver uma carta par atrás da letra "A" e uma vogal atrás do "6", todas as cartas com uma vogal tem um número par atrás, certo? Esse é o jeito que a nossa mente trabalha, buscando evidências de confirmação. Contudo, o que aconteceria com a sua certeza caso você virasse a carta "7" e descobrisse no seu verso uma vogal?

Neste caso a sua escolha não serviria para confirmar a hipótese, mas para refutá-la.

Para vencer esse desafio é preciso ligar o "desconfiômetro" para virar as cartas que possam oferecer uma prova negativa à afirmação, ou seja, que possam refutar a hipótese de que atrás das cartas pares há sempre uma vogal. Portanto, a sequência correta é a terceira (A e 7), pois se atrás do A houver uma carta ímpar, a afirmação é falsa, bem como, se houver uma vogal atrás do "7", a afirmação é falsa também. Contudo, se atrás do A houver uma carta par e no verso do "7" não houver uma vogal, você pode manter a hipótese de que atrás das vogais há sempre uma carta par, e tanto faz o que tem no verso das cartas (B e 6), pois nada que estiver lá comprovará que "atrás das vogais há sempre uma carta par" e nem invalidará essa afirmação.

O filósofo Francis Bacon foi o primeiro a nos alertar sobre a necessidade humana de buscar confirmações e negligenciar contradições. Bacon publicou em 1620 um livro revolucionário intitulado *"Novum Organum"*, que rapidamente se converteu num guia para a prática da ciência livre de preconceitos e, a partir da sua publicação, uma revolução científica se iniciou, um movimento tão poderoso que forneceu os alicerces para a revolução industrial, à formação das sociedades capitalistas e do Estado laico. Já no início do livro, Bacon fez o seguinte alerta:

> O intelecto humano, quando assente em uma convicção (ou por já bem aceita e acreditada ou porque o agrada), tudo arrasta para seu apoio e acordo. E ainda que em maior número, não observa a força das instâncias contrárias, despreza-as, ou, recorrendo a distinções, põe-nas de parte e rejeita, não sem grande e pernicioso prejuízo. Graças a isso, a autoridade daquelas primeiras afirmações permanece inviolada. (BACON, 2000, p.42)

Perceba que a advertência de Francis Bacon é compatível com a ideia do viés de confirmação, embora ele pouco ou nada soubesse sobre psicologia ou sistemas paralelos de pensamento, Bacon verificou em sua época a necessidade que as pessoas têm de buscar a confirmação de suas ideias, bem como, o desprezo delas pelas evidências "das instâncias contrárias" e, ao alertar que a ciência não deve fazer juízo de valor dos fatos, distinguindo um fato bom que agrada, de outro ruim que desagrada, ofereceu um meio seguro para separar a ciência do charlatanismo, uma vez que fatos são amorais e a moral do cientista não deve ser utilizada à sua seleção, sob o risco de excluir aqueles mais relevantes à explicação de um fenômeno.

Três séculos após as contribuições de Bacon, o filósofo Karl Raymond Popper reforçou a tese de que a busca por refutação de hipóteses é o meio mais seguro para diferenciar a ciência do senso comum. Segundo Popper (1959), todo conhecimento científico precisa e deve ser falseável, é a busca de evidências contraditórias às hipóteses que sustenta a sua validade, de tal modo que uma hipótese permanece válida enquanto não for refutada por novas evidências contrárias e todo conhecimento que não puder passar pelo crivo da falseabilidade, não pode ser considerado científico.

Note que o viés de confirmação vai de encontro ao método mais seguro para testar uma hipótese, que é o da refutação ou falseabilidade, conforme nos ensinou Karl Popper. Contudo, a evolução programou a nossa mente para usar o método oposto, aquele que busca confirmações que reforcem a validade da hipótese levantada. Embora este método intuitivo tenha permitido a sobrevivência da nossa espécie, pois permite rapidez nas decisões, elevado grau de acerto e baixo consumo de energia, à medida que a complexidade social cresce, mais sujeito a erros de julgamentos estaremos e mais o método científico de Popper é necessário.

O fato mais importante do viés de confirmação é que se trata de um processo involuntário, realizado pelo Sistema 1, desse modo, ao assumir uma posição, baseada em uma ideia inicial, nossa mente automaticamente irá assumir a tarefa de defendê-la, selecionando involuntariamente mais argumentos de confirmação, aos quais depositará mais credibilidade, e menos ou nenhum argumento de refutação, que serão parcialmente avaliados como menos importantes.

Por outro lado, quando de modo consciente assumimos a defesa de uma ideia ou hipótese e direcionamos esforços na tentativa deliberada de confirmar nosso ponto de vista, não estamos sendo vítima do viés de confirmação, como nos alertou o Professor Raymond Nickerson, pois este processo está sendo conduzido pelo Sistema 2.

> A linha entre seletividade deliberada no uso de evidências e moldagem involuntária de fatos para se adequar a teorias ou crenças, é difícil de traçar na prática, mas a distinção é conceitualmente significativa e o viés de confirmação tem mais a ver com a última do que com a primeira. (NICKERSON; 1998, p. 175)

Perceba que o Professor Nickerson nos alerta que o ser humano pode deliberadamente escolher adotar uma seleção de evidências para apoiar o seu ponto de vista, mas isso não se trata de viés mental, dado seu caráter voluntário e consciente. Para ficar mais simples de entender, pense no trabalho de um advogado e de um promotor, ambos apelam a argumentos contraditórios para defender seus pontos de vista, a inocência ou culpa do réu, contudo, isso é voluntário e consciente, pois a busca seletiva e parcial de fatos e argumentos por cada lado tem um propósito, inocentar o réu ou provar a sua culpa.

Por outro lado, quando somos vítimas do viés de confirmação nem percebemos este fato, pois os processos mentais de busca seletiva e parcial de dados e informações confirmatórias acontecem sem um propósito voluntário e consciente, esses processos são ativados como se fosse um mecanismo de defesa e têm como objetivo a economia de energia mental, o qual produz como resultado o reforço de nossas crenças, queiramos ou não que isto aconteça.

A busca pela contínua confirmação de nossas crenças é algo compreensível, uma vez que abdicar delas pode ser doloroso e afetar nossa vida, como é o caso da religião, ideologia política, time de futebol, corrente teórica, etc. Porém, esse mecanismo de defesa de nossas crenças atua mesmo que nenhum interesse pessoal exista, "as pessoas também podem prosseguir de forma tendenciosa, mesmo em testes de hipóteses ou afirmações para as quais elas não tenham um óbvio interesse material ou pessoal"[49], basta que uma ideia seja internalizada, para que a nossa mente passe a buscar somente evidências confirmatórias para ela e se esqueça de procurar as evidências de refutação.

Viés de Confirmação em Grupo

O viés de confirmação também pode surgir do grupo e se impor aos indivíduos, conforme evidenciou Schulz-Hardt *et al.* (2000), levando os componentes do grupo à busca de informações que reforcem a validade das decisões tomadas pelo colegiado. Os pesquisadores promoveram três experimentos, controlando os tipos de grupos (homogêneos e heterogêneos) quanto à visão de cada membro sobre o assunto. Os grupos homogêneos continham a maioria favorável a uma ideia e o grupo heterogêneo era composto por apoiadores e opositores em quantidade similar, contudo, mesmo no grupo heterogêneo, uma maioria precisava surgir para aceitar ou rejeitar uma proposta.

---

[49] Nickerson (1998, p. 176).

No estudo conduzido pelo Professor Stefan Schulz-Hardt, intitulado "Pesquisa do Viés de Informação em Decisões Tomadas em Grupo"[50], pretendia-se entender a força do grupo para gerar e impor o viés de confirmação e a capacidade das minorias para evitar a sua geração. Os resultados obtidos revelaram que quanto mais uniforme for o grupo e menor a minoria divergente, mais o grupo tendia a assumir uma postura compatível ao viés de confirmação, bem como, a unanimidade, quando não havia posições divergentes, era o pior cenário, pois o viés era mais facilmente estabelecido e sua força de manutenção era ainda maior.

Para entender como o viés de confirmação se estabelece em um grupo e como ele pode ser desastroso, mesmo que haja uma boa intenção na decisão do grupo, acompanhe a história a seguir.

Uma empresa atuante há décadas no mercado têxtil e sem um forte concorrente, agora se encontra diante da entrada de um poderoso competidor estrangeiro, que possuí uma tecnologia muito mais avançada, permitindo-lhe uma produtividade muito maior, uma qualidade superior e custos bem mais baixos de produção.

Os membros da diretoria da empresa ameaçada convocam uma reunião com a cúpula do sindicato dos trabalhadores, para obter apoio à sua proposta de modernização, que inclui além de elevados investimentos em equipamentos novos para a inovação dos processos e dos produtos, um plano de demissão de 30% dos trabalhadores, que incluía uma indenização aos demitidos compatível com o seu tempo na empresa, proposta esta que não agrada em nada os membros do sindicado.

Logo após a reunião, a cúpula do sindicato convoca a sua diretoria para discutir as ações de preservação dos

---

[50] O título original é *"Biased Information Search in Group Decision Making"*.

empregos e o colegiado decide por maioria iniciar um movimento grevista, alguns poucos membros da diretoria se opõe à decisão, uma vez que há o risco de a empresa não resistir no mercado se a reestruturação realmente não prosseguir. Contudo, a opinião desta minoria é desprezada e até questionada como traição, alguém murmurou um "pelego" nesta hora. A decisão da maioria se apoia em fortes argumentos favoráveis à preservação dos empregos e na visão gananciosa da empresa, que prefere demitir seus trabalhadores a sacrificar seus lucros, como sempre.

A partir da decisão da diretoria do sindicato um movimento grevista se inicia e a empresa vê suas atividades paralisadas em meio ao avanço rápido do concorrente sobre seu mercado. Pressionada a reativar a produção e tentar manter-se no mercado, a diretoria da empresa decide pelo abandono do plano de reestruturação, mantém os trabalhadores e enfrenta, sem poder de reação, a perda progressiva de fatias do mercado para a concorrente. Dois anos depois a empresa enfrenta sérias dificuldades financeiras, está atolada em dívidas, com um parque industrial defasado e prejuízos acumulados. Um grupo de credores, que há quase um ano está sem receber, decide decretar a falência da empresa e esta, sem possibilidades de recuperação, fecha suas portas e deixa desempregado todos os trabalhadores.

Perceba que mesmo bem intencionados, os membros do sindicato fecharam os olhos para as evidências de um risco real, a falência da empresa, que resultaria na demissão de todos os trabalhadores, não apenas os 30% previstos no plano de modernização. Contudo, esse risco, à luz de evidências claras e questionado pela minoria, foi negligenciado a partir da decisão de promover a greve sustentada em evidências confirmatórias falaciosas, e as vozes dissonantes foram devidamente abafadas, para dar lugar apenas as vozes consonantes, uma vez que uma decisão por maioria não pode e nem deve ser questionada, sob o risco de enfraquecer o movimento grevista.

A história serve para ilustrar de que modo o viés de confirmação, gerado a partir de um grupo, tem um força poderosa, uma vez que os colegiados impõe a vontade da maioria à minoria contrária, conduzindo a execução de estratégias que resultam em danos irrecuperáveis, a partir de decisões colegiadas equivocadas e sustentadas apenas em evidências confirmatórias. Disto reside a importância de se oferecer instrumentos às minorias, para haver o contraponto de ideias e reduzir os impactos negativos do viés de confirmação.

A força do viés de confirmação estabelecido em um grupo está associada à dominância da aprovação de uma ideia pela maioria do grupo, contudo, as bases psicológicas do processo de ativação permanecem as mesmas daquelas que provocam o viés em um indivíduo apenas, como um dos processos que ativam e sustentam o viés. Porém, no caso dos grupos o conforto cognitivo, oferecido pela manutenção de uma convicção estabelecida por cada um de seus membros, é reforçado pela aprovação social da maioria estabelecida, e este conforto cognitivo oferecido pela permanência do indivíduo no campo majoritário é conhecido como "efeito de manada".

Viés de Confirmação e Comunidades Virtuais

Creio que você já ouviu falar de Robin Hood, aquele herói que roubava dos ricos para distribuir aos pobres. Este personagem inspirou a criação de uma plataforma on-line de investimentos que iria "quebrar o sistema", facilitando e barateando o acesso de pessoas simples ao mercado de ações nos Estados Unidos. A ideia de seus fundadores, Baiju e Vlad, era simplificar ao máximo o investimento em ações e,

198

ao mesmo tempo, oferecer dados e informações de mercado, antes só disponíveis em plataformas profissionais e muito caras.

A partir da plataforma digital criada pela RobinHood.com, que realmente ampliou o acesso de pequenos investidores ao mercado de ações, criaram-se diversas comunidades virtuais de investidores, fóruns *on-line*, para compartilhar informações e ideias, sejam sobre estratégias de investimentos ou dados e informações sobre as milhares de empresas cotadas nas bolsas de valores dos Estados Unidos. Uma das principais plataformas criadas para abrigar os fóruns virtuais de investidores foi a Reddit.com.

Na plataforma do Reddit foi criada uma comunidade virtual que reunia milhares de pequenos investidores e fãs da empresa GameStop (com a sigla GME), uma de tantas empresas listadas na bolsa de tecnologia Nasdaq, cuja atividade principal, conforme o nome indica, é vender jogos eletrônicos em lojas físicas e pela internet. Os fãs da GameStop compartilhavam informações, quase sempre favoráveis, sobre a empresa e, com base nessas informações positivas eles sustentavam uma ideia de que a empresa estava desvalorizada no mercado e o motivo era a prática predatória dos grandes fundos de investimentos, que operavam grandes volumes de venda a descoberto de ações GME para forçar uma queda futuras das cotações,[51] e assim, embolsar grandes lucros no fechamento de suas posições.

---

[51] Uma venda a descoberta acontece quando se vende as ações sem as possuir. Como o comprador quer as ações e o vendedor não tem, este aluga as ações de outro investidor que as possua e as entrega ao comprador. O vendedor, e agora inquilino, pagará um valor pequeno pelo aluguel das ações esperando a queda na cotação. Caso a cotação realmente caia, o vendido compra ações na bolsa para devolver e fechar o aluguel, fecha com isso a sua posição vendida e embolsa o lucro, que é a diferença entre o preço da venda e o da compra (descontado os custos do aluguel).

A partir desta teoria da conspiração aceita pela maioria de seus membros, a garotada do Reddit decidiu atacar os poderosos fundos e dar uma surra nos malvados tubarões de Wall Street. Antes do "ataque das sardinhas", como são conhecidos os pequenos investidores, a cotação das ações da Game Stop flutuava entre uma mínima de 3,60 dólares por ação e uma máxima de quase 20 dólares, entre o período de 2019 ao final de 2020, com um a média próxima a 7 dólares, mais próxima às mínimas, portanto.

No início de 2021 a garotada disparou o ataque, que consistia em comprar, comprar e comprar cada vez mais ações da Game Stop, utilizando para isso o crédito que a plataforma RobinHood.com oferecia, prática conhecida como "operações alavancadas", que é a compra de ações, ou outros ativos financeiros, por meio de endividamento.

O resultado das compras alavancadas, por milhares de pequenos investidores, foi um movimento de alta rápido demais, que forçou os fundos de investimentos que operavam vendidos a fechar sua posição, ou seja, comprar as ações no mercado a um preço bem mais caro para devolvê-las aos proprietários que as cederam em aluguel. Ou seja, além do imenso cardume de sardinhas comprando sem parar, agora os grandes tubarões precisavam comprar também a mesma ação e aos milhões, o que fez a cotação dela disparar em poucos dias, gerando um prejuízo enorme aos grandes fundos de investimentos que estavam vendidos no papel.

Para resumir a história: Entre os dias 12 e 27 de janeiro de 2021 a cotação das ações da Game Stop saltaram de 20 para 347 dólares, uma alta de 1.635% em duas semanas. Se alguém tivesse comprado 100 ações GME, antes do ataque dos Reddit Kids[52], pagaria US$ 2.000,00 por elas,

---

[52] Reedit kids foi como ficaram conhecidos os pequenos investidores. A palavra "Reddit" decorre do portal de notícias Reddit que concentrava as informações da empresa e onde havia o maior fórum da Game Stop

se as tivesse vendido no dia 27, quando o preço chegou ao máximo, obteria US$ 34.700,00 com a venda e um ganho de capital de 32.700 dólares. Caso tivesse comprado cem mil ações, poderia ter um lucro de 32,7 milhões de dólares, a partir de um investimento de apenas 2 milhões.

É claro que o movimento do grupo foi muito mal visto pelos grandes fundos de investimentos, que perderam bilhões de dólares nessa brincadeira, e pelos agentes reguladores, que não gostaram nada de ver um bando de *nerds* manipulando os preços de mercado. O movimento incessante dos compradores provocou a suspensão das compras das ações pela própria RobinHoob.com, que deixou apenas disponível a opção de vendê-las, o que causou a revolta dos *nerds*, mas foi o suficiente para derrubar em quase 50% a cotação das ações entre o dia 27 e 28 de fevereiro.

Esse movimento líder-seguidor gerado a partir das plataformas digitais de informações já havia sido pesquisado e, de certa forma previsto, por um grupo de pesquisadores na Coreia do Sul em 2010, quando o artigo "Viés de Confirmação, Superconfiança e Performance de Investimento: Evidências de uma Plataforma de Mensagem sobre Ações"[53] foi publicado pelos pesquisadores Jae Hong Park, Prabhubev Konana, Bin Gu, Alok Kumar e Rajagopal Raghunathan.

Para Park *et al.* (2010), as comunidades virtuais que compartilham informações sobre o mercado de ações são meios eficientes para disseminar informações viesadas a favor um ponto de vista, e para omitir aquelas desfavoráveis, portanto, para gerar viés de confirmação. A pesquisa deles envolveu o levantamento de dados de uma plataforma de mensagens financeiras, chamada Naver.com, o maior portal

---

e a palavra "kids", que significa crianças ou garotos, vem do fato de que a maioria daqueles investidores era jovem, amante de vídeo game.

[53] *Confirmation Bias, Overconfidence, and Investment Performance: Evidence from Stock Message Boards.*

de notícias sobre o mercado de ações da Coreia do Sul, com mais de 100 mil acessos diários, e que também proporciona ferramentas de fóruns on-line. Os pesquisadores resumiram assim suas descobertas:

> Nossos resultados sugerem que a participação em comunidades virtuais pode afetar adversamente os investidores de varejo, porque eles provavelmente exibirão vieses no processamento de informações coletadas nesses ambientes. Em particular, os investidores usam as informações coletadas para confirmar suas crenças anteriores. Esse viés de confirmação fortalece suas crenças anteriores e os torna otimistas e também superconfiantes. (PARK *et al.*; 2010, p. 28)

Os usuários do Naver.com exibiam maior otimismo e superconfiança, conforme destacam os pesquisadores, e tais comportamentos eram sustentados por uma prática sistemática de busca e seleção de informações confirmatórias, que eram utilizadas para reforçar suas escolhas de ações e estratégias de negociação, levando os usuários a considerarem possuir habilidades de operadores acima da média, embora, em geral fossem não especialistas.

Os resultados da pesquisa de Park *et al.* (2010) revelaram que o efeito do viés de confirmação ao elevar o otimismo e a confiança nas próprias habilidades, também condizia os usuários do Naver.com a assumir riscos mais elevados e a realizar uma quantidade de transações muito maior que a média dos investidores, que não usavam aquele sistema de trocas de informação. Os riscos assumidos e a maior quantidade de operações resultavam, conforme os dados dos pesquisadores, em um desempenho financeiro pior que a média dos investidores.

A pesquisa empreendida por Park *et al.* (1990) sugere, portanto, que o viés de confirmação não é reduzido quando a quantidade de informações aumenta, mesmo que isto também eleve a quantidade das informações contrárias, uma vez que a seletividade na busca e parcialidade na avaliação delas conduz ao desprezo daquelas que desconfirmem a posição inicialmente assumida. Bem como, a pesquisa revelou que o maior volume de informações amplia ainda mais a seletividade na escolha daquelas que reforçavam a crença formada, uma vez que também ampliava a oferta de informações favoráveis e fortalecedoras do viés de confirmação.

Viés de Confirmação em Decisões Sucessivas

Para entendermos como funciona o viés de confirmação em decisões sucessivas, como em um trajeto, acompanhe a história de Junior e Alice, que resolveram fazer uma trilha com a intenção de atingir o topo do Pico Marumbi, a montanha mais alta do Paraná e que fica na Serra do Mar, bem próximo a Curitiba. A ideia era sair pela manhã e, antes do final da tarde, montar acampamento lá em cima para curtir o por do sol, dormir sob as estrelas e regressarem no outro dia, após assistirem ao incrível amanhecer, com o mar do litoral paranaense bem à frente.

Apesar do espírito aventureiro e muitas trilhas juntos, os dois não conheciam bem essa que os levaria ao Pico Marumbi, sabiam apenas onde ela começava, então seguiram de carro até o ponto mais próximo dela e iniciaram a aventura. Andaram por alguns quilômetros pelo início da trilha e encontram a primeira bifurcação, Junior e Alice pegaram a direita, era a trilha mais larga, portanto, mais usada, concluíram ser por ali o trajeto correto. Por um bom tempo seguiram nesta direção e encontraram outra escolha a fazer, a vegetação densa da serra do mar não permitia avistar o cume da montanha, mas os indícios sugeriam que desta vez a esquerda era o trajeto correto, foram por ali e começaram, finalmente, uma subida que os animou e reforçou a certeza na escolha da direção.

Depois de duas horas subindo chegaram a um terreno plano e à frente encontraram outra bifurcação, olharam e viram que pela esquerda a subida continuava um pouco adiante, já estavam andando a mais de seis horas e advinha o que aconteceu? Acertou! Apareceu outra encruzilhada, e novamente decidiram ir pela esquerda, pois eles já haviam formado uma convicção de que por ali era o caminho da subida e a trilha continuava relativamente larga e bem usada. Bem como, retornar agora significaria desperdiçar quase seis horas de caminhada, sem falar que o sol já estava se pondo.

Assim, Junior e Alice seguiram pela esquerda e uma hora mais tarde se depararam com um paredão de rocha intransponível, para quem não possuísse equipamentos de escalada, aquela era a trilha dos escaladores, concluíram. Não vendo saída e com a noite chegando, resolveram armar a barraca e dormiram ali mesmo, na manhã seguinte retornaram para casa, salvos, mas frustrados, pois nem perto do cume chegaram e quase se perderam na mata.

A aventura mal sucedida de Junior e Alice serve para ilustrar casos em que não existe apenas uma decisão completa e única a ser tomada, mas várias decisões parciais e sucessivas ao longo do tempo. Casos em que uma decisão inicial leva a outra e a mais outra, de maneira encadeada e dependente.

Relembre que o viés de confirmação geralmente parte de uma convicção inicial, formada a partir de um pequeno e precário conjunto de informações a apoiá-la, e este nos leva à primeira decisão, dentre tantas outras que se seguirão e, portanto, leva-nos a assumir um trajeto a seguir. A partir desta escolha inicial a nossa mente buscará seletivamente os dados e as informações que reforcem a coerência na escolha daquela direção e, como você já aprendeu, ela evitará aquelas que contrariem nossa decisão, já tomada, nos engolfando involuntariamente no viés de confirmação.

Depois de investir tempo e recurso naquele trajeto, em algum momento futuro, outra decisão deverá ser tomada e quanto mais longe tivermos ido naquela direção, mais custos irrecuperáveis serão incorridos e estes servirão de argumento reforçador à manutenção da rota, pois voltar atrás significa aceitar a perda dos recursos investidos até ali. Você aprendeu que o ser humano tem aversão à perda e diante de custos afundados, logo perdas certas, há a tendência a aceitar mais riscos para evitar as perdas, ou na tentativa de reverte-las, portanto, o viés de conservação também dá uma ajudinha para o Sistema 1 ser seletivo na escolha de informações.

Sendo assim, a cada nova decisão em cada encruzilhada nossa mente buscará mais informações confirmatórias, que se alinhe com as escolhas passadas, reforçando ainda mais a convicção de que o trajeto percorrido até ali é o correto e que seguir em frente é a decisão mais acertada, isso gera uma conforto cognitivo associado à esperança de que os custos incorridos não foram um desperdício completo, pois eles serão recuperados lá frente, com os frutos das decisões corretas. Porém, à frente pode estar um paredão intransponível, ou pior, a queda em um precipício.

O viés de confirmação em uma perspectiva de árvore de decisão foi pesquisado por Eva Jonas, Stefan Schulz-Hardt, Dieter Frey e Norman Thelen, que realizaram um estudo experimental envolvendo decisões sucessivas, publicado com o título de "Viés de Confirmação na Busca de Informação Sequencial Após Decisões Preliminares", no ano de 2001.

Os experimentos de Jonas *et al.* (2001) foram realizados com estudantes da Universidade de Munique, na Alemanha, e abordava um tema popular à época naquele país; a inclusão de tratamentos alternativos pelo sistema público de saúde, como acupuntura e homeopatia. Como o assunto era popular, os alunos já tinham alguma opinião formada e, portanto, já havia uma tendência de viés de confirmação por parte dos participantes, o que os pesquisadores queriam de fato saber é se as escolhas sequenciais reforçariam esse viés e se era possível neutralizá-lo.

Os pesquisadores realizaram três experimentos com grupos diferentes de estudantes, os quais receberiam informações, na forma de resumos de artigos científicos, metade deles apoiando os tratamentos alternativos e a outra metade contrária a esses tratamentos. Os experimentos consistiam em verificar que tipos de artigos os alunos escolheriam antes de expressar seu apoio, ou discordância, à proposta de incluir os tratamentos alternativos nas políticas públicas de saúde da Alemanha.

O primeiro experimento foi realizado com 38 estudantes e consistia em apresentar todos os resumos dos artigos de uma vez só, destes, metade era de apoio e metade contrários aos tratamentos alternativos. Os participantes deveriam escolher em sequência cinco resumos para ler e depois de escolhidos, seriam lidos antes de expressarem a sua opinião sobre a inclusão ou não dos tratamentos no sistema público de saúde.

Neste primeiro experimentos constatou-se que dos 38 participantes, apenas 5 deles escolheram apenas artigos favoráveis ao seu ponto de vista, ou seja, 86% deles escolheram pelo menos um artigo contrário à sua opinião. Contudo, a maioria deles escolheu uma quantidade maior de artigos favoráveis ao seu ponto de vista, revelando que a escolha sequencial, mesmo a partir de um conjunto completo de informações, não evitava o viés de confirmação, o que já era esperado pelos pesquisadores, pois este grupo serviria de controle para os demais.

O segundo experimento conduzido por Jonas et al. (2001) envolveu 60 estudantes em duas etapas, e procurava explorar se o método de apresentação das escolhas e de processamento das informações eram importantes para a formação do viés de confirmação. A apresentação sequencial foi testada pedindo que os alunos escolhessem apenas um dentre dois resumos de artigos (um era favorável e outro contrário aos tratamentos alternativos), depois desta escolha, pedia-se para escolher novamente mais um dentre dois e assim por diante, até que tivessem escolhido os cinco. Após a fase de escolha sequencial os pesquisadores pediam a todos que lessem todos os resumos escolhidos, para que somente após a leitura eles manifestassem a sua opinião de apoio ou rejeição a proposta.

Outros 30 estudantes participaram da segunda etapa do experimento, que pretendia avaliar se o método de processar as informações sequencialmente seria capaz de afetar a ativação do viés de confirmação. Para verificar o impacto do processamento sequencial os pesquisadores solicitaram que os alunos escolhessem o primeiro artigo dentre as duas escolhas (a favor e contra), lessem o resumo do artigo escolhido para então oferecer a segunda escolha (um favor e um contra novamente), cujo resumo deveria ser lido antes de receberem a terceira escolha, e assim por diante, até a escolha e leitura do quinto e último resumo, quando finalmente os participantes deveriam manifestar sua opinião.

Novamente, neste segundo experimento, o viés de confirmação ficou evidente, os alunos que apoiavam o uso de tratamentos alternativos escolheram mais resumos de artigos de apoio que contrários. Aqueles que rejeitavam os tratamentos alternativos procederam da mesma forma. Mas este segundo experimento tinha uma intenção maior, verificar se o viés de confirmação é maior quando as pessoas processam sequencialmente as informações, do que quando processam ao mesmo tempo.

Os resultados das duas etapas do segundo experimento revelou à equipe da professora Eva Jonas que não importa como a informação é processada, isso não faz diferença, desde que a escolha seja sequencial, uma vez que o viés confirmatório das escolhas em ambas as etapas do segundo experimento ficaram muito próximas, bem como, não se afastaram muito dos dados obtidos no primeiro experimento que serviu de controle.

O terceiro experimento, talvez o mais interessante deles, envolveu 17 estudantes que participariam de duas etapas, a primeira era idêntica a de escolha sequencial realizada no primeiro experimento e serviria para assegurar a ocorrência do viés de confirmação. A segunda etapa confrontaria os mesmos estudantes às informações contrárias ao viés que cada um tivesse revelado, ou seja, aqueles que revelassem viés de confirmação favorável aos tratamentos alternativos receberiam oito artigos contrários ao seu ponto de vista e teriam que escolher três deles para ler, após a leitura eles deveriam novamente manifestar a sua opinião. Aqueles que apresentassem viés de confirmação contrário ao uso de métodos alternativos deveriam escolher e ler três artigos favoráveis a estes tratamentos e manifestar outra vez a sua opinião.

Jonas *et al.* (2001) queriam descobrir se o viés de informação poderia ser neutralizado a partir da obrigação em confrontar a decisão tomada inicialmente com novas informações, contrárias a posição inicial assumida. Ou seja, queriam ver se algum aluno que tivesse revelado viés de confirmação e assumido uma posição quanto ao financiamento de tratamentos de saúde alternativos pelo governo, mudaria de opinião após tomar conhecimento de argumentos contrários a ela. O que você acha que aconteceu? É só lembrar-se da sogra de Helena, ideia fixa não muda. Mesmo depois de lerem argumentos contrários à sua ideia inicial, nenhum dos 17 estudantes mudou de opinião.

Viés de Confirmação e Decisões de Investimentos

O que aprendemos até aqui é que somos propensos a nos apegar às nossas ideias, convicções e crenças. Mas, como isso afeta as nossas decisões econômicas? É isso que vamos começar a entender de agora em diante, pois tomar decisões econômicas envolve antes de tudo elaborar uma ideia motivadora, que direcionará recursos escassos entre várias alternativas possíveis, tais como: comprar uma casa ou alugar, escolher uma aplicação financeira ou investir na abertura de uma empresa, empreender uma estratégia de diversificação ou de integração vertical, etc. Tais decisões podem ser únicas e completas, ou sequenciais, bem como, podem ser tomadas isoladamente ou por meio de um consenso de grupo.

Para ilustrar o impacto de uma ideia fixa no mundo dos negócios, a qual reúne grande parte dos argumentos que você aprendeu até aqui, vamos relembrar o caso de uma empresa multinacional que pretendia ser a maior fornecedora de equipamentos de telefonia celular do mundo e para tanto, decidiu investir bilhões de dólares para colocar em órbita um conjunto de satélites, os quais permitiriam conectar seus telefones celulares em qualquer país do mundo. Foi o que aconteceu com a Motorola ao final dos anos de 1980, quando decidiu desenvolver um sistema global de telefonia e, para tanto, convenceu dezenas de outros parceiros, e até concorrentes, a juntarem forças para criar uma empresa chamada Iridium, uma *joint venture*, para tocar o projeto.

O sistema Iridium de telefonia móvel via satélite surgiu da mente de Bary Bertiger, um dos engenheiros da Motorola, que havia trabalhado em um projeto de comunicações via satélite para o Grupo Arizona, o ano era 1985. Porém, a ideia foi inicialmente rejeitada por seus superiores diretos. Quando o projeto foi apresentado a Robert

Galvin, presidente do Grupo Motorola, o engenheiro Bertiger recebeu o seu aval à continuidade das pesquisas e mais tarde Christopher Galvin, sucessor do pai na presidência do Grupo, enxergou naquele projeto uma chance de catapultar a Motorola à liderança na tecnologia de telecomunicações globais. A partir deste ponto todos os esforços foram no sentido de viabilizar a aprovação do projeto junto ao conselho de acionistas e reunir os recursos necessários à sua concretização.

A princípio, a ideia de Bertiger parecia ótima, em um momento em que a telefonia celular deslanchava nos Estados Unidos, Europa e Ásia, e começava a chegar aos demais países menos favorecidos mundo afora. O mercado potencial para um sistema global de telefonia móvel era imenso, devido às elevadas tarifas da telefonia fixa, local e internacional, e dos custos proibitivos para se implantar uma ampla rede terrestre de torres de telefonia celular naquela época. Então, a ideia dos satélites fazia todo sentido, pois com apenas 77 deles em órbita seria possível cobrir todo o globo terrestre e num prazo relativamente curto, de apenas 12 anos.

Quando fundaram a Iridium as condições tecnológicas davam apoio ao projeto, pois já havia tecnologia para uma rede de telefonia via satélite, a expansão do mercado também reforçava a ideia inicial, uma vez que a telefonia móvel se tornava cada dia mais um desejo pessoal e uma necessidade empresarial, bem como, o crescente interesse pela telefonia via satélite, que oferecia flexibilidade operacional a baixo custo, agradava aos interesses empresariais do setor de telecomunicações. Portanto, havia uma predisposição dos interessados a aceitar aquele projeto, o que pode ter ativado o viés de confirmação para filtrar as evidências contrárias como insignificantes e reforçar as evidências favoráveis, que davam suporte às expectativas de sucesso da Iridium.

210

Havia evidências de que o projeto poderia enfrentar dificuldades e até ser um completo fracasso comercial, quando estivesse pronto à operação? Sim, havia algumas poucas evidências de que o projeto poderia resultar em fracasso e elas estavam lá para quem quisesse procurar e dedicar a devida importância. Dentre elas, destacavam-se:

a) O ritmo acelerado do desenvolvimento tecnológico em microeletrônica, que elevava numa progressão geométrica a capacidade de processamento dos novos equipamentos e reduzia, num ritmo acelerado os custos de processamento e transmissão de dados, reduzindo os custos das torres de telefonia celular e as tornava mais eficientes;

b) O surgimento da internet, que tinha o potencial de formar uma rede mundial de comunicação a baixo custo, ao utilizar as redes de telefonia fixa existentes, permitindo uma conexão global acessível aos usuários pessoais e empresariais;

c) Os avanços na instalação de fibra ótica intercontinentais, que começava a substituir os cabos metálicos nas principais vias de comunicação do globo, elevando a velocidade e a qualidade no fluxo de dados e voz, barateando as comunicações entre países e continentes e competindo em qualidade e custo com as comunicações via satélite; e

d) O sistema de telefonia via satélite exigiria que o fluxo da comunicação não sofresse interferências verticais, pois as lajes de prédios ou outros anteparos impediriam que o sinal do aparelho chegasse ao satélite e de que o sinal deste fosse captado em solo, enquanto os sinais dos demais sistemas, baseados em torres terrestres, podiam fluir horizontalmente, logo, qualquer pessoa dentro de um prédio não precisaria sair dele para realizar uma chamada telefônica.

O projeto Iridium consumiu um total de 10 bilhões de dólares aos integrantes da *joint venture*, e deixou uma dívida de quase 1 bilhão de dólares. Sydney Finkelstein e Shade H. Sanford publicaram um artigo intitulado "Aprendendo com os Erros Coorporativos: A ascensão e queda da Iridium"[54] e resumiram assim o resultado final do empreendimento:

> Em novembro de 1998, 11 anos após os engenheiros desenvolverem o conceito do Iridium, a empresa lançou seu serviço. Em abril de 1999, no entanto, a Iridium tinha apenas 10.000 clientes e seu CEO, Edward Staiano, renunciou sob pressão. Em agosto de 1999 a base de assinantes havia crescido para apenas 20.000, colocando a Iridium em violação de suas cláusulas de empréstimo. No mesmo mês a Iridium entrou com pedido de falência [...], tornando-se uma das 20 maiores falências da história dos EUA. (FINKELSTEIN e SANFORD; 2000, p. 1)

O resultado final da concretização da ideia de um sistema global de telefonia móvel via satélite foi a extinção da própria Motorola, que até meados da década de 1990 era uma das potências tecnológicas no segmento, mas que viu-se obrigada a sair do mercado de telefonia móvel alguns anos após o fracasso da Iridium, quando vendeu sua marca e as patentes à chinesa Lenovo, pois as perdas acumuladas drenaram os recursos necessários para que a Motorola acompanhasse a evolução das novas tecnologias de aparelhos celulares, baseadas em sistemas de comunicação terrestres e que culminaram na criação dos *smarts phones*, adotados pelo mundo a partir da década de 2010.

O caso ilustrativo da Iridium serve para entender os diferentes mecanismos pelos quais o viés de confirmação é ativado e reforçado. Vamos relembrar os passos e como eles

---

[54] No original: Learning From Corporate Mistakes: The Rise And Fall Of Iridium.

estão vinculados aos processos que criam e reforçam este tipo de viés mental:

a) Surgimento da ideia por um dos engenheiros e seu fracasso em convencer os superiores da viabilidade do projeto. O viés de confirmação associa-se apenas ao criador da ideia, que não se convence com os argumentos contrários e prossegue na tentativa de obter apoio da cúpula da empresa.

b) A aceitação da ideia pelo presidente da empresa e, na sequência, pelo seu filho que o sucede na cadeira de CEO do Grupo Motorola. O viés de confirmação ganha poder de decisão capaz de inibir vozes dissonantes vindas de escalões inferiores.

c) O presidente da empresa convence o conselho de acionistas a prosseguir com os investimentos e a fazer os acordos capazes de viabilizar o projeto. O viés de confirmação de grupo é ativado e as vozes contrárias, dentro ou fora do conselho de acionistas, perdem relevância.

d) Outras empresas são convencidas a embarcar no projeto e injetam bilhões de dólares para viabilizar a *joint venture* Iridium. O viés de confirmação de grupo é ampliado quando mais agentes econômicos se convencem de que o projeto é viável e investem recursos nele.

e) O projeto é iniciado e à medida que os recursos são gastos e as etapas são concluídas, os crescentes custos afundados e a aversão à perda, ativam o viés de conservação, que se alia ao viés de confirmação para impedir o abandono da ideia inicial, que é levada a cabo e se releva um grande erro.

Perceba como a vinculação dos diferentes mecanismos de criação e reforço do viés de confirmação, a cada nova etapa do projeto Iridium, além de estimular a busca de informações confirmatórias do sucesso, tem o poder de inibir a busca de argumentos que refutem a viabilidade do projeto, seja em seu estágio inicial por parte dos engenheiros contrários, seja mais tarde por parte dos acionistas minoritários da empresa, ou mesmo por membros das empresas parceiras.

Quando o viés de confirmação se estabelece, à medida que o projeto é implantado e os recursos são investidos, os crescentes custos afundados servem de reforço à convicção de continuidade do projeto, uma vez que a aversão à perda ativa o viés de conservação, que aliado ao de confirmação, é um fator psicológico adicional para evitar o abandono do projeto antes de sua conclusão.

VIÉS DE ENQUADRAMENTO

O viés de enquadramento (ou *framing effect*), é um fenômeno psicológico e involuntário que não se restringe a tomadas de decisões econômicas, conforme destaca o professor e cientista político James Druckman, pois "os trabalhos sobre enquadramentos podem ser encontrados em todas as ciências sociais e cognitivas" (Druckman, 2001, p. 226), uma vez que os efeitos de enquadramentos atuam sobre o comportamento de movimentos sociais, a decisão política de governos, a opinião pública e a decisão de eleitores. Contudo, para não expandirmos demais o assunto, vamos nos ater aos impactos sobre as decisões dos agentes econômicos.

Para entender a ideia central do viés de enquadramento, imagine que você está no supermercado e há uma pessoa fazendo a demonstração de um novo iogurte, no *stand* está escrito em letras garrafais "30% a menos de gordura", esse ganho é realmente atraente. Pense na mesma cena, no mesmo lugar e o anúncio dizendo "só 70% de gordura". Caramba, quanta gordura! Perceba que a informação é a mesma, mas quando é apresentada, ou enquadrada, de maneira diferente, desperta sensações distintas também, e você já entendeu que as sensações dominam o Sistema 1 e nos levam a fazer julgamentos precipitados e involuntários.

Sendo assim, podemos dizer que o viés de enquadramento acontece sempre que nossa mente julga de modo distinto a mesma escolha, se esta for apresentada em formatos – enquadramentos – diferentes. O efeito de enquadramento foi descoberto por Tversky e Kahneman, ainda no início dos anos de 1980, quando resolveram testar o princípio da transitividade das preferências. Se você não estudou economia talvez nunca tenha ouvido falar de transitividade, mas é uma coisa bem simples, o princípio pode ser entendido com o seguinte exemplo:

Se Luiz prefere Amora a Banana (A > B); e

Se Luiz prefere Banana a Cereja (B > C); então

Luiz **deve** preferir Amora a Cereja (A > C).

Perceba que destaquei a palavra "deve" porque, segundo a teoria econômica, seria irracional se Luiz preferisse Cereja a Amora (C > A), pois isso contrariaria a transitividade de suas preferências reveladas (Se A > B; e se B > C; então A > C). Eu sei que parece coisa de maluco, pois Luiz pode muito bem preferir Cereja a Amora, mas lembre-se que a teoria econômica saiu do mundo das ideias e não do comportamento real das pessoas, por isso mesmo que Tversky e Kahneman resolveram testar se Luiz não trocaria um punhado de cerejas por uma porção igual de amoras, mesmo que ele já tenha demonstrado aquela sequência racional de preferências entre as frutas.

Em 1981 Tversky e Kahneman publicaram o artigo "O Enquadramento de Decisões e a Psicologia das Escolhas"[55], no qual apresentaram o resultado de uma pesquisa envolvendo centenas de voluntários que responderam a nove problemas de escolhas, de modo a entender se a ordem de apresentação (ou enquadramentos) diferentes para escolhas de iguais valores, conduziria a tomadas de decisões irracionais, sob a ótica da lógica pura e da racionalidade econômica.

No primeiro experimento foram reunidos 152 voluntários que precisam fazer escolhas sobre o "Problema da Doença Asiática",[56] eles receberam uma informação fictícia de que um novo vírus havia sido detectado em um país asiático e se nenhuma medida do Governo fosse tomada haveria 600 mortes certas nos Estados Unidos, contudo, se a

---

[55] The framing of decisions and the psychology of choice.
[56] Ninguém ainda podia imaginar o problema real a Covid19, foi mais uma daquelas coincidências da roleta das possibilidades.

Casa Branca agisse as mortes poderiam ser reduzidas. Cabia, portanto, aos voluntários indicar qual a melhor escolha dentre dois programas de atuação para evitar as mortes e as opções apresentavam essas probabilidades de sucesso para cada programa:

Programa A: 200 pessoas serão salvas com certeza.
Programa B: Probabilidade de salvar 1/3 das pessoas e de 2/3 de morrer todos.
Fonte: Tversky e Kahneman (1981)

Aproveite e marque a sua escolha antes de prosseguir. Quando este primeiro problema foi apresentado 72% dos voluntários optaram por salvar 200 vidas com certeza, apenas 28% deles resolveram arriscar salvar 1/3 das pessoas. Perceba que a escolha entre os programas A e B estavam no capo positivo, salvar vidas, e a preferência revelada aqui foi pela certeza de salvar 200, o que é compatível com a Teoria da Perspectiva, na qual a aversão à perda leva a assegurar os ganhos e evitar riscos de perdas, que aqui seriam 600 mortes.

Vamos agora para o segundo experimento sobre o "Problema da Doença Asiática", esta versão foi aplicada a um grupo de 155 voluntários, que enfrentaram o mesmo dilema de escolher um programa de governo que salvasse o maior número de vidas. As escolhas desta segunda versão foram apresentadas desta forma:

Programa C: 400 pessoas morrerão com certeza.
Programa D: Probabilidade de 2/3 de morrer todos e de salvar um 1/3 das pessoas.
Fonte: Tversky e Kahneman (1981)

Marque a sua escolha antes de prosseguir. Qual resposta você acha que foi escolhida pela maioria do segundo grupo? O programa D! Sim, esta foi a escolha de 78% dos voluntários. Agora, perceba que no segundo problema a decisão está no campo negativo, evitar mortes, e se você revisar com atenção as opções A e C, ela são iguais em quantidade de vidas salvas, bem como, as opções B e D também são iguais em probabilidade de salvar vidas.

Note que quando a escolha "A" foi apresentada com um enquadramento positivo (200 vidas salvas com certeza), esta foi a escolha de 72% dos participantes. Quando a mesma escolha foi enquadrada no campo negativo (400 mortes certas), esta escolha foi rejeitada pela maioria, que decidiu assumir o risco de 1/3 de chance para tentar salvar todos. O comportamento aparentemente contraditório dos voluntários está alinhado com a Teoria da Perspectiva, na qual no campo positivo as pessoas demonstram aversão à perda e evitam o risco (escolha A), no campo negativo as pessoas também demonstram aversão à perda, mas abraçam o risco (escolha D), na tentativa de evitar a perda.

Contudo, em ambos os problemas, as perdas eram sempre iguais, seja em quantidades ou probabilidades, logo, não foram os critérios objetivos que direcionaram os julgamentos dos voluntários, mas a forma de apresentar, enquadrar, os ganhos e as perdas. Creio que você entendeu, por meio dos experimentos acima, que o viés de enquadramento altera a percepção das pessoas sobre o mesmo problema, pois as decisões dos dois grupos eram objetivamente iguais, apenas foram apresentadas de modos diferentes e esta mudança no enquadramento de positiva (salvar vidas), para negativa (evitar mortes), alterou radicalmente as escolhas entre os dois grupos.

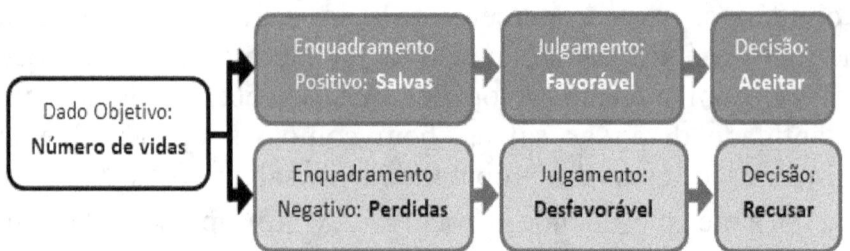

Figura 9 – Efeito do Viés de Enquadramento sobre o julgamento e decisão.
Fonte: Elaboração do autor com base em base em Kahneman (1981)

Conforme a figura 9 ilustra, Tversrky e Kahneman (1981) descobriram que bastava alterar o enquadramento para acionar um viés de julgamento e, com isso, obter decisões diametralmente opostas para o mesmo problema. É claro que isso contraria frontalmente os princípios da decisão racional, definidos pela Teoria da Utilidade Esperada, a qual determina que uma escolha é definida pelos ganhos (ou perdas) esperados e a partir dos riscos associados, bem como, a forma de apresentar os valores, de ganhos (ou perdas) e a probabilidade (risco), é um Fator Supostamente Irrelevante. Só por curiosidade, quais foram as suas escolhas em cada problema? Você também foi vítima do enquadramento? Não vale trapacear!

Viés de Enquadramento Amplo e Estreito

Você aceitaria uma aposta na qual a sua chance de ganhar 200 Reais seria de 50% e com igual probabilidade de perder R$ 100,00? Tenho certeza que aceitaria. Mas, pasme, um economista famoso não aceitou! Vamos entender por quê? O professor Richard Thaler conta em seu livro "Misbehaving" uma história famosa envolvendo dois

219

célebres economistas, Paul Samuelson e Cary Brown, ocorrida no início dos anos 1960.

O professor Samuelson escreveu os principais manuais acadêmicos de micro e macroeconomia usados em sua época e é conhecido como "o pai da economia moderna", também foi consultor econômico de diversos governos nos Estados Unidos. O professor Brown lecionou por décadas no Instituto de Tecnologia de Massachusetts (MIT) e escreveu inúmeros livros sobre política fiscal e investimentos privados. Enfim, a história entre os dois, por serem quem eram, rendeu acalorados debates na época, entenda o motivo.

Conta Thaler (2019) que Samuelson estava conversando com Brown e sugeriu a ele uma aposta irrecusável, do ponto de vista da racionalidade econômica, é claro. Samuelson jogaria uma moeda para cima e se caísse Cara ele pagaria a Brown 200 dólares, mas se caísse Coroa, Brown teria que lhe pagar 100 pratas. Como a chance de cara ou coroa são iguais (50%), o valor econômico desta aposta é positivo em 50 dólares (50% x 200 – 50% 100 = 50), logo, para um economista esta é uma aposta irrecusável.

O professor Brown, mesmo sendo economista e conhecendo muito bem a sua vantagem no jogo, negou-se a participar daquela aposta, pois, segundo ele, a dor de perder as 100 pratas, seria igual ao prazer de ganhar 200, logo, para ele não haveria valor econômico naquela aposta. Contudo, o Professor Brown disse que aceitaria apostar com Samuelson se a aposta fosse repetida 100 vezes.

"Como assim?" Indagou Samuelson, pois isso é uma reversão clara de preferência, quem não aceita uma aposta, não poderia aceitar a mesma 100 vezes, isso é coisa de pessoas irracionais, não de economistas do MIT. Thaler (2019) conta que o professor Samuelson achou o comportamento de Brown tão estúpido, do ponto de vista econômico, que até escreveu um artigo para demonstrar a sua tolice em recusar a aposta simples, mas aceitar a sucessiva[57]. Sim, quando se trata de gênios eles não sobem em ringues para se espancarem, eles produzem um artigo científico, parece que dói bem mais que umas pancadas na cara.

Com seu artigo Samuelson convenceu a todos que Brown não estava agindo racionalmente, contudo, mesmo que não soubesse à época, o professor Brown não estava sendo tão estúpido assim em recusar a aposta única, mas em aceitar as sucessivas cem apostas. Sem querer ele realizou dois enquadramentos diferentes, um para a aposta única e outro para o conjunto das cem apostas. A aposta única foi enquadrada de modo estreito no campo das perdas, uma aposta isolada, cujo resultado ruim seria irreversível. O conjunto das 100 apostas foi enquadrado de modo amplo, no campo positivo, uma perda em uma rodada poderia ser anulada por ganhos superiores nas seguintes.

O que Brown foi capaz de prever, em sua sugestão alternativa de cem apostas, é que jogar vezes aumentaria suas chances de ganho e compensaria o medo de perder em apenas um lance. Será mesmo? Neste caso sim, se a moeda fosse lançada 100 vezes, haveria apenas 1 chance em 23 mil (0,004%) de Brown perder algum dinheiro, contudo, sua chance média no conjunto todo de apostas dava um ganho esperado de 5.000 pratas, caso o resultado médio e esperado nos 100 lances acontecesse, metade cara e coroa. A lei dos grandes números estava a favor de Brown, assim como está nos cassinos, para os seus donos, é claro.

Você já aprendeu que segundo a Teoria da Perspectiva desenvolvida na década de 1970 por Tversky e Kahneman, nós damos mais peso às perdas que aos ganhos, na média, duas vezes mais valor às perdas e, por isso, desenvolvemos uma aversão a elas, que afeta tanto nossas escolhas no campo positivo, induzindo a fugir do risco de perda, como no campo

---

[57] O artigo foi *"Risk and Uncertainly: A Fallacy of Large Numbers"*, publicado originalmente na revista Scientia em 1963.

negativo, levando-nos a aceitar mais riscos para evitar uma perda. O viés de enquadramento estreito e o amplo estão vinculados a nossa aversão à perda, então, vamos entender melhor esses dois enquadramentos.

O enquadramento estreito considera cada escolha de modo isolado e independente, ou seja, cada escolha é única e feita a partir de seus próprios resultados, como se não houvesse uma nova chance de repeti-la, ou que outras escolhas possíveis no futuro não afetassem o resultado geral.

Segundo Kahneman (2012), o enquadramento estreito é o nosso modo padrão de processamento mental, pois o nosso Sistema 1 o realiza automaticamente e de modo inconsciente e, neste caso, nossa mente considera cada escolha como um evento único e desconsidera o fato de que escolhas iguais ou similares serão tomadas em outras oportunidades, ao fazer isso, ela deixa que a nossa aversão a perdas comande as nossas decisões, desse modo, evitamos escolhas que estatisticamente são favoráveis, mas que oferecem um risco, mesmo que pequeno, de perda.

O enquadramento amplo considera o resultado agregado do conjunto de escolhas e de forma interdependente, de modo que cada escolha sequencial e individual contribui para o resultado geral, e este será obtido com a soma de todos os ganhos, subtraídas as eventuais perdas.

Perceba que no enquadramento amplo o resultado geral implica conhecer a probabilidade dos resultados das escolhas individuais, e ao longo de todo o processo sucessivo de decisão, portanto, é um processo mental lento, laborioso e analítico, realizado pelo Sistema 2, ao qual temos preguiça de recorrer. Por causa disso, conforme advertiu Kahneman (2012), caso não seja possível obter facilmente o ganho final das escolhas individuais, a nossa mente ficará presa ao enquadramento estreito e atuará para evitar perdas, supondo que cada aposta é única e independente.

A diferença entre os dois enquadramentos pode ser exemplificada assim: Imagine que você recebeu uma proposta de investimento no qual a rentabilidade do fundo foi de 200% em 10 anos. "Uau! Neste fundo posso triplicar meu investimento em 10 anos". Agora, digamos que o mesmo fundo enviou outro prospecto, no qual ele informa que a média de rentabilidade anual do fundo foi de 11,65% nos últimos 10 anos, mas que no ano passado houve uma perda de 7,5%. "Que droga de investimento", você pensa.[58]

A primeira versão do prospecto faz um enquadramento amplo e esconde os anos ruins a partir de uma elevada rentabilidade agregada de longo prazo. Já a segunda versão faz um enquadramento estreito, apresentando a rentabilidade anual média e revelando a possibilidade de perda no curto prazo. É por isso que geralmente os fundos de investimento apresentam seus resultados de longo prazo em destaque, quando são elevados, e procuram dar pouca ou nenhuma ênfase aos eventuais resultados ruins, quando acontecem.

Agora que você já aprendeu a diferenciar o enquadramento estreito do amplo, voltemos ao experimento de Tversky e Kahneman (1981), sobre a doença asiática, para ver como eles descobriram que a nossa mente dá mais preferência ao enquadramento estreito e quase sempre despreza a visão ampla. Além das duas primeiras questões foram apresentados mais sete problemas a diferentes grupos de voluntários, o problema número 3 tinha a intenção de testar a preferência pelo enquadramento estreito e foi apresentado a 150 participantes. Vamos entendê-lo e analisar seus resultados.

Problema 3 - Imagine que você enfrente o seguinte par de decisões: Primeiro analise as decisões e depois indique, para cada par, a escolha que fará.

---

[58] A média de rentabilidade anual de 11,65% resulta em mais de 200% em 10 anos.

223

1ª Decisão (escolha uma):

A) Um ganho certo de $ 240; ou

B) 25% de chance de ganhar $ 1.000 e 75% de chance de não ganhar nada.

2ª Decisão (escolha uma):

C) Uma perda certa de $ 750; ou

D) 75% de chance de perder $ 1.000 e 25% de chance de não perder nada.

Não se esqueça de fazer a sua escolha também. Neste experimento cada escolha individual é feita por meio de um enquadramento estreito, e na primeira decisão (A ou B) a escolha está no campo dos ganhos, enquanto que na segunda decisão (C ou D) a escolha é feita no campo das perdas. Agora vamos aos resultados obtidos em cada escolha pelos 150 voluntários: A = 84%; B = 16%; C = 13%; e D = 87%.

Perceba que dos 150 participantes 84% deles preferiram o ganho certo de $ 240 (escolha A), enquanto 87% deles resolveram apostar em uma chance de 25% de não perder nada (escolha D), ambos os resultados são compatíveis com a nossa aversão a perdas, uma vez que na opção A houve a preferência pelo ganho seguro e na opção D a tentativa de fugir de uma perda. Contudo, quando fazemos o enquadramento amplo das quatro opções, vemos que a combinação preferida A e D é aquela que oferece a maior probabilidade de perda que a opção B e C, que foi a escolha da minoria, era a que oferecia a menor probabilidade de perda. Acompanhe a soma das perdas de cada conjunto de escolha:

Escolhas A e D: $(240 \times 100\%) - (1.000 \times 75\%) = -510$; e

Escolhas B e C: $(25\% \times 1.000) - (750 \times 100\%) = -500$.

Ou seja, sendo obrigado a fazer duas escolhas e sabendo que elas resultarão em perdas no agregado, a melhor opção é perder menos, porém, a solicitação de uma análise e de uma escolha isolada para o primeiro par e, depois, para o segundo par, favoreceu a ocorrência do enquadramento estreito e conduziu à escolha pelo par de opções que gerariam as maiores perdas no agregado (A e D), pois o resultado agregado das perdas só poderia se obtido após a combinação das opções. Note que as escolhas eram únicas e independentes, neste problema não era possível obter o ganho ou perda global, pois este era o grupo de controle e este resultado era o esperado.

Após os dados obtidos neste experimento de controle, Tversky e Kahneman (1981) aplicaram o Problema 4 a um segundo grupo de estudantes, muito parecido ao Problema 3, mas que pedia aos voluntários que fizessem as escolhas dos pares após avaliar o resultado conjunto deles, enfim, eles queriam verificar se o viés de enquadramento estreito seria neutralizado pelo enquadramento amplo, a partir dos resultados agregados. Para isso, contaram com a participação de 86 voluntários, vamos ver o aconteceu?

O problema 4 consistia em apresentar as escolhas em pares e então solicitar aos voluntários que escolhessem a melhor opção dentre os dois pares, desse modo:

Opção A: 25% de chance de ganhar $ 240 e 75% de chance de perder $ 760; ou
Opção B: 25% de chance de ganhar $ 250 e 75% de chance de perder $ 750.

Antes de conhecermos os resultados das escolhas, vamos entender os resultados destas duas opções em termos de perdas globais.

Opção A: $(25\% \times 240) - (75\% \times 760) = 60 - 570 = -510$; e
Opção B: $(25\% \times 250) - (75\% \times 750) = 62,5 - 562,5 = -500$.

225

Logo, sob o ponto de vista racional a opção "B" é bem melhor, pois a perda é menor e, desta vez os participaram acertaram em cheio, 100% deles escolheram esta opção e ninguém, obviamente, escolheu a opção "A". Note que o Problema 4 permitiu a Tversky e Kahneman (1981) comprovarem que o enquadramento amplo é capaz de eliminar o erro do enquadramento estreito. Contudo, esses estudos não envolviam dinheiro de verdade, ninguém ganhava ou perdia nada com as decisões e esse fato despertava a desconfiança dos testes, os quais contrariavam a racionalidade econômica. Será que numa situação real, envolvendo dinheiro, as pessoas seriam irracionais também?

Para responder a essa questão e dar satisfação aos críticos da Teoria da Perspectiva, Tversky e Kahneman contaram com o apoio dos economistas Richard Thaler e Alan Schwartz, pense neles como o *"dream team"*[59] da economia comportamental, Kahneman e Thaler ganharam o "Nobel" de Economia, Tversky só não ganhou porque faleceu prematuramente, e Schwartz talvez venha a ganhar o seu futuramente, pois dos três, ele era o "garoto prodígio", uma espécie de LeBron James, ainda menino, jogando com Michael Jordan, Magic Johnson e Kareem Abdul-Jabbar.

O experimento do *dream team* da Economia Comportamental foi publicado com o título de "O Efeito Miopia e a Aversão às Perdas nas Tomadas de Decisões de Risco: Um teste experimental"[60]. Para avaliar o comportamento dos tomadores de decisão diante de cenários envolvendo dinheiro, o experimento foi realizado com

---

[59] Se você já nasceu no século XXI talvez não saiba o que foi o *dream team*, então, sugiro que pesquise em canais de vídeos pelo termo e se delicie com a arte daqueles gênios do esporte, o melhor de todos os tempos atuou nos jogos das Olímpiadas de Barcelona.

[60] Thaler et al. (1997) The Effect Of Myopia and Loss Aversion On Risk Taking: An Experimental Test.

estudantes e aqueles que fossem melhor no teste ganhariam 35 dólares e os piores somente US$ 5,00.[61]

Para participar dos testes foram selecionados 86 estudantes da Universidade de Berkeley na Califórnia e a tarefa atribuída a eles era a de tomar decisões gerenciais envolvendo as finanças de uma universidade. Eles foram divididos em quatro grupos, seguindo um critério de periodicidade ao qual teriam acesso a informações de rentabilidade e das oportunidades que teriam para fazer alteração na composição da carteira de investimento sob sua gestão, desse modo:

Grupo 1 - Receberia relatórios de rentabilidade mensal e, além da escolha inicial, o aluno poderia alterar em até 299 vezes a composição do fundo entres as duas opções possíveis (uma vez a cada mês) pelos primeiros 25 anos e, então, ele decidiria a sua escolha final e única para os próximos 50 anos;

Grupo 2 - Receberia relatórios de rentabilidade anual e, além da escolha inicial, o aluno poderia alterar em até 24 vezes a composição do fundo entres as duas opções possíveis (uma vez a cada ano) pelos primeiros 25 anos e, então, ele decidiria a escolha final e única para os próximos 50 anos;

Grupo 3 - Receberia relatórios de rentabilidade quinquenal e, além da escolha inicial, o aluno poderia alterar em até 4 vezes a composição do fundo entres as duas opções possíveis (uma vez a cada ano) pelos primeiros 25 anos e, então, ele decidiria a escolha final e única para os próximos 50 anos;

Grupo 4 - Assim como o Grupo 1, receberia relatórios mensais e o aluno poderia alterar em até 299 vezes a

---

[61] Perceba que ninguém perderia dinheiro de fato, pois isso é complicado de solicitar a voluntários, mas a diferença de 30 dólares de ganho seria considerada uma perda considerável.

composição do fundo, entres as duas opções possíveis pelos primeiros 25 anos e, então, ele decidiria a escolha final e única para os próximos 50 anos. A diferença é que este grupo investiria em dois fundos especiais (A+ e B+), reajustados pela inflação;

As alternativas de investimentos que os participantes teriam, tanto para os primeiros 25 anos, como para os 50 anos finais, eram:

Fundo A: Conteria apenas títulos públicos e sua rentabilidade média seria de 0,25% ao ano, com um desvio padrão de apenas 0,177%. Logo, era um fundo de baixíssimo risco (raros eventos de rentabilidade negativa), mas com baixa rentabilidade total (6,44% em 25 anos e 20,59% em 75 anos); e

Fundo B: Conteria apenas ações de empresas selecionadas, com uma rentabilidade média de 1,0% ao ano e um desvio padrão de 3,54%. Logo, era um fundo de alta rentabilidade e elevado risco (muitos eventos de rentabilidade mensal negativa e algumas rentabilidades anuais abaixo de zero também), ao todo esse fundo renderia 28,24% em 25 anos e 110,9% em 75 anos.

Fundo A+: Igual ao perfil do Fundo A, de títulos (0,25% ao ano com desvio padrão de 0,177%), acrescido de um reajuste inflacionário de 10% proporcional aos primeiros 25 anos e outros 20% proporcionais aos próximos 50 anos. Logo, um fundo que nunca apresentariam uma rentabilidade negativa mensal e ao todo renderia 16,44% em 25 anos e 40,59% em 75 anos.

Fundo B+: Igual ao perfil do Fundo B, só de ações, mas acrescido de um reajuste de 10% proporcional aos primeiros 25 anos e outros 20% de reajuste para os próximos 50 anos. Sendo assim, o rendimento para 25 anos seria de 38,24% e de 130,9% para os 75 anos.

Não se preocupe com o excesso de informações financeiras dos fundos, vamos entender melhor cada um a seguir, por enquanto, compreenda que cada um dos participantes deveria escolher uma estratégia de como dividir o investimento total entre os dois fundos que cada participante teria acesso, conforme as regras que tinham para aplicação e alterações ao longo do tempo de gestão. Eles poderiam investir 100% em uma única opção, se quisessem, ou qualquer outra proporção entre os dois fundos disponíveis.

Acompanhe na tabela 3 o resumo dos resultados das composições finais da carteira no período de aprendizagem (primeiro 25 anos) e para o período final (próximos 50 anos).

Grupos	Número de participantes	Período de Avaliação	Composição Final (25 anos)	Escolha de carteira (próximos 50 anos)
Grupo 1	21	Mensal	A: 59,1% e B: 40,9%	A: 55,0% e B: 45,0%
Grupo 2	22	Anual	A: 30,4% e B: 69,6%	A: 30,7% e B: 69,3%
Grupo 3	22	Quinquenal	A: 33,8% e B: 66,2%	A: 28,6% e B: 71,4%
Grupo 4	21	Mensal (inflação)	A+: 27,6% e B+: 72,4%	A+: 39,9% e B+: 60,1%

Tabela 3 – Composição das Escolhas de Portfólio dos Grupos
Fonte: Compilado de Thaler *et al.* (1997, p. 654)

Vamos analisar a Tabela 2 linha a linha, começando pelo Grupo 1, cujos 22 integrantes receberam relatórios mensais e a cada mês eles podiam alterar os percentuais entre as duas opções (A e B). Na média este primeiro grupo finalizou seu portfólio com 59,1% dos ativos em títulos públicos e apenas 40,9% em ações. Note também que a escolha "A" ficou muito acima da escolha dos demais grupos, seja no período de 25 anos, seja para o período final de 50 anos, quando 55% da carteira fora destinada a títulos públicos e 45% para ações.

O Grupo 1 recebeu 299 relatórios mensais e podiam fazer este total de alterações na carteira, além daquela feita inicialmente. Para Thaler *et al.* (1997), conforme ficou evidente a partir da diferença entre os percentuais deste grupo e os demais, o Grupo 1 foi vítima do viés de enquadramento estreito, pois cada decisão mensal era tomada como se fosse única (isolada e independente), e como o fundo de ações apresentava muito mais variações negativas que o fundo de títulos, a aversão à perda dominou as decisões dos integrantes do grupo 1. Ao final, a aversão à perda levou a maioria a uma rentabilidade inferior ao longo do primeiro período, bem como, a preferência por manter essa posição de baixa rentabilidade, e baixo risco, na decisão final para os próximos 50 anos.

O Grupo 2 recebeu os relatórios de rentabilidade anuais e seus participantes podiam fazer alterações na carteira de um ano para outro. Note que esse grupo finalizou a primeira etapa com apenas 30,4% aplicados em títulos e 69,6% em ações, bem como, a escolha para os próximos 50 anos foi praticamente idêntica (A: 30,7% e B: 69,3%).

Para Thaler *et al.* (1997) os integrantes do Grupo 2 foram favorecidos por dois fatores: i) a menor frequência de aparecimento de rentabilidade negativa das ações, que reduziu o sentimento de aversão à perda e favoreceu à manutenção da maior parte da carteira investida em ações; e ii) a maior possibilidade de aprendizagem, pois os 24 relatórios anuais ofereceram a oportunidades de alterar a composição da carteira, com base na maior ocorrência de rentabilidade superior do fundo B. Portanto, o Grupo 2 conseguiu identificar que a alocação mais vantajosa seria manter a maior parte do portfólio em ações, isso se comprova ao verificar que todos os 22 integrantes fizeram 110 ajustes na carteira, o que dá uma média de apenas cinco mudanças para cada integrante durante os 25 anos.

Conforme explicaram Thaler *et al.* (1997), a ampliação do período de análise de rentabilidade e de alteração no portfólio, de mensal para anual, reduziu o viés do enquadramento estreito ao permitir uma comparação de rentabilidade agregada ao ano, período no qual, na maioria das vezes, a rentabilidade das ações superava os títulos e em raras ocasiões era negativa, condição que favoreceu o enquadramento amplo, baseado em resultados agregados.

É provável que você já tenha se esquecido dos dados, então volte à tabela 2 para relembrar o resultado do Grupo 3, que recebeu apenas 5 relatórios durante os 25 anos e podiam fazer apenas quatro ajustes na composição da carteira. Perceba que a alocação final deste grupo também deu preferência às ações, com 66,2% do capital investido no fundo B e apenas 33,8% do capital investido no fundo A, de títulos. Veja que para os próximos 50 anos os integrantes deste grupo ampliaram ainda mais o percentual em ações para 71,4%, reduzindo para 28,6% a parcela destinada aos títulos.

Conforme explicaram Thaler *et al.* (1997), os integrantes do grupo 3 foram muito mais favorecidos pelos resultados agregados, pois em nenhum dos relatórios quinquenais as ações perdiam em rentabilidade para os títulos e elas sempre geravam ganhos e nunca perdas, portanto, este fato reduziu a percepção do risco e os voluntários não foram afetados pela aversão à perda, uma vez que esta nunca se fez presente.

Contudo, a menor oportunidade de alterar a composição do portfólio por parte dos participantes do Grupo 3, apenas 4 vezes após a decisão inicial, reduziu as chances de aprendizado ao longo dos primeiros 25 anos, conforme explicaram Thaler *et al.* (1997). Mesmo assim, este foi o grupo que decidiu investir a maior parte da carteira em ações para os próximos 50 anos, revelando que a aversão ao risco foi praticamente eliminada a partir dos resultados agregados a cada cinco anos, fato que eliminou o viés de enquadramento estreito e o substituiu pelo viés de enquadramento amplo, que favorecia os investimentos em ações no longo prazo.

231

Chegamos finalmente ao Grupo 4, aquele que obteve o benefício do reajuste dos investimentos pela inflação, em ambas as aplicações. Perceba que mesmo com o período mensal de reavaliação da carteira, este foi o grupo que finalizou a primeira etapa com a maior participação em ações (B= 72,4%) e a menor parcela em títulos (A= 27,6%). Porém, na hora de escolher a composição do investimento para os próximos cinquenta anos, houve uma elevação da participação dos títulos para 39,9% e uma queda na preferência pelas ações, que caiu para 60,1%.

Segundo Thaler *et al.* (1997) os integrantes do Grupo 4, que foram favorecidos pelo reajuste da inflação, receberam muito mais retornos positivos com o fundo de ações e, portanto, nos primeiros 25 anos ajustaram a carteira para usufruir dessa maior rentabilidade. Contudo, na hora de decidir a alocação final para os próximos 50 anos, os integrantes adotaram uma postura mais cautelosa e reduziram a participação em ações e elevaram a de títulos, pois esta última tinha o caráter único e isolado, o que produziu aversão à perda e despertou o viés de enquadramento estreito.

A descoberta mais relevante do experimento conduzido pelo *dream team* foi a de que fornecer mais informações, e mais oportunidades de tomar decisões, piora o desempenho dos indivíduos, enquanto fornecer menos informações, e limitar suas possibilidades de tomar decisões, melhora seus resultados. Uma vez que nós tendemos a considerar cada decisão como única e isolada, e assim, perdemos a perspectiva agregada do conjunto de ações (jogadas). Ao encarar cada lance como único, somos afetados pela aversão à perda e, portanto, fazemos escolhas para nos proteger dela e desconsideramos os resultados das escolhas sucessivas e agregadas, que podem ser muito favoráveis no longo prazo.

Os sujeitos na condição mensal tiveram mais informações e mais liberdade do que os sujeitos na condição anual e quinquenal, mas nem sempre mais é melhor. Os indivíduos com mais dados tiveram o pior desempenho em termos de ganhos, uma vez que aqueles com os dados mais frequentes investiram menos em ações (e, portanto, ganharam menos). Isso pode ocorrer em qualquer domínio em que as perdas sejam um fator. (THALER *ET AL.*; 1997, p. 659)

Chamo aqui a sua atenção para outro fato, a chance de ganho total ao longo dos primeiros 25 anos era igual para todos, caso todos colocassem a metade em títulos e a outra metade em ações, e não mudassem a estratégia, após 25 anos obteriam o mesmo rendimento, igualmente se colocassem 30% em títulos e 70% em ações, ou outra combinação qualquer. Perceba também que o risco total de alguma perda para todos era igual, nenhuma perda, caso mantivessem a alocação inicial pelos próximos 25 anos.

Portanto, conforme destacou Thaler *et al.* (1997), o pior desempenho do Grupo 1 deveu-se ao acesso mensal aos resultados, que revelavam algumas perdas com ações em alguns meses, e o sentimento de aversão à perda os levou a tomar decisões para tentar evitá-las, de modo que o enquadramento estreito produzido pelas decisões mensais os fizeram perder a oportunidade dos maiores ganhos agregados com as ações no longo prazo. O ganho do Grupo 1 poderia ser ainda menor, caso fossem cobradas taxas de corretagem nas operações realizadas, uma vez que este foi o grupo que mais realizou mudanças no portfólio, contudo, esse custo foi desconsiderado nos experimentos.

Enquadramentos de Atributos e de Objetivos

As pesquisas de Tversky e Kahneman sobre enquadramento ficaram restritas às escolhas envolvendo risco, de modo que sua análise e interpretação pudessem ser feita a partir da Teoria da Perspectiva, na qual a aversão à

233

perda domina as tomadas de decisões envolvendo risco. Lembre-se que a mudança na apresentação de 70% de gordura para 30% menos gordura não envolve uma escolha de risco ou aversão à perda, perceba que essa é uma forma de direcionar a mensagem, para destacar o atributo positivo e esconder o negativo sobre um produto ou serviço.

A partir da constatação de que o viés de enquadramento também ocorre em situações de escolhas que não envolvem risco e, portanto, não se relacionam à aversão a perdas, os psicólogos e pesquisadores Irwin P. Levin, Sandra L. Schneider e Gary J. Gaeth expandiram a pesquisa sobre os vieses de enquadramento para incluir as mudanças nas formas de apresentação das escolhas, oferecendo essas duas novas formas:

a) Viés de enquadramento dos atributos; e
b) Viés de enquadramento dos objetivos.

A abordagem dos novos enquadramentos foi publicada em 1998 com o título de "Os Enquadramentos Não São Todos Iguais: Uma tipologia e análise crítica dos efeitos de enquadramento"[62]. Vamos entender cada uma das novas formas de enquadramento para compreender melhor como elas se aplicam às decisões econômicas e como são capazes de nos conduzir a decisões irracionais.

Enquadramento de Atributos

O enquadramento de atributos é gerado quando a avaliação de algo (produto, serviço ou pessoa) pode ser positiva ou negativa a partir da diferenciação no modo de

[62] No original: All frames are not created equal: A typology and critical analysis of framing effects.

apresentar seus atributos. Segundo Levin *et al.* (1998) a mesma coisa pode ser avaliada positivamente quando atributos positivos (unicamente ou majoritariamente) são oferecidos, e negativamente quando majoritariamente ou somente atributos negativos são oferecidos. Perceba que a ideia central dos pesquisadores é que somos influenciados pela quantidade e a natureza das informações sobre os atributos que a nossa mente recebe e como se trata de um viés, não temos consciência disso.

Em uma pesquisa anterior, conduzida por Levin e Gaeth (1988)[63], eles constataram que a maioria dos entrevistados acharam que a *Carne Moída 75% Magra era melhor que a Carne Moída 25% Gorda*. A preferência dos entrevistados não foi afetada pela característica objetiva do objeto em avaliação, a carne moída, mas pela forma de enquadramento de seus atributos em cada versão de apresentação.

Os resultados desta pesquisa provocaram a realização de outra, também conduzida pelo professor Levin, que procurava saber se a forma de apresentar os resultados esperados de procedimentos médicos afetaria a sua aceitação pelos pacientes. Nesta pesquisa eles descobriram que os procedimentos médicos são mais bem aceitos quando o médico apresenta com destaque a taxa de sucesso, mas a aceitação cai quando a taxa de insucesso é enfatizada. Contudo, perceba que são dois lados da mesma moeda.

> Quando as taxas de sobrevivência de um procedimento médico são enfatizadas, as pessoas têm maior probabilidade de aprovar o procedimento do que quando as taxas de mortalidade do procedimento são enfatizadas. (Levin *et al.*; 1998, p. 159)

---

[63] Levin e Gaeth (1988). Framing of attribute information before and after consuming the product. Journal of Consumer Research.

Você faria uma cirurgia caso sua chance de sobreviver fosse de 90%? Creio que sim! Mas, e se o médico lhe informasse que a sua chance de morrer é de 10%, você faria a mesma cirurgia? Neste caso já há razões para se pensar. Quando o atributo "taxa de sobrevivência" é destacado, nossa mente enquadra essa informação no campo positivo, enquanto que a "taxa de mortalidade" é enquadrada no campo negativo. É assim que a nossa mente interpreta: Sucesso é bom, fracasso é ruim, sobrevivência é bom, mortalidade é ruim. Ou seja, ela opera de modo inconsciente para marcar o atributo como bom ou ruim, não a partir de uma análise de retorno/risco.

Sendo assim, seja no caso da carne moída ou dos procedimentos médicos, a alteração na preferência das escolhas não é definida pelo risco ou pela aversão à perda, mas pela alteração do enquadramento dos atributos, uma vez que os atributos objetivos permaneceram inalterados (taxa de gordura e taxa de mortalidade), o que havia mudado tinha sido apenas a forma de apresentá-los, destacando os lados positivos deles (% de carne magra e % de sobrevivência), o que foi capaz de alterar a preferência das pessoas, conforme constataram Levin *et al.* (1998).

Para entender a causa para as mudanças nas preferências entre escolhas iguais, a partir de enquadramentos de atributos diferentes, Levin *et al.* (1998) conduziram outro experimento com 76 voluntários, que participariam de quatro etapas de avaliação de cenários em pares, nos quais o que mudava eram as formas de apresentação dos atributos positivos ou negativos, atribuídos aos cenários. Foram eles:

Cenário 1: Você está economizando dinheiro para uma viagem de férias colocando, dinheiro em um cofrinho;

Cenário 2: Você está economizando dinheiro para pagar suas multas de estacionamento acumuladas, colocando dinheiro em um cofrinho;

Cenário 3: A viagem é daqui a um mês; e

Cenário 4: As multas vencem em um mês.

À metade dos participantes foi apresentado o par de cenários 1 e 3, à outra metade o par de cenários 2 e 4. A partir da apresentação dos pares de cenários foi solicitado aos participantes que atribuíssem uma valoração a cada cenário (positivo ou negativo); em seguida os voluntários deveriam julgar a probabilidade de que tenham feito uma economia de dinheiro suficiente para cumprir o objetivo, seja de viajar ou de pagar as multas.

A maioria dos participantes que viram o primeiro par (cenários 1 e 3), avaliaram o cenário como positivo e consideraram mais provável a possibilidade de juntar para viajar, enquanto a maioria daqueles que viram os cenários 2 e 4, avaliaram-nos como negativo e atribuíram uma baixa probabilidade de juntar dinheiro para pagar as multas.

A partir deste experimento, Levin *et al.* (1998) observaram que o viés de enquadramento de atributos também está relacionado ao efeito *priming*, que é provocado pela preparação prévia que a nossa mente realiza, a partir de dados impressos na memória ou obtidos previamente, e que favorece o julgamento positivo de coisas que possuam atributos positivos e o julgamento negativo, daquelas cujos atributos foram impressos previamente como negativos em nossa mente.

Levin *et al.* (1998, p. 166) observaram que o enquadramento de atributos é capaz de destacar os fatores positivos ou negativos e "promove a atenção seletiva apenas para os atributos positivos ou negativos, o que, por sua vez, leva nossa mente a acessar apenas associações positivas ou negativas em nossa memória". A partir dessa associação seletiva, bom ou ruim, a nossa mente fará uma avaliação favorável ou desfavorável de uma coisa, dependendo do enquadramento dos atributos, como positivo ou negativo. Perceba que a mudança no enquadramento de atributos, de positivo para negativo, é capaz de alterar nossas preferências diante de uma mesma situação objetiva.

Revise o experimento de Levin *et al.* (1998) e perceba que os dados objetivos dos dois cenários eram idênticos, o que mudava era apenas a avaliação subjetiva dos cenários, ou seja, quem diferenciou os cenários foi a nossa mente ao associar o primeiro par como positivo (viajar) e o segundo como negativo (pagar multas). A partir do efeito *priming* evocado na mente dos participantes, e que resultou em avaliação positiva e negativa, os voluntários tomaram as suas decisões, as quais foram diametralmente opostas entre os dois grupos, conforme o par de cenário recebido, embora em nenhum dos pares de cenários houvesse diferença nas condições objetivas.

Enquadramento de Objetivos

O enquadramento de objetivo também é capaz de afetar as nossas preferências, diante de escolhas objetivamente iguais, neste caso os objetivos avaliados como positivos ou negativos, podem influenciar os tomadores de decisões, mesmo que nenhum aspecto real da escolha tenha de fato se alterado. Para entender melhor como esse tipo de enquadramento atua em nossa mente, acompanhe o experimento de Levin *et al.* (1997, p. 168), que testaram duas mensagem para incentivar as mulheres a fazer o autoexame das mamas, a fim de detectar precocemente os tumores e aumentarem as chances de sucesso no tratamento contra este tipo de câncer. As duas mensagens eram as seguintes:

a) Mulheres que fazem autoexame das mamas têm uma chance maior de encontrar um tumor nos estágios iniciais e mais tratáveis da doença; e

b) Mulheres que **não** fazem autoexame das mamas têm uma chance **menor** de encontrar um tumor nos estágios iniciais e mais tratáveis da doença.

Note que as mensagens são objetivamente iguais, apenas seus enquadramentos eram diferentes, e as únicas diferenças foram: a inclusão do "não" e a troca da palavra "maior" por "menor" na opção "b". Estas mudanças estão destacadas em negrito, porém, na versão apresentada às voluntárias não havia os negritos, utilizados aqui apenas para destacar estas diferenças.

Advinha qual das duas mensagens foi a mais persuasiva para incentivar as mulheres a fazer o autoexame? Antes de lhe darmos a resposta, retornemos ao princípio da aversão à perda, no qual as perdas são avaliadas por nossa mente de modo e intensidade diferente aos ganhos de mesma magnitude. Acho que o efeito de *priming* ajudou você a matar essa. Sim, das duas mensagens apresentadas a mais influente foi a "b", que enquadrava negativamente o objetivo (não fazem e chance menor).

O enquadramento de objetivo também não está associado à tomada de risco em função da aversão à perda, não havia um de risco associado a cada uma das mensagens apresentadas às voluntárias, ambas as mensagens eram positivas, ou seja, revelavam a vantagem da realização do autoexame, contudo, quando a mensagem positiva foi apresentada com um elemento negativo de perda (b), a sua capacidade de gerar uma aceitação foi maior, em relação à mesma mensagem positiva, que foi transmitida com um elemento positivo de ganho (a).

O viés de enquadramento de objetivo foi estudado também em um caso especial, quando houve os Estados

Unidos uma determinação legal para que as compras no cartão de crédito fossem cobradas diferentemente daquelas realizadas à vista (em dinheiro), para que os consumidores pagassem menos nas compras à vista, de modo que sobre os preços à vista fosse acrescida a taxa de serviço, para o uso do cartão de crédito.

> Até recentemente, as empresas de cartão de crédito proibiam suas lojas afiliadas de cobrar preços mais altos aos usuários de cartão de crédito. Um projeto de lei para proibir tais acordos foi apresentado ao Congresso e quando parecia provável que algum tipo de cobrança seria aprovado, as empresas de cartão de crédito voltaram a sua atenção para a forma, e não para a substância. Especificamente, elas queriam que qualquer diferença, entre clientes à vista e com cartão de crédito, assumisse a forma de um desconto para pagamento à vista, em vez de uma sobretaxa pelo uso do cartão de crédito. (THALER; 1980, p. 45)

Perceba que o fato objetivo era que o preço à vista seria menor que o pago nas compras com cartão, mas diante de uma repercussão negativa que uma sobretaxa nas compras no cartão de crédito provocaria, as operadoras de cartões de crédito fizeram pressão junto aos congressistas para que as compras no cartão fossem definidas como "preço normal" e as compras à vista como "preço com desconto".

Com a aprovação da lei o preço no cartão seria maior que o preço à vista de qualquer jeito, este era o objetivo real da lei, e a mudança proposta pelas empresas ao seu texto tinha como intenção de alterar apenas a avaliação subjetiva do consumidor, retirar seu viés negativo, de perda com a sobretaxa, para incluir um viés positivo, de ganho com o desconto e, assim, a alteração do viés de enquadramento de objetivo, de perda para ganho, tinha a intenção de ativar o viés de enquadramento positivo associado às compras com cartão de crédito e não perder receitas com a mudança na preferência no método de pagamento dos clientes.

Imagine que você tenha um veículo e que esteja renovando o seguro dele, você pagaria um valor adicional para obter o benefício de processar outras pessoas caso você tenham se envolvido em acidentes leves, só com perdas materiais? Esse benefício lhe daria o direito ao pagamento, por parte da sua seguradora, dos custos advocatícios e de indenizações ao processado, no caso de você perder a ação.

Suponha que você receba da seguradora uma das duas versões abaixo, qual delas levará você a escolher a cobertura integral dos custos de processo?

a) Você aceita manter a cobertura plena de processar em sua apólice e abdica da redução de 10% no valor do prêmio anual?

b) Você aceita incluir a cobertura plena de processar em sua apólice ao custo adicional de 11% no valor do prêmio anual?

Note que objetivamente as duas opções são quase idênticas no valor final da apólice, pois uma elevação de 11% sobre 100 resulta em 111 e um desconto de 10% sobre este valor resulta em 99,90. Contudo, o que deve ter chamado a sua atenção foi que na opção "a" a redução de apenas 10% implica uma perda do direito, enquanto na opção "b" a inclusão deste direito implica uma elevação no preço do prêmio anual.

Os pesquisadores Eric Johnson, John Hershey, Jacqueline Meszaros e Howard Kunreuther aplicaram essas duas versões de escolhas a dois grupos de participantes, cada grupo recebeu apenas uma das duas versões. A pesquisa tinha como objetivo verificar se a mudança no enquadramento da apresentação das escolhas seria capaz de alterar o resultado das preferências dos indivíduos e os resultados que obtiveram na pesquisa foram os seguintes:

1) Grupo A (62 participantes): 53% deles aceitaram manter o direito pleno e, portanto, 47% optaram pela manutenção do desconto de 11%;

2) Grupo B (74 participantes): 23% aceitaram manter o direito pelo ao custo adicional de 10% e, portanto, 77% optaram por ficar sem a plena cobertura. (JOHNSON *et al.;* 1993, p. 47)

Note que ao enquadrar a opção "a" como uma perda de direito pleno, isto resultou em uma aceitação 130% superior a outra versão que implicava um custo adicional para incluir o direito pleno. Em tese, esta diferença produziria uma elevação na receita de vendas de uma seguradora, caso as opções de coberturas fossem apresentadas como plenas e os segurados tivessem que escolher retirá-las para ganhar um desconto sobre o valor do prêmio a ser pago. Contudo, será que diante de decisões reais as pessoas repetiriam as mesmas escolhas feitas pelos participantes do experimento?

Eric Johnson e seus colegas tiveram acesso aos dados de uma seguradora que realmente ofereceu este tipo de cobertura, mas em duas versões diferentes de apresentação. A versão do custo adicional para processar foi oferecida aos clientes do estado de Nova Jersey e a opção com a perda de direito pleno para ganhar o desconto aos segurados do estado da Pensilvânia, isto aconteceu no ano de 1992. Advinha qual opção vendeu mais seguros com cobertura para processos?

Conforme relataram Johnson *et al.* (1993, p. 48), "cerca de 20% dos motoristas de Nova Jersey optaram por adquirir o direito total de processar, enquanto aproximadamente 75% dos clientes da Pensilvânia mantiveram o direito". Perceba que aos enquadrar negativamente a escolha, a maioria dos clientes na Pensilvânia preferiu **não perder** o pleno direito de processar. Segundo Johnson *et al.* (1993), essa diferença no enquadramento reduziu a receita potencial de vendas em Nova Jersey em aproximadamente 200 milhões de dólares, quando comparada aos resultados obtidos na Pensilvânia.

Imagine como seria bom poder voltar no tempo, poderíamos evitar tantos erros, aproveitar tantas oportunidades perdidas e, talvez, repetir as mesmas escolhas. Esse sonho já produziu filmes como "De volta para o futuro", estrelado por Michael J. Fox, e livros de ficção que encantaram gerações como a "A máquina do tempo", escrito por H. G. Wells. Contudo, viajar ao passado nunca passou disso, um sonho a alimentar nossa criatividade e produzir grandes obras de ficção científica.

E se eu te falasse que costumamos voltar ao passado, em nossa mente, para reescrevê-lo, você acreditaria? Deveria, pois isso não é sonho e nem ficção científica, é uma atividade que a nossa mente realiza com tanta naturalidade que nem percebemos. Esse fenômeno mental foi descoberto pelos pesquisadores israelenses Baruch Fischhoff e Ruth Beyth, a partir de uma pesquisa publicada em 1975, com o sugestivo título de "'Eu Sabia que Aconteceria': Probabilidades relembradas das coisas acontecidas". Vamos entender melhor essa ideia de voltar ao passado em nossas mentes.

No ano de 1972 o presidente dos Estados Unidos, Richard Nixon, faria duas viagens internacionais importantíssimas, uma para Moscou, onde se encontraria com Leonid Brezhnev, chefe do partido comunista da extinta União Soviética (URSS), e outra a Pequim para se encontrar com Mao Tsé-Tung, o líder do partido comunista chinês. Como Nixon era o presidente da maior economia capitalista e os tempos eram os da Guerra Fria, as duas visitas criaram muitas expectativas e foram amplamente noticiadas ao redor do mundo.

Diante de um fato amplamente conhecido e acompanhado mundo afora, Fischhoff e Beyth (1975) resolveram usar aquela oportunidade para testar uma hipótese sobre a psicologia humana, a de que ajustamos nossas previsões feitas no passado, após conhecermos os resultados dos eventos realmente acontecidos. Para testar esta hipótese eles montaram uma série de questionários que foram aplicados a estudantes de psicologia antes das visitas de Nixon, nos quais os participantes avaliariam a probabilidade de que alguns cenários pudessem acontecer, como por exemplo: Os Estados Unidos e a União Soviética realizassem um programa espacial conjunto; ou que os americanos estabelecessem uma missão diplomática permanente na China.

A pesquisa foi realizada em duas etapas, uma antes da viagem de Nixon e outra após o seu retorno aos Estados Unidos. Na primeira etapa foram coletadas as estimativas percentuais de cada um dos cenários se realizar (entre 0% a 100%), sendo 0% a não ocorrência do evento e 100% para a ocorrência completa dele, mas qualquer percentual intermediário poderia ser oferecido como resposta, de modo que percentuais acima de 50% revelariam maior chance de acontecer e abaixo uma chance menor de acontecer aquele evento. A todos os eventos foi atribuída uma hipótese condicionante, dos acordos promovidos entre os países serem divulgados ou não.

Assim, o acordo espacial entre Soviéticos e Americanos poderia acontecer e ser divulgado, mas o estabelecimento da missão diplomática na China poderia acontecer e não ser divulgado (pegava mal divulgar acordos com comunistas naqueles tempos). As respostas seriam dadas as perguntas desse tipo:

a) Qual a probabilidade do Evento A **acontecer** e ser divulgado? ___%;

b) Qual a probabilidade do Evento A acontecer e **não** ser divulgado? ___%;

c) Qual é a probabilidade do Evento A **não acontecer** e ser divulgado? ___%; e

d) Qual a probabilidade do Evento A não acontecer e **não** ser divulgado? ___%.

Ao todo, foram questionadas as probabilidades de quinze eventos e as respostas desta primeira etapa serviriam de base para a segunda, aplicada algumas semanas após o retorno de Nixon aos Estados Unidos e, portanto, quando todos já sabiam, por meio da imprensa, o que de fato aconteceu.

Na segunda etapa do segundo experimento Fischhoff e Beyth (1975) solicitaram aos mesmos participantes que participassem de um teste de memória, pediu-se que eles se lembrassem das probabilidades dadas a cada evento na primeira etapa, e a todos foi solicitado que suas respostas não fossem afetadas pelo que agora conheciam dos resultados da viagem de Nixon, eles deveriam apenas tentar se lembrar das respostas dadas na primeira etapa, para cada item do questionário.

O confronto dos dados coletados entre as duas etapas do teste evidenciou que a maioria dos participantes ajustou a resposta inicial e que este ajuste foi tendencioso, conforme conclusões de Fischhoff e Beyth (1975), de modo que os participaram melhoraram o grau médio de acerto em relação à sua previsão inicial. Se o respondente tivesse atribuído um baixo percentual à ocorrência de um evento que de fato aconteceu e foi divulgado, ele subia o valor do percentual no teste de memória. Mas, se o participante tivesse dado um percentual elevado a um evento que ele sabia que não tinha acontecido, ele recuperava da memória um percentual menor.

A influência dos fatos sobre a memória se tornou mais evidente quando foram comparados os dados dos eventos divulgados pela imprensa, com aqueles que não foram noticiados (tendo ocorrido ou não). Com a falta de divulgação, inexistia também uma nova informação para afetar a memória da previsão inicial, logo, os resultados da segunda etapa para as previsões de eventos não noticiados ficaram mais próximos aos da primeira e não apresentaram tendenciosidade, pois a única fonte de informação era aquela original, gravada na memória no momento do primeiro experimento.

Os resultados obtidos na pesquisa de Fischhoff e Beyth (1975) indicaram que a memória dos voluntários foi impactada apenas pelos resultados conhecidos, cujas memórias foram ajustadas para corresponder melhor ao novo conhecimento. Os valores mais coincidentes e sem tendenciosidade entre as duas etapas, obtidos nas respostas dos eventos não divulgados, serviu também para avaliar o comprometimento dos participaram com o teste de memória, eles realmente se esforçaram para recuperar da memória as respostas originais e revelaram maior êxito para os registros que não foram afetados pelo conhecimento dos resultados.

Segundo Fischhoff e Beyth (1975), o viés retrospectivo é um fenômeno mental que atualiza a nossa memória, a partir de novos dados e informações, substituindo as informações primárias, formadas na época dos acontecimentos, por uma nova com os dados atualizados, de modo que temos a impressão, ao recordar de um evento, de que já sabíamos o que iria acontecer, antes daquilo realmente ter acontecido. Contudo, como isso é realizado de modo inconsciente, não temos a capacidade de diferenciar o que é memória primária e anterior aos fatos, daquela que é reformulada a partir da substituição que a memória realizou, em função do conhecimento obtido após a ocorrência dos fatos.

A pesquisa de Baruch Fischhoff e Ruth Beyth ganhou notoriedade entre os psicólogos, ao demonstrar que a nossa capacidade de recuperar uma informação da memória é afetada pela assimilação de um novo conhecimento, de modo que os acontecimentos ajustam a nossa memória e nos oferecem a sensação de que somos melhores previsores do que realmente somos. A partir deste estudo inicial, tanto

Fischhoff e Beyth, como outros psicólogos, procuraram entender melhor o que causa esse ajuste e quais são as implicações desse "viés retrospectivo" em nossos julgamentos e tomadas de decisão.

Causas do Viés Retrospectivo

Para começar o nosso entendimento sobre as causas do viés retrospectivo contaremos com a ajuda dos pesquisadores Ulrich Hoffrage, Ralph Hertwig e Gerd Gigerenzer, que no ano 2000 publicaram um artigo cujo título é: "Viés retrospectivo: um subproduto da atualização do conhecimento?". Eles descobriram que o ser humano não tem uma memória estática, mas dinâmica, e à medida que novos conhecimentos são absorvidos a nossa mente revisa os registros na memória, principalmente, as lacunas provocadas pelo esquecimento, pois somente uma pequena parte dos registros é armazenada para o longo prazo, a maioria é esquecida em parte ou completamente, ainda no curto prazo.

Caso você tenha assistido a um telejornal ontem, lembra-se de todas as notícias apresentadas? Talvez você se lembre das notícias mais importantes ou que mais atraíram a sua atenção, mas deve ter se esquecido da maioria delas. Isto porque, o esquecimento é uma necessidade do ser humano, pois sem ele nossa memória ficaria rapidamente sobrecarregada, assim como os dispositivos de armazenamento dos computadores, uma vez que a quantidade de dados e informações que a mente registra diariamente é imensa e apenas uma parte ínfima é de fato registrado na memória.

Como a nossa mente não pode trocar o disco rígido por outro maior, o processo de esquecimento é essencial para que nossa memória possa manter a sua eficiência para as coisas importantes, como nos lembrar da data de aniversário do cônjuge, da senha do banco e da escalação da Copa de 70, e faz isso descartando outras informações sem relevância, como o lugar onde você guardou o título de eleitor, o nome da esposa do seu chefe ou a letra da música La Bamba. Creio que você já entendeu que a função da memória é guardar as coisas, e não definir a importância delas.

Outra vantagem do esquecimento é que evita o uso de informações antigas que podem estar desatualizadas devido às mudanças no ambiente (Bjork & Bjork, 1988[64]; Ginzburg, Janson, & Ferson, 1996[65]). Tomados em conjunto, a desvantagem do viés retrospectivo é um preço relativamente barato a pagar para fazer melhores inferências e manter uma memória funcionando bem. (HOFFRAGE et al.; 2000, p. 579)

Conforme destacado por Hoffrage *et al.* (2000, p. 269), o esquecimento é um recurso valioso para o bom funcionamento da memória e a substituição dos registros desatualizados por novos e corretos melhora a nossa performance nas tomadas de decisões, pois essa atualização além de fornecer "um conjunto de conhecimento mais coerente, no caso do novo conhecimento ser verdadeiro, também eleva a nossa precisão" nas tomadas de decisões baseadas em nossas lembranças, mesmo que adulteradas pelo novo conhecimento.

O problema causado pela atualização das informações por meio da integração de conhecimento novo é que este dinamismo da memória provoca uma barreira à busca do registro original, aquele que foi feito no primeiro processo de entendimento, e de julgamento, a respeito de um problema ou situação e, em alguns casos, esse registro original é fundamental para as tomadas de decisões no presente, quando se avalia a qualidade do processo decisório original.

Lembre-se de que o viés retrospectivo é involuntário e ao recuperar uma informação da memória é impossível à nossa consciência discernir se ela foi ou não adulterada pelos novos conhecimentos, de modo que acreditaremos que estamos recuperando a informação original e, claro, este processo tem implicações graves, pois imagine uma

---

[64] Bjork, E. L., & Bjork, R. A. (1988). *On the adaptive aspects of retrieval failure in autobiographical memory.*
[65] Ginzburg, L. R., Janson, C., & Ferson, (1996). *Judgment under uncertainty: Evolution may not favor a probabilistic calculus.*

testemunha de tribunal, ninguém quer que ela atualize a sua memória, com novos conhecimentos, para relatar o que de fato aconteceu no dia do crime[66].

Para exemplificar essa armadilha mental a qual estamos sujeitos, Kahneman (2012) se utiliza de um fato que aconteceu dois meses antes dos atentados às torres do World Trade Center e 11 de setembro de 2001. No dia 10 de julho daquele ano, um agente da Central de Inteligência dos Estados Unidos (CIA) descobriu que um grupo extremista planejava um ataque com aviões em solo norte americano, a descoberta foi informada à Conselheira de Segurança da Casa Branca, Condoleezza Rice, mas ela não levou a informação ao então presidente George Busch, bem como, não desencadeou as medidas de prevenção que evitasse o ataque.

Quando este documento chegou à imprensa, após o fato ocorrido, um jornalista do Washington Post acusou o agente da CIA de negligência, pois uma informação que mudaria a história do mundo, e que salvaria milhares de vidas, deveria ter sido levada diretamente ao Presidente. Após o ocorrido em 11 de Setembro de 2008 ficou evidente que a informação que o agente possuía era valiosíssima, contudo, até então todas as descobertas da CIA eram informadas à Conselheira e não diretamente ao presidente, aquele era o processo padrão e não havia nenhuma evidência que justificasse fazer de outra forma.

Perceba que a visão retrospectiva, influenciada pelos resultados, levou a imprensa a crer ser possível prever o futuro, pois a crítica e a recomendação só foram possíveis porque os atentados com aviões de fato aconteceram. Imagine se o artigo fosse publicado um mês antes do

---

[66] Para saber mais sobre o impacto do viés retrospectivo sobre a fidelidade das lembranças de uma testemunha no tribunal, sugiro o artigo de Kerm Henriksen e Harold S Kaplan *"Hindsight bias, outcome knowledge and adaptive learning"*, publicado no ano de 2003.

atentado, caso a informação tivesse vasado para a imprensa, teria esta alertado sobre a necessidade de se alertar o Presidente? Provavelmente não. É mais provável que fosse escrito um artigo acusando a CIA de perseguir minorias religiosas, ao supor que mulçumanos estariam envolvidos em um ataque terrorista envolvendo aviões. Esta versão faria mais sentido e teria mais apelo junto aos leitores.

Além de testemunhas em tribunais e de jornalistas em suas redações, o viés retrospectivo também pode afetar os tomadores de decisões econômicas, uma vez que estas são tomadas em algum momento no presente, com dados coletados até então, mas os resultados das decisões serão obtidos em momentos futuros e neste intervalo de tempo, entre a tomada da decisão e a avaliação dos resultados, novos dados e informações serão gerados e assimilados, e estes podem substituir os antigos, de modo a servir para confirmar ou refutar a qualidade das decisões anteriormente tomadas.

Sendo assim, o viés retrospectivo é capaz de alterar a percepção presente a cerca da qualidade dos processos passados que resultaram em tomadas de decisões sobre investimentos (públicos ou privados), o que induz a uma avaliação das decisões pelos resultados obtidos, os quais requalificam os processos: Resultados bons, decisões acertadas; resultados ruins, decisões equivocadas. Contudo, os resultados e muitos outros fatos ocorridos posteriormente, não podiam fazer parte do conjunto de dados e informações à tomada das decisões no passado, e utilizá-los para avaliar a qualidade dos processos decisórios é um erro causado pelo viés retrospectivo.

Note que a memória dos tomadores decisão pode substituir os dados e as informações originais, utilizados no momento da tomada de decisão, por novos, e que foram gerados e obtidos posteriormente, mas tanto os resultados obtidos, como os novos conhecimentos sobre o ambiente podem, de modo inconsciente, serem incorporados à

252

memória e servirem à explicação sobre as causas do sucesso, ou do fracasso, das decisões tomadas.

Figura 10 – Efeito do Viés Retrospectivo na avaliação do processo decisório.
Fonte: Elaboração do autor com base em base em Kahneman (1981).

A figura 10 ilustra a influência da assimilação de um novo conjunto de dados e informações obtidos após o processo de julgamento e tomada de decisão. Perceba que o processo decisório é baseado no conjunto original e os resultados deviam ser avaliados à luz deste conjunto, principalmente, se eles forem afetados por condições imprevistas e, portanto, sem dados e informações que pudessem ser apurados no momento anterior ao processo de tomada de decisão.

Contudo, o viés retrospectivo é o processo mental involuntário e inconsciente que nos faz incorporar os novos dados e informações que atualizam a nossa memória nos fazem acreditar que sabíamos antecipadamente dos resultados e, portanto, nossa avaliação da qualidade do processo decisório será influenciada por aquilo que era impossível saber no momento da tomada da decisão. Caso os resultados sejam positivos, mesmo que causados por eventos imprevistos antes do processo de decisão, este será positivamente avaliado como acertado. Por outro lado, o processo decisório será avaliado como equivocado se os novos dados e informações forem negativos, mesmo que estes não pudessem ser previstos ou estimados antes da tomada de decisão.

Note que o viés retrospectivo é capaz de inverter a lógica racional da avaliação dos processos de decisão, que deixam de ser pautados somente pelos fatores presentes no momento do julgamento e decisão, para incluir os resultados como fonte de avaliação. Sendo assim, processos decisórios ruins, ou até temerários, podem ser premiados, caso o resultado obtido seja positivo e se deva a fatores alheios e imprevisíveis. Por outro lado, resultados ruins, também causados por fatores alheios e imprevisíveis, podem afetar negativamente o processo decisório e o seu responsável, mesmo que aquele tenha sido bem elaborado e embasado nos conhecimentos disponíveis e apropriados à época da tomada de decisão.

Viés Retrospectivo e Decisões Econômicas

Quero lhe apresentar Bernard Madoff, um sujeito que obteve muita fama nos Estados Unidos a partir da década de 1990, pois seu fundo de investimento era imbatível em rentabilidade e consistência. O fundo de Madoff oferecia uma taxa de rentabilidade muito acima da média do mercado e esta capacidade de produzir bons resultados permitiu que sua carteira de clientes contasse com gente muito rica e famosa, além do dinheiro de outros fundos de investimentos e grandes bancos internacionais, dentre os quais o HSBC, Santander, BNP Paribas, o Royal Bank da Escócia e o banco Nomura do Japão.

Porém, uma investigação descobriu que os resultados excepcionais do fundo de Madoff eram obtidos por meio de um Esquema Ponzi (pirâmide financeira), suas elevadas taxas de rentabilidade não vinham dos rendimentos das aplicações, mas geradas por meio da captação de novos clientes. Cada novo cliente que entrava no fundo gerava uma entrada de dinheiro que era usado para pagar as rentabilidades prometidas aos antigos e, assim, manter a atratividade de novos clientes, e como havia mais clientes entrando do que saindo, o esquema de Madoff pode durar por quase 40 anos, até sua prisão por fraude financeira em 2008, quando o prejuízo aos investidores já somava quase 65 bilhões de dólares.

Por que as pessoas investiam com Madoff? Porque elas viam apenas os resultados e não os processos que os produziam e a partir do bom desempenho apresentado por anos seguidos, os clientes acreditavam mesmo em sua competência e essa crença era reforçada pelo viés de confirmação, que nos faz dar mais valor às informações que confirmam as nossas convicções e menos valor, ou valor nenhum, àquelas que refutam. Assim, os bons resultados faziam os clientes de Madoff acreditarem em sua genialidade para as finanças e todos os alertas para os riscos de investir com ele, e foram muitos os sinais de perigo, eram desconsiderados por todos que acreditavam naquele gênio das finanças, que produzia resultados imbatíveis.

Agora, imagine que você é o presidente de uma grande empresa e acabou de contratar um novo diretor financeiro, um mês após assumir o cargo ele pede uma reunião de diretores para apresentar dois planos de investimentos para os próximos cinco anos. Ele inicia a sua apresentação detalhando a atual situação econômico-financeira da empresa, por meio dos principais indicadores de lucro, endividamento e de atividade; em seguida oferece um resumo das condições macroeconômicas do país; taxas de juro, câmbio, inflação, emprego, renda; e finaliza com um resumo sobre as condições de concorrência, *market share*, preços, rotas tecnológicas. Enfim, o novo contratado se revela melhor do que você esperava.

Terminada esta primeira parte da apresentação, o novo diretor financeiro conclui que a empresa desfruta de uma situação econômico-financeira sólida, que a economia está em crescimento e que a concorrência está ampliando a sua participação de mercado, pois ela está investindo em uma nova tecnologia de produção e, portanto, para preservar o *market share* atual e, quem sabe expandi-lo no futuro, a empresa precisa realizar novos investimentos para modernizar seu parque industrial e, assim, fazer frente à estratégia do concorrente.

Após a reunião com o novo diretor financeiro, o presidente da empresa solicita aos diretores das áreas de operações e de tecnologia que formulem um plano de investimento, para reagir à concorrência e retomar a participação de mercado. Os diretores apresentam dois planos, assim resumidos:

Plano A: Investimento em tecnologia pronta e igual ao do concorrente, ao custo de 100 milhões de dólares. O retorno esperado em até cinco anos é de uma elevação dos lucros em até 50% e há um risco de 5% de perda de até metade do capital investido, caso a concorrência implante uma nova tecnologia superior; e

Plano B: Investimento em tecnologia própria e melhor que a do concorrente, ao custo de 200 milhões de dólares. O retorno esperado em até cinco anos é de 100% de elevação dos lucros atuais, com um risco de 25% de perda de até metade do capital investido, caso a tecnologia nova não supere em qualidade e custos a do concorrente.

Você pede um conselho ao diretor financeiro, antes de decidir por uma das duas propostas. A aversão à perda dele o faz sugerir que o Plano A é melhor, pois é mais conservador e de menor risco e, comungando da mesma aversão á perda, você que é o presidente da empresa aceita o conselho do novo diretor e escolhe o plano A, de menor risco.

Três anos depois, já com o projeto todo implantado, a empresa tem dificuldade para enfrentar a concorrência, pois ela de fato investiu em uma nova tecnologia, que superou a da empresa em qualidade e custos, provocando mais redução de lucros e de *market share*. Note que o mau resultado obtido confirma a superioridade do plano B, que permitiria superar, ou ao menos se igualar, a tecnologia da concorrência, caso fosse o escolhido e implantado. Portanto, diante do fracasso em manter a participação de mercado e da queda na rentabilidade da empresa, o presidente demite o seu diretor financeiro.

O que aconteceu aqui? Por que o diretor financeiro foi demitido? Porque ele não tinha uma bola de cristal, só por isso. Perceba que no momento da tomada de decisão, há três anos, os dados e informações que ele dispunha o levaram a considerar o Plano A menos arriscado que o Plano B e, certamente, se pudesse saber que os eventos futuros favoreceriam o investimento B, ele teria indicado este como a melhor opção. Mas, o futuro é incerto, logo, julgar a tomada de decisão original do diretor pelo resultado conhecido, em um momento posterior, é julgar a sua capacidade de prever o futuro, uma insanidade.

O diretor financeiro foi demitido porque seu desempenho foi julgado a partir dos resultados obtidos, não a partir dos processos de decisão. Porém, o que é possível no presente, que é o momento no qual todas as decisões são tomadas, é somente julgar a qualidade dos processos de decisão com base no que está disponível. Mesmo assim, isso não evita que alguns processos excelentes resultem em fracassos retumbantes, pois as novas condições, após a tomada de decisão, podem alterar drasticamente os resultados daqueles excelentes processos decisórios, contudo, as novas condições não podem ser previstas por ninguém, embora o viés retrospectivo nos faça acreditar que sim.

Em 2019 você previu a Pandemia de Covid-19? Claro que não, mas se tivesse previsto este evento, certamente investiria em empresas de *delivery*, fabricantes de vacinas e equipamentos médicos, bem como, venderia seus investimentos em empresas aéreas, de turismo e espetáculo, certo? Você sabe quais setores estavam "bombando" em 2019? Acertou, eram estes, os que mais sofreram com a Pandemia de Covid-19.

Em 2022, quando escrevemos este livro, ficou evidente para muitos investidores que foi um erro comprar ações de empresas aéreas em 2019 e dentre eles, inclui-se o famoso Warren Buffet, que em maio de 2020 confessou que "foi um engano" investir nelas e que estava se desfazendo, com prejuízo, de todas as ações que detinha nas principais empresas aéreas dos Estados Unidos. A dúvida que fica é se Buffet confessaria este "engano", caso a Pandemia de Covid-19 não tivesse acontecido. Será que até mesmo este megainvestidor sofre com vieses? Caso ele não seja um extraterrestre e a sua mente não seja feita de silício, provavelmente sim.

Retomemos aquela ideia de que avaliar pelos resultados, a partir do viés retrospectivo, é incoerente e pode gerar injustiças, ao ponto de recompensarmos a incompetência e punirmos a competência, conforme nos alertaram Max Bazerman e Don Moore em seu livro "Processo Decisório".

> Em geral, os indivíduos devem ser julgados pelo processo e pela lógica de suas decisões e não por seus resultados. Um tomador de decisões que toma uma decisão de alta qualidade, mas que não funciona, deve ser recompensado e não punido. Por quê? Porque os resultados são afetados por diversos fatores que estão fora do controle direto do tomador de decisões. (BAZERMAN & MOORE; 2014, p. 93)

Logo, é importante entender o processo decisório e ter como referência apenas o momento em que todos os dados e informações foram reunidos, com o propósito de embasar a tomada de decisão. Portanto, deve-se evitar a revisão dos dados e informações obtidos no passado, a partir dos novos conhecimentos do presente, para que o processo de avaliação das decisões tomadas seja objetivo e, portanto, justo.

Por outro lado, o viés retrospectivo eleva a confiança na competência dos tomadores de decisões, quando seus resultados são favoráveis, mesmo que sejam frutos da pura sorte e não de boas escolhas. Nesse caso, o sucesso alcançado por causa da sorte, que não pode ser prevista e nem faz parte de planejamentos, será recompensado como se fosse competência, uma vez que diante dos bons resultados as decisões tomadas serão lembradas como melhores do que realmente foram. Contudo, caso a sorte não contribua para o resultado e ele se revele negativo, as mesmas decisões seriam lembradas como equivocadas.

Embora a percepção tardia e o viés de resultado de um modo geral fomentem aversão ao risco, também trazem recompensas injustas para pessoas irresponsáveis que correm riscos (...). Líderes que tiveram sorte nunca são punidos por terem assumido risco demasiado. Pelo contrário, passam a ser vistos como alguém com talento e visão para prever o sucesso, e gente sensata que duvidou deles é vista retrospectivamente como medíocre, tímida e fraca. (KAHNEMAN; 2012, p. 256)

Além de destacar a injustiça que o viés retrospectivo é capaz de impor, ao premiar com os louros da glória os sortudos temerários, Kahneman (2012) nos alerta que o maior problema deste viés é a sua capacidade de limitar o nosso aprendizado a partir de nossas escolhas passadas, uma vez que ao revisitar nossas lembranças, elas estarão contaminadas pelos resultados. Caso estes tenham sido provocados pelo fator sorte, corremos o risco de achar que o sucesso foi o fruto de uma boa tomada de decisão, descartando a hipótese de que o processo decisório foi ruim, e se este for o caso, um bom resultado leva à incorporação de processos ruins à tomada de novas decisões e somente quando a sorte deixar de atuar é que se perceberá o erro.

Uma vez que o viés retrospectivo é ativado em nossa mente de modo involuntário e inconsciente, não temos a capacidade de perceber a atualização da nossa memória e somos impelidos a acreditar em nossa própria capacidade de prever os acontecimentos, quando os resultados nos são favoráveis, ou desconfiar de nossa competência em fazer previsões, quando os resultados são desfavoráveis. Enfim, os indivíduos acabam julgando a própria competência e a de terceiros, não com base nos processos, mas nos resultados.

É evidente que os resultados são importantes, contudo, eles não dependem completamente dos processos e nem podem ser controlados plenamente pelos tomadores de decisão, há sempre o fator incerteza que não pode ser traduzido em probabilidade de risco. O risco pode ser calculado usando a matemática ou a estatística, assim, podemos saber que o risco de nascerem apenas meninas em uma grande maternidade no período de um ano é quase zero, bem como, se jogarmos um dado não viciado para cima cem vezes a chance de cair sempre o número 6 para cima é quase zero. Por outro lado, a incerteza é incalculável, nenhuma pessoa pode saber exatamente se amanhã estará viva, pois viver é incerto, mas a seguradora pode calcular a quantidade média de pessoas, com dado perfil, que morrerá por dia, pois isto é estatisticamente possível.

Portanto, conhecer a diferença entre risco e incerteza é fundamental para avaliar os bons processos decisórios, uma vez que o risco é calculado a partir de um conjunto de variáveis conhecidas e previsíveis (seja matematicamente ou estatisticamente), por outro lado, a incerteza é imprevisível. Na inexistência da ocorrência de eventos imprevisíveis e, portanto, incertos, os processos devem ser avaliados à luz da qualidade das estimativas de risco, se foram corretamente realizadas ou não. A partir da ocorrência de um evento incerto e importante (tsunami, pandemia, crise financeira, etc.), é preciso descartar os impactos destes eventos para avaliar os processos decisórios.

O problema do viés retrospectivo é que a nossa mente é induzida a acreditar que os eventos incertos são previsíveis, o que nos leva a desprezar a qualidade dos métodos de estimação dos riscos a partir do conjunto de dados disponível, antes da tomada de decisão, pela avaliação dos processos que levaram à tomada de decisão a partir dos resultados obtidos, que podem ter sido provocados por eventos incertos e, portanto, imprevisíveis. Desse modo, o viés retrospectivo contribui para distorcer a competência dos tomadores de decisão, seja para favorecer os incompetentes, ou para prejudicar os competentes.

Nassim Taleb relata em seu livro "Antifrágil" que um ano antes da Crise Financeira Mundial de 2008, o famoso economista Joseph Stiglitz havia elaborado um parecer sobre o risco associado aos créditos imobiliários concedidos pelo banco Fannie Mae, uma espécie de Caixa Econômica do mercado imobiliário norte americano, e concluiu seu parecer assim: "com base na experiência histórica, o risco para o governo de uma potencial inadimplência da dívida das agências de crédito hipotecário patrocinadas pelo governo é, efetivamente, zero", e arrematou que a probabilidade de inadimplência nos contratos era "tão pequena que é difícil de detectar" (TALEB; 2015, p. 535).

Taleb (2015) relata que em 2010, dois anos após o desastre financeiro mundial, que foi desencadeado pela crescente inadimplência dos contratos hipotecários, Joseph Stiglitz publicou um novo relatório no qual dizia que havia alertado sobre a probabilidade de ocorrência da crise de inadimplência nos contratos imobiliários, antes da crise acontecer. A partir destas declarações incompatíveis, Nassim Taleb cunhou o termo *Síndrome de Stiglitz* para definir os previsores que revisam suas previsões após os fatos ocorridos, com a intenção de recontar a história para lhes favorecer.

> A síndrome de Stiglitz corresponde a uma forma de escolha seletiva, a do tipo mais sórdido, porque seu autor não percebe o que está fazendo. É uma situação em que alguém não apenas não consegue detectar um perigo, mas também contribui para sua causa, enquanto acaba convencendo a si mesmo — e, às vezes, os outros — do contrário, ou seja, que ele previu aquilo e alertou contra sua ocorrência. (TALEB; 2015, p. 537)

A Síndrome de Sltiglitz é uma maneira pejorativa de se referir ao viés retrospectivo e Taleb (2015) recorre a esse termo apelativo para reforçar a ideia de que muitas vezes o resultado é produzido por causa dos erros de avaliação e da importância do tomador de decisões, que conduzem à ignorância dos fatores incertos. No caso do parecer de

Stiglitz, que havia sido solicitado pelo Governo dos Estados Unidos, seu relatório inicial pode ter impedido ações do Governo para reduzir à exposição de risco dos agentes imobiliários, a fim de limitar a expansão dos derivativos de crédito que eram lastreados em dívida hipotecária, fatores que poderiam ter evitado a Crise Financeira de 2008 se desencadeasse.

Contudo, a maior crítica de Taleb (2015) ao comportamento de Stiglitz não é quanto a sua falta de capacidade para enxergar a pirâmide financeira que havia se criado no sistema financeiro dos Estados Unidos, a partir do crescimento dos financiamentos de imóveis, mas a sua falta de compromisso com o passado, quando afirmou posteriormente que havia alertado sobre os riscos da ocorrência de uma crise financeira no mercado imobiliário, quando de fato, seu parecer de 2007 serviu para estimular a continuidade daquela pirâmide financeira.

Em resumo, o viés retrospectivo limita a nossa capacidade de avaliar os processos decisórios, uma vez que os resultados de sucesso ou de fracasso, obtido a partir de julgamentos e decisões tomadas no passado, substituem os registros originais em nossa memória e nos impedem de avaliarmos os processos a partir das condições em que realmente as decisões foram tomadas. Ficamos, portanto, suscetíveis à interpretação do passado a partir dos resultados alcançados, caso estes tenham sido de sucesso os processos decisórios serão bem avaliados, enquanto o fracasso será considerado como o produto de decisão equivocadas, mesmo que o resultado, de sucesso ou fracasso, tenha sido apenas obra do acaso e operado por um evento incerto.

RESUMO SOBRE VIESES

Finalizo aqui nosso estudo sobre os vieses, então vamos aproveitar para dar uma recapitulada nos principais pontos sobre viés cognitivo, de maneira geral, e sobre cada um deles que foram estudados ao longo do capítulo. Conforme você aprendeu, os vieses cognitivos são desvios involuntários e inconscientes que a nossa mente toma ao analisar a realidade, uma vez que certos Fatores Supostamente Irrelevantes para a teoria econômica tradicional são capazes de acionar gatilhos mentais, os quais nos induzem a interpretar a realidade a partir de lentes distorcidas. Assim, nossas emoções, sentimentos, crenças, desejos e falhas de memória, podem afetar nossos julgamentos e nos levar a tomar decisões incoerentes, quando analisadas friamente a partir dos dados objetivos e das regras de decisão baseadas na racionalidade econômica.

O **viés de conservação** ou viés do *status quo*, é acionado pela tendência que a nossa mente tem para evitar mudanças, seja porque estas demandam uma carga maior de processamento mental e, portanto, a utilização do Sistema 2, que gera um maior gasto de energia cerebral, seja porque as mudanças podem envolver riscos de perdas e estas são avaliadas por nossa mente de modo diferente dos ganhos, pois são capazes de gerar maior desconforto mental em relação aos ganhos de mesma magnitude.

Nós aprendemos que a aversão à perda é preponderante nas tomadas de decisões envolvendo risco, de modo que no campo positivo onde se compara apenas ganhos, evitamos estratégias de maior risco para evitar as perdas, contudo, no campo negativo, quando apenas perdas são possíveis, tendemos a assumir riscos maiores para retornar ao *status quo*, à recuperação daquilo que foi perdido. Também aprendemos que o viés de conservação está associado ao tamanho da dotação de recursos, ou da riqueza possuída, sendo mais influente quando as dotações são menores e menos impactante nas decisões econômicas relacionadas a riquezas, ou dotações maiores, seja no campo positivo dos ganhos ou no negativo das perdas.

O **viés de confirmação**, nosso segundo tópico deste capítulo, é aquele desvio mental provocado pela nossa tendência em buscar dados e informações que confirmem as nossas ideias, hipóteses, crenças e ideologias. Essa preferência por confirmação está associada ao conforto cognitivo que a nossa mente desfruta ao manter uma ideia original, que considerou incialmente válida e verdadeira, para evitar o desconforto causado pelo abandono desta ideia, bem como, relaciona-se aos custos envolvidos com o abandono dela, seja o custo social de assumir o erro, ou o custo econômico de abandonar os recursos já investidos e afundados.

A ativação do viés de confirmação pode ocorrer a partir de um indivíduo e ser propalar para o grupo, como no caso de um líder assumir uma posição sobre uma estratégia e convencer os demais liderados sobre a validade de sua ideia, motivando-os a buscar apenas fontes de confirmação e recusando tomar conhecimento das visões contrárias, bem como, o viés de confirmação pode surgir de um grupo e conduzir os indivíduos a uma seletividade de informações favoráveis. No caso dos grupos o risco do surgimento do viés de confirmação é tanto maior, quanto mais homogêneo for a percepção subjetiva da maioria de seus integrantes a respeito do assunto e quando menor for a presença de visões divergentes.

Bem como, a elevação da quantidade de informações disponíveis sobre certo assunto não reduz a predisposição à ativação do viés de confirmação, uma vez que os convictos têm acesso ainda mais abundante às informações confirmatórias e a maior quantidade de refutações será desprezada. As decisões sucessivas ao longo de uma árvore de decisões são outro mecanismo de reforço do viés de confirmação, uma vez que a cada nova decisão tomada, mais custos afundados são considerados para a próxima decisão, estimulando ainda mais à busca de informações confirmatórios que justifique a manutenção do trajeto já percorrido, mesmo que este resulte em fracasso em seu término.

O **viés de enquadramento** foi o nosso assunto ao longo do terceiro tópico e aprendemos nele que o formato de apresentação de escolhas pode afetar as decisões das pessoas, provocando a reversão das preferências reveladas pelos indivíduos. Assim, quando um conjunto de escolhas é apresentado em um formato, a decisão pode ser diferente daquela tomada quando enquadramento das opções muda, sem que nada objetivo tenha se alterado entre as escolhas.

Aprendemos que o viés de enquadramento pode ser estreito ou amplo, quando é estreito a nossa mente considera cada escolha como única e isolada, e é incapaz de avaliar o resultado geral das decisões iguais ao longo do tempo e, portanto, ativa a nossa aversão à perda e nos conduz a escolhas econômicas ineficientes. Quando é amplo, nossa mente realiza a avaliação do resultado agregado de um conjunto de escolhas isoladas e interdependentes, para tomar uma decisão, o que permite amenizar ou eliminar os efeitos do viés de enquadramento estreito.

O viés de enquadramento também pode ser ativado pelos objetivos ou pelos atributos de uma coisa. No caso do viés de enquadramento de atributos, a nossa mente tende a destacar a importância daqueles que são positivos, como ganhos, e evitar as escolhas que sugiram atributos negativos de perdas. Assim, entre duas mensagens de igual conteúdo objetivo, aquela que apresentar o atributo como positivo terá preferência de escolha em relação à outra, que destaque o atributo negativo. O viés de enquadramento de objetivo também é ativado em nossa mente a partir da nossa

266

preferência em evitar perdas, contudo, a avaliação das perdas está relacionada àquilo que se deixa de ganhar, embora duas mensagens sejam de conteúdo objetivo idêntico, aquela que sugira a possibilidade de uma perda de ganho, será preferida a outra, que sugira apenas a manutenção do ganho.

Por fim, estudamos como o **viés retrospectivo** atua para desviar a nossa mente de fatos objetivos devido à substituição das nossas memórias anteriores pelos novos acontecimentos. Este processo de atualização de nossos registros de informações também é involuntário e inconsciente, de modo que temos a impressão de que "já sabíamos", mesmo que antes dos fatos ocorridos não tenhamos a menor capacidade de prevê-los. Ao promover essa atualização de nossa memória a mente perde a capacidade de avaliar corretamente os processos que foram os responsáveis pelas tomadas de decisões, uma vez que os resultados obtidos posteriormente contaminam a memória e distorcem os fatos objetivos, os quais estavam presentes no momento da tomada de decisão.

Aprendemos que a atualização da memória pode comprometer os julgamentos que fazemos sobre as nossas próprias decisões tomadas no passado, bem como, podem influenciar a avaliação dos processos empreendidos por outras pessoas, premiando como competências processos ruins, que foram bem sucedidos por causa da ocorrência de eventos não previstos, mas que foram predominantes à obtenção daqueles resultados, o que pode implicar em incorporação de processos ruins à rotina de decisões futuras e causar sérios danos quando a sorte não se fizer presente novamente, bem como, descartar bons processos decisórios, quando eventos imprevisíveis prejudicam os resultados e, por causa do viés retrospectivo, conduzem a uma avaliação negativa dos bons processos a partir daqueles maus resultados.

Agora que você já aprendeu de que modo as heurísticas nos oferecem atalho rápido às tomadas de decisão, bem como, de que forma os principais vieses cognitivos são ativados em nossa mente e como eles atuam para nos desviar das decisões econômicas baseadas na racionalidade, convido-lhe a aprender sobre os instrumentos que a Economia Comportamental está desenvolvendo para amenizar, ou neutralizar, a atuação das heurísticas e dos vieses sobre as nossas decisões econômicas, esses instrumentos são chamados de *nudges* e este é o assunto do próximo capítulo.

NUDGES

A palavra *nudge*[67] pode ser traduzida como empurrão ou cutucão, contudo, nenhuma das traduções é perfeita para atender ao sentido pretendido por Richard Thaler e Cass Sustein, pois um *nudge* é uma forma de incentivo à tomada de decisões, e tanto pode ser um empurrão a uma escolha inconsciente; como pode ser um cutucão de alerta, capaz de despertar o Sistema 2 e promover uma escolha consciente e voluntária. Sendo assim, ambas as traduções podem ser utilizadas a depender das intenções dos arquitetos de escolha e, portanto, optamos por usar o termo *nudge* sem traduzi-lo, assim como não se traduz a palavra marketing, uma vez que esta também possui um significado muito mais amplo do que qualquer tradução possa oferecer.

Mas, o que é um *nudge*? Richard Thaler e Cass Sunstein definiram o conceito original de nudge em 2009, quando publicaram o livro *"Nudge*: como tomar melhores decisões sobre saúde, dinheiro e felicidade", como a seguinte definição: "um *nudge* é qualquer fator que altere significativamente o comportamento dos humanos, mesmo que ignorados pelos *econs*"[68].

Creio que você percebeu que o conceito oferecido por Thaler e Sunstein é amplo (qualquer fator) e vago (que altere significativamente), logo, essa imprecisão foi duramente criticada por todos os economistas não adeptos da economia comportamental, bem como, serviu de motivação àqueles que consideraram o conceito frágil, porém, um ponto de partida ao seu desenvolvimento, para que pudesse ser mais bem entendido e aplicado no âmbito na nossa área de pesquisa científica, dentre eles, destacamos os esforços de Pelle G. Hansen, que em 2016 publicou um artigo intitulado "A

---

[67] Não erre na pronúncia, fala-se *"nãdji"*.
[68] *In* Thaler e Sunstein (2019, p 17).

definição de *nudge* e paternalismo libertário: a mão cabe na luva?"[69], para aprimorar o conceito, segundo Hansen (2016), um *nudge* por ser assim definido:

> Um *nudge* é qualquer tentativa de influenciar o julgamento, escolha ou comportamento das pessoas de uma forma previsível, que é possível devido aos limites cognitivos, preconceitos, rotinas e hábitos na tomada de decisão individual e social, os quais representam barreiras para as pessoas alcançarem seus próprios interesses declarados e que funcionam ao fazer uso dessas fronteiras, preconceitos, rotinas e hábitos como partes integrantes de tais tentativas. (HANSEN; 2016, p. 158).

Vamos destrinchar o conceito de Hansen e, ao mesmo tempo, utilizar este entendimento para introduzir os principais temas associados aos *nudges*.

a) **"Tentativa de influenciar o julgamento"**; os *nudges* não são leis ou obrigações impostas aos tomadores de decisão, a palavra "tentativa" esclarece que eles são opcionais, sejam aos arquitetos de escolhas (que podem ou não se utilizar deles para influenciar escolhas), sejam aos tomadores de decisão que preservam a opção de aceitar a tentativa ou recusá-la.

b) **"Forma previsível"**; os *nudges* precisam ser elaborados com base em uma previsibilidade esperada de comportamento dos tomadores de decisão, seja para evitar julgamentos contrários aos seus interesses, seja para direcionar as escolhas às decisões favoráveis aos seus interesses. Logo, cabe aos arquitetos de escolhas saber de antemão qual é o comportamento esperado sem a presença do *nudge* e, sobre este, decidir como influenciar a sua escolha.

---

[69] The Definition of Nudge and Libertarian Paternalism: Does the Hand Fit the Glove?

c) **"Limites cognitivos"**; os *nudges* são elaborados com base na economia comportamental e no princípio do paternalismo libertário, que se sustentam na ideia central de que os seres humanos não são economistas, em sua imensa maioria, logo, possuem severas limitações à tomada de decisões econômicas racionais, que são fortemente baseadas em processos mentais complexos de julgamento, baseados em um amplo conjunto de heurísticas e vieses.

Perceba que o conceito de *nudge* oferecido por Hansen (2016) explora os aspectos fundamentais da economia comportamental; o primeiro é que as pessoas podem ser influenciadas, uma vez que nossos processos de julgamento e decisão são baseados em heurísticas e vieses; o segundo é que tais processos podem ser previstos com base no comportamento real dos tomadores de decisão; e por último, que a arquitetura de escolhas pode favorecer os indivíduos para que suas decisões sejam aquelas que a teoria econômica tradicional (baseada na racionalidade) indicaria como a melhor em razão dos benefícios e custos, para maximizar a utilidade esperada.

Hansen (2016) avança ainda mais sobre a definição de nudge para associá-los aos princípios do Paternalismo Libertário, de modo que eles devem assegurar aos tomadores de decisão a escolha entre aceitar ou não o nudge, ou seja, não pode ser impositivo, mas sempre facultativo. Bem como, não pode implicar nenhuma proibição de escolha, nem mesmo aquelas que possam ir contra a racionalidade, pois se o indivíduo quiser tomar a pior decisão, a ele deve ser facultada esta opção.

Conforme reforça Hansen (2016), os *nudges* não se utilizam de mecanismos de incentivos econômicos tradicionais, como subsídios, taxações, descontos, etc., logo, não são ferramentas que apelam à racionalidade dos agentes.

271

Para ser um *nudge* é necessário que o apelo seja indireto, ou seja, atue sobre os mecanismos inconscientes de julgamento e tomada de decisão.

Por fim, um *nudge* deve funcionar sem a necessidade de agregar informações que permitam à melhor tomada de decisão, nem depender de competências cognitivas especializadas, uma vez que essas necessidades fazem parte dos processos de decisão racional. Bem como, os *nudges* devem funcionar para qualquer pessoa (que possua ou não as melhores informações, que tenha ou não a competência necessária à obtenção do julgamento do problema econômico), de modo a favorecer a melhor decisão econômica, sem lhe tirar a opção pior.

> Na medida em que um *nudge* atende aos interesses próprios declarados daqueles que estão sendo afetados, eles se enquadram no paternalismo libertário, uma vez que a definição revisada de *nudge* implica que o comportamento das pessoas é influenciado de maneira que funcionam independentemente de: (i) proibir ou adicionar quaisquer opções de escolha racionalmente relevantes, ou (ii) alterar incentivos, sejam considerados em termos de tempo, problemas, sanções sociais, incentivos econômicos e assim por diante. Além disso, (...) os *nudges* (iii) funcionam independentemente do fornecimento de informações factuais e argumentação racional. (HANSEN; 2016, p. 158)

Você deve ter percebido que há uma questão ética associada à ideia de *nudge*, seu valor ético é sempre positivo, ele é sempre do bem e não deveria haver nudges do mal. Obviamente, as armadilhas mentais existem e são usadas por empresas, partidos políticos e agências governamentais, para que as decisões "impensadas" e automáticas das pessoas favoreçam essas instituições, contudo, essas armadilhas não se enquadram na ideia do Paternalismo Libertário e, portanto, caem fora do conceito de *nudge* proposto por Thaler e Sunstein (2019). Sendo assim, as armadilhas mentais são instrumentos que direcionam o julgamento e a tomada de decisões das pessoas, porém, elas não são arquitetadas para promover a melhor decisão aos indivíduos, mas àquela que mais favorece os interesses dos arquitetos das escolhas, a qual pode ser uma decisão prejudicial ao indivíduo que cai na armadilha.

Mesmo que a arquitetura dos *nudges* se sustente nos princípios do paternalismo libertário, eles têm o poder de influenciar o processo de julgamento e decisão das pessoas, logo, há sempre o risco de que um *nudge* se converta em uma armadilha mental e uma questão ética surge: Os arquitetos de escolha têm o direito de direcionar o processo de escolhas?

Perceba que a utilização de *nudges* tem como objetivo influenciar a tomada de decisão e esta influência pode ser avaliada como uma intromissão indevida na liberdade de escolha dos indivíduos, mesmo que essa influência tenha como princípio conduzir à melhor escolha. Por outro lado, a não utilização de *nudges* também envolve uma questão ética, uma vez que sua ausência, quando estes são possíveis, implicaria no favorecimento de escolhas piores, conforme destacou Sunstein (2015).

> Meu argumento central é que, pelo menos se forem tomadas em geral ou em abstrato, as objeções éticas carecem de muita força, e por duas razões diferentes. Em primeiro lugar, tanto os *nudges* quanto a arquitetura de escolha são inevitáveis e, portanto, não faz sentido rejeitá-los. Em segundo lugar, muitos *nudges* e muitas formas de arquitetura de escolha são defensáveis e até exigidas por motivos éticos, quer nos preocupemos com o bem-estar, autonomia, dignidade, autogoverno, distribuição justa ou algum outro valor. (SUNSTEIN, 2015, p. 4)

Creio que você entendeu que os *nudges* são bem polêmicos, uma vez que a teoria econômica tradicional pressupõe que os indivíduos são racionais e possuem todas as informações possíveis a melhor tomada de decisão, logo, não

273

haveria nenhuma necessidade de direcionar suas escolhas, bem como, porque eles influenciam as tomadas de decisões, conduzindo as pessoas àquelas que se considera a melhor escolha para elas.

Contudo, conforme destacou Sustein (2015), a principal justificativa para a adoção de *nudges* é que oferecer escolhas é inevitável, bem como, os processos de decisão nem sempre são baseados em um conjunto completo de informações e nas habilidades específicas necessárias à melhor decisão, mas quase sempre são definidos por regras inconscientes e involuntárias de julgamento (heurísticas), e por vieses mentais. Logo, eticamente a adoção de *nudges* se justifica pelo dano de sua ausência, pois se a racionalidade fosse mesmo a regra geral nos processos de julgamento e decisão, eles não seriam necessários. Vamos entender melhor isso com um exemplo.

É hora do almoço e você decidiu ir a um restaurante por quilo e ao chegar percebe que no *buffet* há muitas opções de escolhas, tanto para colocar o colesterol nas alturas ou para manter a dieta recomendada pelos nutricionistas. Na primeira seção do *buffet* você encontra uma bela maionese, um salpicão de frango e ovos cortados pela metade como destaques, ao fundo estão as verduras e legumes cozidos.

Na seção seguinte estão os preparos quentes, à frente o strogonoff e a batata palha, duas versões de lasanha (de carne e de frango) e o irresistível nhoque de batatas a bolonhesa, ao fundo o feijão, o arroz branco e o integral. Ao final, as opções de carne e você estranha: não tem filé de peixe grelhado, mas tem costela assada, bifes acebolados, linguicinha e um filé de peito de frango empanado. Ao lado da balança, há três opções de sobremesa: pudim de leite com calda, sagu com creme de leite e mousse de chocolate.

Quem você acha que concebeu esse buffet fabuloso? Um profissional de nutrição com a intenção de lhe proporcionar uma dieta saudável ou o dono do restaurante que está interessado em conquistar sua gula e faturar com um peso maior de seu prato na balança? Pense agora que você é o diretor de uma escola infantil e precisa montar um *buffet* no refeitório das crianças, seria igual ao do restaurante? Seja na escolha das opções ou na disposição delas?

A escolha e a apresentação de um cardápio em uma escola ou em um restaurante pode ser um *nudge*, caso tenha a intenção de favorecer escolhas mais saudáveis, sem com isso, eliminar nenhuma das opções menos saudáveis. Aliás, Cass Sunstein e Richard Thaler iniciam o livro *"Nudge"* exatamente discutindo um exemplo de como a arquitetura das escolhas pode favorecer escolhas melhores em refeitórios de escola, sem eliminar as batatinhas fritas e os doces como opções, apenas deixando estas menos atraentes e disponíveis aos olhos das crianças, em relação aos alimentos mais saudáveis e nutritivos.

Lembre-se que a natureza essencial de um *nudge* é não suprimir ou limitar as opções de escolhas, de modo que a pior escolha do ponto de vista racional ainda fique disponível. Contudo, caso o *nudge* tenha sido bem elaborado para mitigar os efeitos das heurísticas e vieses, a pior escolha não será a mais óbvia e, desse modo, corre-se o risco de ser menos adotada. Perceba que o incentivo à melhor escolha não retira a racionalidade dos agentes e nem limita o seu universo de escolhas, apenas direciona de modo inconsciente aqueles que não possuem as informações e as habilidades necessárias à tomada das melhores decisões.

Conforme advertiram Thaler e Sunstein (2019, p. 14), os *nudges* são frutos do paternalismo libertário e se propõem a induzir "as pessoas a seguir caminhos que melhorarão sua vida. (...), sem vetar qualquer opção e sem nenhuma mudança significativa em seus incentivos econômicos". O que os autores sustentam é que oferecer escolhas aos indivíduos é inevitável e diante de um conjunto de opções, pode haver uma que melhor atenda aos próprios interesses dos indivíduos e da sociedade, contudo, esta poderia ser rejeitada pela maioria na ausência de um *nudge*, sendo assim, diante da possibilidade de utilizá-lo, não fazê-lo seria uma postura antiética, pois se caracterizaria como uma omissão.

Para entendermos melhor as questões éticas associadas à utilização de *nudges* é importante aprender a diferenciá-los, pois não são todos iguais e as suas diferenças estão relacionadas ao modo como eles atuam para direcionar o nosso comportamento, bem como, ao grau de transparência das ferramentas utilizadas em sua elaboração. A próxima seção tem este objetivo e nas seções seguintes entenderemos outros dois aspectos fundamentais relacionados aos *nudges*: O Paternalismo Libertário e a Arquitetura de Escolha. Antes disso, para fecharmos esta introdução sobre os *nudges*, devemos ressaltar alguns pontos que vimos até aqui:

1) São baseados no comportamento esperado dos seres humanos, quando tomam decisões com limitadas capacidades de compreensão dos problemas e desprovidos da quantidade ideal de informações;

2) Procuram neutralizar os erros de julgamento provocados pelas heurísticas e vieses, por meio do direcionamento inconsciente das escolhas, à melhor opção possível;

3) Não limitam o direito de escolha dos indivíduos, apenas favorecem à melhor escolha, sem com isso, proibi-los de tomarem as piores decisões;

4) São eticamente defensáveis, pois sem eles a maioria dos indivíduos não tomará a melhor decisão, que atende aos seus próprios interesses, e a sociedade ficará numa situação pior; e

5) São baseados nos princípios do Paternalismo Libertário e no fato de que a arquitetura de escolhas é um fato inevitável.

TIPOS DE NUDGES

Você aprendeu que os *nudges* atuam sobre as nossas fraquezas mentais, eles são uma tentativa de limitar os impactos negativos das heurísticas e dos vieses e, desse modo, conduzir-nos às escolhas melhores. Mas, como os *nudges* atuam para reduzir nossos erros de decisão? Segundo os professores Pelle G. Hansen e Andreas M. Jespersen eles atuam de duas formas, a primeira é por meio da ativação do Sistema 2, para evitar que tomemos decisões sem uma prévia reflexão sobre o problema, e a segunda é evitando o acionamento do S2 para que o Sistema 1 mantenha a sua regra involuntária e inconsciente de julgamento e decisão. Assim, Hansen e Jespersen (2013) dividem os *nudges* em dois tipos essenciais:

1) Reflexivos, que acionam o Sistema 2; e

2) Não-reflexivos, que mantém as regras de decisão do Sistema 1.

Para Hansen e Jespersen (2013) os *nudges* de pensamento reflexivo são elaborados para reduzir ou eliminar a atuação do Sistema 1 no processo de julgamento e decisão, solicitando aos indivíduos uma reflexão sobre a escolha a ser feita. Neste caso os arquitetos de escolha definem processos que impedem que a decisão seja tomada sem uma análise prévia das opções, logo há uma solicitação explícita ao processamento lento e laborioso à análise do problema, para somente após uma reflexão é que o tomador de decisão possa escolher qual irá tomar.

O segundo tipo de *nudge* são os não-reflexivos, ou de pensamento automático, que são formulados para que os tomadores de decisão usem o Sistema 1 (que é rápido, involuntário e inconsciente) para tomar uma decisão, logo, são formulados pelos arquitetos de escolha para inibir a atuação do Sistema 2 e, portanto, conduzir às ações dos

277

indivíduos por meio da manutenção dos processos mentais do S1. Estes *nudges* não impedem a atuação do Sistema 2, caso o tomador de decisão resolva refletir sobre a sua escolha e deliberar de modo distinto àquele planejado pelos formuladores do *nudge*, ele assim poderá fazê-lo.

Além desses dois tipos, reflexivos e não-reflexivos, Hansen e Jespersen (2013) também classificam os *nudges* em transparentes e não-transparentes. Esta forma de classificação se deve à importância da conduta ética na criação de *nudges*, dado que a transparência é um valor ético relevante, a sua ausência em um *nudge* que estimule uma escolha, dentre outras possíveis, pode afetar a credibilidade do processo, bem como, pode impor aos arquitetos de escolha a pecha de manipuladores de comportamento. Contudo, conforme destacam Hansen e Jespersen (2013), em alguns casos a falta de transparência é o que potencializa os efeitos desejados e, nestes casos, um dilema ético é inevitável.

> No final, os formuladores de políticas públicas, e que se reconhecem como arquitetos de escolhas, podem facilmente se encontrar em um paradoxo ético: responsáveis por certos contextos de tomada de decisão que eles sabem que influenciarão as escolhas e comportamentos dos cidadãos, mas incertos sobre a aceitabilidade de aplicar a abordagem *nudge* para mudança comportamental. (HANSEN E JESPERSEN; 2013, p. 23)

Perceba que o problema da transparência se associa a cada um dos dois tipos essenciais (reflexivos e não-reflexivos), contudo, a falta de transparência suscita um dilema ético mais acentuado quando envolve os *nudges* não-reflexivos, dado que combinam a incapacidade de serem percebidos e de conduzirem a uma escolha inconsciente e involuntária. Quando a falta de transparência se associa a um *nudge* reflexivo, que aciona o Sistema 2, o processo lento e laborioso de julgamento à tomada de decisão pode reduzir os

278

problemas associados à falta de transparência, uma vez que a escolha será orientada pela reflexão sobre as opções disponíveis.

Como os *nudges* não transparentes são indetectáveis, ao serem aplicados para inibir a atuação do Sistema 2 podem conduzir à manipulação intencional de escolhas. Por outro lado, os não-reflexivos e não-transparentes são *nudges* psicologicamente mais poderosos para direcionar os tomadores de decisão às escolhas pretendidas pelos arquitetos, isto se deve ao fato de que tais *nudges* exploram as fraquezas mentais das heurísticas e/ou dos vieses para conduzir os indivíduos a uma tomada de decisão inconsciente e involuntária, ao mesmo tempo que todo o processo de decisão não permite a identificação dos mecanismos que atuam sobre o comportamento do tomador de decisão, o que suscita o dilema ético, pois a sua utilização pode ser considerada como manipulação intencional de comportamento.

Hansen e Jespersen (2013) procuram evitar o termo manipulação, pois sendo *nudges*, cujos propósitos são permitir aos indivíduos uma escolha mais eficiente, respeitariam as premissas do Paternalismo Libertário, portanto, substituem-no por "influência", um termo mais brando, sem, contudo, dissipar por completo a ideia central de que os não-reflexivos e não transparentes tem o poder de manipular as tomadas de decisões, uma vez que ativam respostas de comportamento instintivas e/ou aprendidas, sem que os indivíduos possam perceber de que modo estas respostas estão sendo ativadas.

Agora que aprendemos mais sobre a classificação dos *nudges* podemos enquadrá-los segundo as suas quatros características: Reflexivos e não-reflexivos; transparentes e não transparentes. Perceba que deste modo é possível encaixar cada *nudge* em um quadrante, no qual suas características psicológicas essências de reflexão são vinculadas ao nível de transparência. Acompanhe a figura 11 a seguir para entender como é realizado este enquadramento.

FIGURA 11 – Enquadramento das Tipologias dos *Nudges*.
Fonte: Elaborado pelo autor com base em Hansen e Jespersen (2013).

Conforme as definições apresentadas por Hansen e Jespersen (2013), qualquer *nudge* pode assumir uma posição em um dos quatro quadrantes, bem como, as variações nos graus de reflexividade e/ou de transparência os posicionam mais próximo ou mais distante a uma das quatro características.

Um *nudge* do tipo 1, que seja facilmente reconhecível, logo muito transparente, e que exija um processamento mental mais lento e laborioso (muito reflexivo), será posicionado no canto superior esquerdo e bem longe das retas horizontais e verticais. As mensagens de advertências "olhe para a direita" e "olhe para a esquerda", que foram pintadas nas faixas de pedestres em cruzamentos das ruas em Londres, são um dos exemplos de *nudge* do tipo 1, perceba que elas procuram tirar o pedestre do automatismo mental e invocar uma reflexão sobre a necessidade de olhar para o sentido que os carros estão vindo..

FIGURA 12 – Alertas aos Pedestres em Londres
Fonte: https://zoomviewer.toolforge.org

As mensagens foram pintadas nas faixas de travessia de pedestres em Londres devido a grande presença de turistas na cidade, os quais não estavam acostumados com a mão inglesa, o que provocava um grande número de atropelamentos, por causa da falta de atenção ao sentido correto do trânsito na cidade, pois eles não olhavam para o lado correto da via antes de atravessá-la. Isto acontecia porque a mente dos turistas estava habituada a olhar para o lado do sentido do tráfego de suas cidades de origem e em Londres este hábito fazia os turistas olhar para o lado errado da via. Porém, ao se deparar com os alertas os turistas eram imediatamente lembrados de que estavam em uma cidade diferente, na qual o trânsito funciona às avessas.

Perceba que este *nudge* reúne as duas características do tipo 1, são transparentes, pois os pedestres podem facilmente identificar os dizeres pintados no chão e o seu motivo, e são reflexivos pois exigem a atuação do Sistema 2, uma vez que os alertas tem a intenção clara de retirar a mente dos turistas do automatismo para que reflitam antes de tomar a decisão, impelindo-os a se lembrar de que estão em Londres e não em suas cidades de origem e, portanto, devem olhar para o lado oposto àquele que estavam acostumados.

Os *nudges* do tipo 4 são aqueles não-transparentes e não-reflexivos, que mantém o Sistema 1 no comando, e esses são os mais polêmicos, uma vez que a falta de transparência e de processamento mental consciente, pode associá-lo com ferramentas de manipulação de comportamento. Um exemplo de *nudge* do tipo 4 é o do prato pequeno, o qual leva as pessoas a consumir uma quantidade menor de alimentos, logo, a reduzir a quantidade de calorias consumidas em cada refeição.

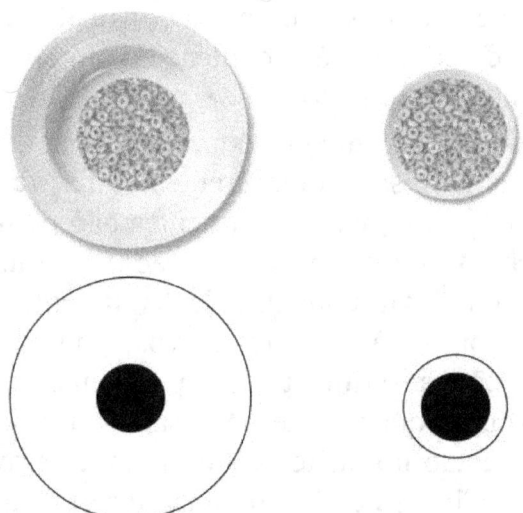

FIGURA 13 – Tamanho dos pratos
Fonte: Wansink (2010)

Dentre as pesquisas do professor Brian Wansink, uma delas foi realizada em uma cafeteria e consistia na redução do tamanho dos pratos, de 12 para 10 polegadas, essa simples manobra foi o suficiente para reduzir em 22% o consumo de calorias dos clientes, devido à redução na quantidade de comida que os mesmos ingeriam. Mas, por que a quantidade de comida ingerida diminuiu após a redução do tamanho dos pratos?

Olhe para a figura 13 e perceba que a mesma quantidade de comida em um prato grande ainda deixa muito espaço vazio, enquanto em um prato pequeno o preenche por completo. Ao utilizar um prato pequeno para colocar o alimento, este se preenche mais rapidamente e quando não houver mais espaço vazio no recipiente o indivíduo suspende o ato de colocar mais comida nele, simplesmente porque não cabe mais, não é preciso pensar se a quantidade é suficiente ou não, coisa que não acontece com um prato grande. O ato seguinte, de consumo do alimento, é que determinará se a quantidade depositada no prato foi o suficiente para saciar a fome, logo, a reflexão sobre a necessidade de uma quantidade maior de comida não acontece no ato de se servir, mas após a ingestão do alimento.

O *nudge* do prato pequeno reúne as características do Tipo 4, pois eles não são transparentes, uma vez que a ausência de pratos com tamanhos diferentes não permite que as pessoas percebam que os menores estão sendo utilizados com o propósito de reduzir a quantidade de alimento que será consumida, bem como, são não-reflexivos, pois a ação de suspender a inserção de alimentos no prato não se deve a uma avaliação sobre a quantidade necessária ou desejada no momento em que estão no buffet se servindo, esta avaliação só acontece após a ingestão do alimento inserido no prato, que pode ou não ter sido o suficiente.

Segundo Wansink (2010), durante o ato de preencher o prato o que é percebido de fato é a relação entre o espaço ocupado pelo alimento e o restante vazio, quando essa relação atinge um limite há uma suspensão do ato de inserir mais comida no prato. Perceba que neste processo não há uma reflexão sobre a quantidade necessária de alimento para saciar a fome, apenas a aplicação de uma regra automática de comportamento, que é feita de modo inconsciente pelo Sistema 1: quando o prato estiver cheio, pare de colocar comida nele.

Para contornar o dilema ético de se usar *nudges* não-transparentes, principalmente os não-reflexivos, os princípios do Paternalismo Libertário são novamente invocados, portanto, aprender mais sobre esse tema é fundamental para entender de que modo os arquitetos de escolhas devem proceder para que um *nudge* deixe de ser uma ferramenta de influência, para se converter em um método para manipular o comportamento dos tomadores de decisão. Se utilizar pratos pequenos é "manipulação" ou "influência", dependerá dos objetivos dos arquitetos. Eles pretendem reduzir o consumo de alimentos das pessoas com qual propósito?

PATERNALISMO LIBERTÁRIO

Conforme advertiram Thaler e Sunstein (2003), o termo paternalismo libertário parece um paradoxo em termos, uma vez que uma visão paternalista tem uma conotação de proteção, limitação e coerção, enquanto a ideia de libertário evoca liberdade e, portanto, contrária a qualquer limitação ou imposição. Segundo Thaler e Sunstein, os opositores à visão paternalista libertária repousam suas críticas em dois equívocos, o primeiro deles é pensar que existe uma opção ao paternalismo e a segunda é a de ele restringe as liberdades das pessoas por meio da coerção ou imposição de escolhas.

Vamos entender melhor o primeiro equívoco, a de que existe uma opção ao paternalismo, ou seja, de que é possível aos tomadores de decisão oferecer escolhas aos indivíduos sem, de alguma forma direta ou indireta, influenciar o processo de escolha. Como toda forma de apresentação de escolhas envolve antes de tudo decidir como elas serão formatadas e apresentadas, é impossível não atuar de modo a favorecer uma escolha, em detrimento de outra(s), mesmo que os arquitetos de escolha não tenham nenhum interesse nesse favorecimento, o simples fato de haver um instrumento de escolha já é o suficiente para que algum direcionamento paternalista aconteça. Conforme relatam Thaler e Sunstein ao discutir o caso prático de preparar e apresentar o cardápio em um refeitório de uma empresa.

> Considere o problema enfrentado pela diretora de um refeitório de uma empresa que descobre que a ordem em que os alimentos são dispostos influencia as escolhas que as pessoas fazem. Para simplificar, considere três estratégias alternativas: (1) ela poderia fazer escolhas que acha mais benéfica aos seus clientes; (2) ela poderia fazer escolhas aleatoriamente; ou (3) ela poderia escolher maliciosamente os itens para tornar os clientes o mais obesos possível. A opção 1 parece ser paternalista, o que é, mas alguém defenderia as opções 2 ou 3? (THALER & SUNSTEIN; 2003, p. 175)

Você faria o quê, caso estivesse na pele da diretora do refeitório? No caso de uma empresa, onde adultos tomam decisões, a disposição do cardápio para promover uma dieta saudável já seria louvável, mas imagine se fosse em uma escola infantil, onde as escolhas serão feitas pelas crianças. Caso nada seja feito para incentivar o consumo de alimentos saudáveis, corre-se o risco de a maioria delas escolher aqueles ricos em gorduras saturadas, açucarados e de baixo valor nutritivo. Se o arquiteto de escolha sabe que é possível favorecer as escolhas dos alimentos mais saudáveis, sem eliminar as piores escolhas, sua omissão no processo de disposição dos produtos às crianças seria uma atitude antiética.

Perceba que a intervenção no *buffet* de uma escola infantil pode respeitar o princípio libertário ao favorecer os alimentos mais saudáveis e desfavorecer a escolha das piores opções nutritivas, sem eliminá-las do cardápio. Segundo Thaler e Sunstein (2003), neste caso é possível direcionar as escolhas das crianças explorando a heurística da disponibilidade, destacando os alimentos mais saudáveis, apresentando-os de forma que pareçam mais apetitosos e facilitando seu acesso às crianças. Por outro lado, para desfavorecer as piores escolhas os alimentos indesejados devem ficar menos acessíveis, tanto aos olhos, como às mãos das crianças.

Desse modo, a maior disponibilidade dos alimentos saudáveis elevaria as escolhas destes pelas crianças, em detrimento das opções menos disponíveis, mas de maneira inconsciente e involuntária. Note que não é necessário eliminar as piores opções do cardápio, estas apenas ficam menos atraentes, enquanto as melhores escolhas ficam mais atraentes e disponíveis. Logo, é possível manter as piores escolhas e por meio da arquitetura de escolha incentivar as pessoas, sejam crianças ou adultos, a fugirem delas, simplesmente favorecendo aquelas que são as melhores e mais desejáveis.

O segundo equívoco associado à visão paternalista libertária é que ela atua por meio da coerção ou imposição de escolhas. Segundo Thaler e Sunstein (2003), essa visão também é incorreta, uma vez que a regra de ouro do paternalismo libertário é não eliminar, limitar ou impor escolhas aos indivíduos, portanto, em respeito ao princípio libertário, tanto a disponibilidade das opções, como a forma de apresentá-las, deve permitir as pessoas escolher até aquilo que prejudique o bem estar delas. Um exemplo prático é a proibição das propagandas de cigarros, que tem o objetivo de favorecer a diminuição do consumo de tabaco e, reduzir os problemas de saúde associados ao tabagismo, mas que não retira o direito dos fumantes de comprar o produto, se assim o desejarem.

> Em nosso entendimento, uma política é "paternalista" se for selecionada com o objetivo de influenciar as escolhas das partes afetadas de uma forma que as favoreçam. Pretendemos que uma "melhor situação" seja medida da forma mais objetiva possível, e é claro que nem sempre igualamos preferência revelada a bem-estar. Ou seja, enfatizamos a possibilidade de que, em alguns casos, os indivíduos façam escolhas inferiores, as quais eles mudariam se tivessem informações completas, habilidades cognitivas ilimitadas e sem falta de força de vontade. (THALER & SUNSTEIN; 2015, p. 175)

Conforme você pode observar no trecho retirado do artigo de Thaler e Sunstein, a ideia central do Paternalismo Libertário é favorecer as escolhas que melhorem o bem estar das pessoas, uma vez que as limitações de compreensão sobre os impactos de suas escolhas, bem como, a falta de informações e habilidades para decidir corretamente, podem levá-las a escolhas inferiores, pois suas preferências

287

reveladas podem estar relacionadas a esta limitação de avaliação correta do problema.

As políticas libertárias não devem impedir que os indivíduos façam escolhas conforme suas preferências reveladas, a partir de sua capacidade de entendimento dos problemas de benefício/custo, mesmo que estas sejam piores em função de suas limitações cognitivas e de informações. Ao contrário, o paternalismo libertário procura incentivar as melhores decisões, baseadas nos critérios da racionalidade, por meio de arquiteturas de escolhas que explorem as fraquezas cognitivas de maneira positiva, ou seja, implantando *nudges* que facilitem as escolhas de maior valor para o indivíduo e para a sociedade.

Até aqui você leu muito sobre a importância da arquitetura de escolha, agora é o momento de entender melhor do que se trata. Sempre que precisamos fazer uma escolha nos é oferecido um conjunto de opções e este é elaborado por quem decide o que pode ou não ser escolhido, bem como, a forma de apresentar as escolhas. Portanto, a arquitetura de escolha é o processo decisório que determina de que forma as opções serão apresentadas aos indivíduos e quais estarão disponíveis.

Pense em uma eleição para um sindicato a ser realizada com cédulas de papel. Antes de a eleição acontecer algumas decisões precisam ser tomadas: Quem pode ser candidato? Como seus nomes estarão dispostos nas cédulas de votação? Quais serão os locais de votação? Todas essas decisões antecedem o processo de julgamento e escolha dos eleitores e são definidos pelos arquitetos de escolha. Uma vez definido todo o processo aos eleitores caberá escolher apenas um dos candidatos oferecidos na cédula, ou nenhum deles, contudo, não poderão escolher qualquer outro que não estejam lá disponíveis.

Assim, os arquitetos de escolha tem o poder de limitar as opções de escolha dos eleitores, aos impor regras de candidaturas que favoreçam alguns interessados em detrimento de outros, que não poderão disputar o pleito porque não se enquadram nos requisitos definidos. Bem como, ao elaborar a cédula de votação pode haver favorecimento do candidato que ficar no topo da lista, pois isso ativa o a heurística da disponibilidade, principalmente nos eleitores indecisos. A escolha dos locais e horários de votação pode facilitar a presença de um perfil de eleitor, em detrimento de outro, e também pode favorecer um dos candidatos em relação aos demais no pleito. Todas essas decisões são feitas pelos arquitetos de escolha e podem ser decisivas para o resultado da eleição.

Perceba que ao sabermos que a forma de apresentação das opções afeta nossas escolhas, cabe discutir a questão ética de saber se a utilização da arquitetura de escolha deve ser utilizada para favorecer uma escolha em detrimento das outras. A partir da ideia de paternalismo libertário e de que a influência da arquitetura é inevitável, o favorecimento daquela escolha que pode gerar maior bem estar ao indivíduo e a sociedade, seria a alternativa ética recomendada.

Conforme alertaram Thaler e Sunstein (2019), a maioria das escolhas dos indivíduos parte de um conjunto possível e disponível, e este não depende de quem escolhe, mas daqueles que as oferecem, uma vez que opções não disponíveis não podem ser escolhidas. Logo, os arquitetos de escolhas podem direcionar as decisões dos indivíduos, de duas formas: 1) Na quantidade de escolhas; e 2) Na apresentação das escolhas.

A quantidade de escolhas é um fator crítico à tomada de decisão, poucas opções podem restringir a liberdade das pessoas ao reduzir as possibilidades que estas poderiam ter, caso mais opções fossem apresentadas. Neste caso, você poderia pensar que quanto mais opções houver, melhor será, contudo, o excesso delas pode conduzir a uma fadiga mental e atrapalhar o processo de decisão ao estressar o Sistema 2, que para evitar o desconforto cognitivo pode simplesmente adotar a escolha mais saliente, como a primeira posicionada em uma lista. Conforme apontaram os estudos do professor Eric Johnson e sua equipe.

> Para responder à questão de quantas opções o arquiteto de escolha deve apresentar, é necessário equilibrar dois critérios: primeiro, que mais opções aumentam as chances de oferecer uma correspondência de preferência ao consumidor e, segundo, que mais opções representam um fardo reconhecível maior para os consumidores por causa da necessidade adicional de avaliar opções. (JOHNSON *et al.*; 2012, p. 490)

A equipe do professor Johnson ressalta ainda que para encontrar a quantidade correta de questões apresentadas, faz-se necessário entender a vontade de envolvimento dos indivíduos que farão as escolhas, uma vez que em alguns processos o interesse do público é maior do que em outros, bem como, deve-se avaliar "a satisfação do tomador de decisão com o processo de decisão e, de forma mais geral, a natureza dos processos que serão usados para tomar a decisão" (JOHNSON et al.; 2012, p. 490).

Todos esses fatores servem de referência para a definição da quantidade de escolhas que não cause desestímulo à participação, nem a oferta de um número insuficiente de escolhas que possa abarcar as principais necessidades dos tomadores de decisão.

Um caso prático de excesso de opções foi abordado por Thaler e Sunstein (2019), quando analisaram as mudanças no plano de cobertura médicas dos Estados Unidos em 2003, que passou a incluir a gratuidade em medicamentos (Medicare Part D). O plano de inclusão da cobertura de medicamentos foi concebido pelos arquitetos de escolha com base no princípio do "quanto mais, melhor", por isso foram disponibilizados entre 47 a 63 planos diferentes por Estado, totalizando 225 planos para o país como um todo.

Conforme Thaler e Sunstein (2019) constataram, a quantidade de opções para se inscrever e a complexidade para entender qual plano atenderiam melhor as necessidades atuais e futuras de medicamentos aos segurados, os impeliram para escolhas ineficientes.

> Desde a aprovação da nova legislação referente ao Medicare, os idosos têm declarado nas entrevistas que consideram o Part D confuso. Depois de um ano de experiência com o programa, apenas um em cada dez afirmou que ele funcionava bem e que "não precisava de mudanças profundas". Em novembro de 2006, novamente com um ano de experiência e conhecimento, 73% dos

idosos diziam que o Part D era "complicado demais" e 60% estavam de acordo com a afirmação de que alguém, provavelmente, deveria "selecionar alguns planos para que a tarefa de escolher se tornasse menos complicada para os idosos". (THALER & SUNSTEIN; 2019, pp. 179-180)

A pesquisa conduzida por Thaler e Sunstein também revelou outros dois graves problemas associados à imensa quantidade de opções de inscrição no Part D:

a) O primeiro deles foi que após um ano da vigência do novo programa, cerca de 10% dos beneficiários não havia escolhido nenhum dos planos oferecidos e, portanto, não contava com a cobertura dos medicamentos; e

b) O segundo problema detectado foi que a maioria dos planos escolhidos não atendia plenamente as necessidades de medicamentos e eram mais caros do que aqueles que atenderiam, evidenciando que a complexidade imposta pela imensa quantidade de opções dificultou a identificação da melhor escolha pelos idosos, gerando custo de oportunidades aos beneficiários.

Além do problema da quantidade oferecida de escolhas, outra questão a ser enfrentada pelos arquitetos de escolha é a forma de apresentá-las. Conforme regem os princípios do Paternalismo Libertário é necessário não impedir ou limitar as escolhas, contudo, quando a disposição pode privilegiar uma escolha em detrimento de outras, o princípio ético de favorecer a adesão àquela que provoque o maior benefício, deve ser o guia para a formatação do conjunto de opções disponíveis.

Você ainda se lembra da pesquisa de Madrian e Shea (2001)? Ela foi abordada no início do capítulo sobre vieses e tratava da mudança nos planos de aposentadorias de uma empresa. Vamos recordar esta pesquisa para usar como exemplo de como a forma de apresentação das opções pode afetar as escolhas das empresas. Eles descobriram que apenas

49% dos novos funcionários da empresa pesquisada adeririam ao plano de aposentadoria oferecido, uma vez que a opção padrão, anterior a mudança, era de "não adesão automática". Após a mudança na opção padrão para "adesão automática" o percentual de novos contratados que aderiam ao plano saltou para 86%.

Este crescimento no percentual de adesão se deveu, segundo os pesquisadores, ao viés de conservação, o mesmo viés cognitivo que tornava a adesão baixa na primeira versão do formulário, pois a maioria dos novos empregados preferia manter a opção padrão, o status quo. Na segunda versão este viés também foi o responsável pelo crescimento das adesões, pois nada mais havia mudado no formulário que era apresentado aos novos empregados, exceto a troca da opção padrão, e os novos contratados continuaram a manter a opção padrão, que passou a ser de adesão automática.

Portanto, quando houver a possibilidade ou necessidade de uma opção padrão, o arquiteto de escolha enfrentará uma decisão de favorecer ou desfavorecer, em termos de ganhos de bem estar, aqueles que tomarão as decisões, uma vez que o padrão oferecido tem um grande potencial de afetar as escolhas daqueles que são influenciados involuntariamente pelo viés de conservação.

Outras formas de apresentação também afetam as escolhas, como a ordem em que elas aparecem, a grafia (tamanho, negrito, cores, etc.), facilidade de entendimento (extensão e complexidade do texto), comparabilidade entre as opções (por meio de percentuais, gráficos, etc.), associação com perfil (de renda, de idade, de escolaridade, etc.), entre outros meios que permitam que a apresentação promova o rápido reconhecimento das vantagens das escolhas e evite a confusão que possa provocar erros de avaliação e, portanto, uma tomada de decisão economicamente menos eficiente.

Quando se trata de elaborar *nudges* é importante que a arquitetura de escolha seja baseada nos princípios do

Paternalismo Libertário, de modo a assegurar que os instrumentos adotados não limitem o universo de escolhas possíveis e que sejam capazes de atuar sobre as fraquezas mentais para direcionar os tomadores de decisão a escolhas mais eficientes à promoção do nível de bem estar individual e da sociedade.

Lembre-se que, segundo Hansen e Jespersen (2013), os arquitetos de escolha podem elaborar quatro tipos de *nudges* por meio da variação de suas características: reflexivos e não-reflexivos; e transparentes e não-transparentes. Desse modo, cabe aos arquitetos definirem qual será o modelo mais apropriado para produzir o melhor resultado individual e social, a cada problema enfrentado, seja por meio da ativação do Sistema 2, para que o indivíduo reflita sobre a decisão a ser tomada, seja sobre a inibição do S2, para que o Sistema 1 mantenha a sua regra involuntária e inconsciente de escolha, tanto se utilizando de instrumentos transparentes ou invisíveis à percepção dos tomadores de decisão.

Bom, agora que você já entendeu as regras básicas da arquitetura de escolha, segundo as quais: a) são baseadas nos princípios do Paternalismo Libertário; b) utilizam nossas falhas cognitivas como base para induzir a comportamentos melhores; e c) tem o respaldo ético assentado no fato de que a arquitetura de escolhas é inevitável. Agora vamos tratar de alguns *nudges*, para entender como eles são concebidos, como funcionam e quais são os exemplos práticos de sua adoção para a melhoria do bem estar dos indivíduos e da sociedade.

NUDGE DA OPÇÃO PADRÃO

> Se há uma opção-padrão – uma opção que prevalecerá caso nenhuma outra seja escolhida –, podemos esperar que um grande número de pessoas acabará por mantê-la, mesmo que não seja boa. (...) As opções-padrão são onipresentes e poderosas. Também são inevitáveis. (THALER & SUNSTEIN; 2019, p. 101)

Você entendeu que nós humanos somos preguiçosos e não gostamos muito de mudanças, preservar o status quo é uma das nossas falhas cognitivas, ou não, pois os sapiens sobreviveram porque souberam mudar quando necessário, não a todo instante. Sendo assim, há uma tendência à conservação enraizada em nossa mente e os *nudges* da opção padrão (*default option*) exploram exatamente o viés de conservação, ao definir antecipadamente, por meio da arquitetura de escolha, qual será o resultado da escolha se o tomador de decisão não alterar aquilo que foi definido como a opção padrão.

Dentre os *nudges* o da opção padrão é o mais poderoso, pois se sustenta na preguiça mental e na tendência a manutenção do *status quo*, uma vez que a decisão de alterar a escolha envolve esforço cognitivo, ou seja, ativar o Sistema 2 (S2). Portanto, quando os arquitetos de escolhas definem qual será a opção padrão, eles antecipam qual será a escolha daqueles que não querem se envolver no processo mental de decisão e querem deixar o Sistema 1 agir no modo automático. Sendo assim, há uma imensa responsabilidade associada à definição da opção padrão, pois a partir desta decisão haverá resultados que podem favorecer ou prejudicar aqueles que não querem ativar o S2, para tomar uma decisão consciente e ponderada.

Note que a opção padrão pode ser definida com o propósito de elevar o bem estar daqueles que se abstiverem da escolha, pois caso estes não queiram alterar aquilo que foi previamente definido pelos arquitetos de escolhas, estarão aceitando a proposição que foi definida por eles. Por outro lado, aquele que decidir escolher com base em sua utilidade esperada, como seria esperado dos *econs*, não teria uma proibição ou limitação à mudança da opção padrão por outra, se assim desejasse.

Sendo assim, o *nudge* da opção padrão cumpre com o princípio elementar do Paternalismo Libertário, que é favorecer o bem estar daqueles que não querem pensar ativamente sobre o problema econômico, sem impedir ou limitar as opções daqueles que decidirem por outra escolha, que não a padrão.

Como definir a opção padrão? Você já foi alertado acima que estamos tratando de *nudges* do bem, logo, para seguirmos esta proposta a opção padrão deve ser aquela que os arquitetos de escolha definem antecipadamente como a melhor para a maioria, aquela que os *econs* escolheriam se eles realmente dedicassem tempo para avaliar a relação de benefício/custo, ou seja, seria a opção que maximiza a utilidade esperada à maioria do público alvo que se envolverá no processo de escolha.

Portanto, definir a opção padrão requer dos arquitetos a capacidade de diagnosticar corretamente o problema econômico para definir qual seria a melhor escolha à maioria, uma tarefa que pode não ser tão simples, quando o universo de tomadores de decisão não é homogêneo. Quando há muita diferença entre as pessoas que precisarão decidir entre aceitar a opção padrão ou mudar para outra escolha, os arquitetos de escolha podem ter que escolher pela via negativa, ou seja, adotar aquela que menor prejuízo cause àqueles que escolherem não decidir. Veja exemplos da via negativa.

Geralmente a resposta é que se eu não fizer nada, nada muda; tudo o que está acontecendo continua a acontecer. Mas não sempre. Algumas máquinas perigosas, como motosserras e cortadores de grama, são projetadas com "interruptores de homem morto", de modo que, assim que o usuário soltar a alavanca, as lâminas da máquina parem. Alguns escorregadores para "crianças grandes" em playgrounds são construídos com o primeiro degrau a cerca de 60 centímetros do chão, para evitar que crianças menores subam e possivelmente se machuquem. (THALER, SUNSTEIN & BALZ; 2013, p. 430)

Perceba que nos exemplos oferecidos de *nudges* por Thaler, Sunstein e Balz foram concebidos para evitar o dano, não para promover o ganho. Outros *nudges* assim podem ser formulados em diversas outras áreas, pois ao prever que as pessoas não tomarão uma decisão voluntária, mantendo assim a opção padrão, esta deverá ser aquela que as prejudiquem menos.

Outro caso relacionado à opção padrão foi abordado por Thaler e Sunstein (2019), quando eles ficaram encarregados de decidir como deveria ser feita a opção padrão para as contribuições previdenciárias dos professores da universidade em que trabalhavam. Até então o padrão era zerar as contribuições daqueles que se esquecessem de definir o percentual de sua contribuição, logo, eles automaticamente estariam fora do plano de previdência.

Como o padrão existente podia acarretar prejuízos aos esquecidos, o professor Richard Thaler sugeriu alterar a opção padrão para manter a situação do professor, ou seja, se ele já estivesse contribuindo, continuaria e com o mesmo percentual, se não estivesse, isso seria mantido também. "Temos certeza de que, como resultado, muitos professores esquecidos terão aposentadorias mais tranquilas" (Thaler & Sunstein; 2019, p. 22).

Um exemplo prático da atuação da opção padrão é a restituição de 20% sobre os ganhos anuais que a Receita Federal do Brasil definiu em seu aplicativo. Caso você decida fazer a sua declaração sem demonstrar que teve gastos com saúde, educação ou outros que podem ser deduzidos, o programa vem programado para calcular a sua restituição em 20% sobre o valor dos rendimentos. Logo, este nudge preserva o direito mínimo à restituição dos contribuintes, mas não impede quem tenha direito a percentuais maiores de desconto de fazer a declaração completa e assim obter integralmente o benefício tributário.

Os *nudges* de opção padrão atuam para corrigir algumas falhas do nosso sistema cognitivo, são elas: o esquecimento, a preguiça, a procrastinação e a falta de competência para avaliar as opções. Contudo, não importa qual dessas falhas atuem para que as pessoas decidam manter a opção padrão, o fato é que ao fazerem isso elas estão deixando nas mãos dos arquitetos de escolha a sua decisão, de modo involuntário, geralmente. Portanto, saber identificar quando essas falhas podem ser preponderantes é fundamental para atuar a partir dos princípios do Paternalismo Libertário e auxiliar à promoção do maior benefício possível - ou menor dano - àqueles que forem vítimas do viés de conservação.

Errar é humano, diria o ditado popular, e persistir no erro também, diriam os economistas comportamentais, pois alguns erros são sistemáticos e cometidos pela maioria das pessoas de modo recorrente, uma vez que a nossa capacidade de interpretar certas situações pode ser afetada por nossas falhas cognitivas, tal como a heurística da disponibilidade que leva as pessoas a aplicar dinheiro na poupança ou comprar bilhetes de título de capitalização, bem como por vieses que podem nos levar à reversão de preferências.

Contudo, muitos de nossos erros podem ser antecipados e, portanto, evitados. Este é o papel dos arquitetos de escolhas quando criam *nudges* para que nossas decisões não sejam equivocadas do ponto de vista do custo de oportunidade e da maximização da utilidade esperada. Vamos começar essa explicação com uma pergunta inapropriada. Se você é menino, a sua mira é boa na hora de urinar? Ah! Não vale mentir. Certamente você é do tipo esforçado, muito mais em casa do que no barzinho, é claro. Para as meninas, deixamos o espaço livre às risadas.

Conforme relatado por Thaler e Sunstein (2019), um dos problemas que o aeroporto de Amsterdã tinha era com a quantidade de urina que sobrava no chão dos mictórios masculinos e aqueles cartazes pedindo atenção aos usuários pouco serviam para corrigir a pontaria deles. Para tentar solucionar o problema da falta de mira o engenheiro Doug Kempel decidiu pintar nos urinóis dos mictórios uma mosca, bem no local apropriado para que a urina fosse toda recolhida. Essa ideia genial reduziu em 80% a quantidade de urina que caia no chão, sem com isso, impor a todos os usuários a obrigação de não errar a pontaria. Depois do sucesso na Holanda a mosca ganhou o mundo e em alguns lugares foi substituída por uma bolinha e um gol, uma vez que os meninos adoram futebol também.

É claro que o *nudge* da mosca tem uma relevância econômica modesta aos usuários, além de melhorar o odor típico dos sanitários, provavelmente reduziu em alguns centavos o valor da taxa de embarque. Porém, foi de grande vantagem aos profissionais de limpeza e economizou recursos às empresas que adotaram. Esse é um daqueles *nudges* criados a partir da premissa de que esperar o erro é a atitude mais prudente dos arquitetos de escolha. A partir desse fato é possível pensar em ferramentas que auxiliem para evitar os erros e para elevar a taxa de acertos.

Uma das inovações mais importantes que salvou a vida de muitas crianças foi uma porta de geladeira sem travas, isso foi alcançado com a colocação de imãs nas borrachas de vedação, que permitiu manter a geladeira fechada e, ao mesmo tempo, impediu que crianças ficassem presas dentro dos refrigeradores, fato comum na época em que as portas das geladeiras eram trancadas por fora.

Antes dos imãs os projetistas criaram um sistema interno de destravamento de emergência, contudo, o conjunto todo tornava o custo de produção mais elevado e a solução do imã resolveu tanto os problemas de segurança, como reduziu os custos de produção da indústria. Essa inovação pode ser considerada um *nudge* que antecipa um erro, que era cometido pelas crianças que resolviam brincar de esconde-esconde dentro do refrigerador e acabavam ficando presas nele, agora, as crianças podem continuar a fazer isso, se assim desejarem, sem o risco de morrerem sufocadas.[70]

---

[70] O estudo de caso de David Hunter *"Refrigerator safety study: Case study analysis"*, revela o impacto sobre as vidas salvas de crianças, a partir da mudança realizada no sistema de fechamento das geladeiras.

Nudges Contra o Esquecimento

Uma das falhas cognitivas que conduzem a erros sistemáticos e, portanto, previsíveis, é o esquecimento, que pode ser causado por estresse mental, desatenção, e/ou erros pós-conclusão[71]. Seja qual for o motivo do esquecimento, ele é causado pela inativação do Sistema 2, quando este deveria ser acionado para recordar de uma atividade a ser realizada.

Para evitar os erros de esquecimento duas alternativas de *nudges* podem ser utilizadas: a primeira é acionar o S2 para que ele seja forçado a lembrar-se daquilo que poderia se esquecer; a segunda é manter o S2 inativado oferecendo um atalho que impede que o esquecimento cause algum dano. Vamos ver como cada um desses *nudges* funciona com exemplos práticos.

Alguns *nudges* podem servir para ativar o Sistema 2 e prevenir esquecimentos, dentre eles destacam-se os avisos que antecedem datas de compromissos, como aqueles que os consultórios enviam para te lembrar da consulta médica ou do exame agendado. Outros avisos podem nos alertar para os prejuízos causados pelo esquecimento, como os avisos que a Prefeitura de São Caetano do Sul, abordado por Feitosa e Gomes Cruz (2019) em seu artigo "Nudges fiscais: a economia comportamental e o aprimoramento da cobrança da dívida ativa". A prefeitura envia aos contribuintes três tipos de avisos, são eles:

1) Agradecimento pelo pagamento à vista e com desconto aos que assim fizeram;

---

[71] Os erros pós-conclusão foram apontados pelos psicólogos Byrne e Bovair (1997). Esses erros estão associados ao esquecimento de um detalhe após concluir a tarefa alvo. É por causa deles que geralmente esquecemos o cartão de crédito na máquina após usá-lo, pois a atividade fim é pagar a conta e não retirar o cartão.

2) Agradecimento pela escolha da opção de parcelar e com o lembrete de que o pagamento a vista dá direito a um desconto; e

3) Lembrete, à aqueles que não efetuaram o pagamento até a data de vencimento da primeira parcela, de que a inadimplência gera inclusão na Dívida Ativa, custas processuais, além dos juros e multas por atraso.

Embora o *nudge* adotados pela Prefeitura de São Caetano do Sul não possa impedir os atrasos e a inadimplência, procura atingir aqueles que se esqueceram de pagar os impostos e assim, reduzir a quantidade de devedores com dívida ativa, pois ele serve para ativar o Sistema 2 nos contribuintes, que poderão a partir do lembrete ter a chance de ponderar sobre o benefício/custo da inadimplência fiscal.

Um grande banco brasileiro envia uma mensagem de texto sempre que a sua conta corrente entra no vermelho, desde que você tenha informado o seu número de telefone móvel e autorizado o envio de mensagens de texto. Esse *nudge* tem dois aspectos, o primeiro é que se a opção de envio de mensagem for padrão, ou seja, ao inserir o número de celular você precisa conscientemente desabilitar esta opção para não receber as mensagens, haverá o favorecimento da inércia do status quo e, portanto, atua sobre o S1, fazendo com que a maioria dos clientes receba os avisos.

Note que ao enviar a mensagem de que seu saldo está negativo, o lembrete pode salvá-lo do esquecimento de que há falta de fundos em nossa conta corrente, ao mesmo tempo, ativa o nosso S2, fazendo-nos ponderar sobre os custos de juros de manter a conta no vermelho.

Outros *nudges* contam com o esquecimento, ou seja, são idealizados para salvar os esquecidos, sem ativar o Sistema 2. Quando você escreve no texto de um e-mail a palavra "anexo" e dá o comando de enviar, alguns programas verificam se algum arquivo foi anexado e, caso não tenha sido, lhe pede a confirmação de envio com um alerta de que você pode ter se esquecido de anexar o arquivo. Perceba que o *nudge* espera você errar, para então salvá-lo do erro. Caso tentasse fazer isso antes, com uma mensagem fixa para você não se esquecer de inserir o arquivo para envio, esse aviso poderia não surtir o mesmo efeito, pois poderia passar despercebido também.

Um dos *nudges* mais geniais sobre esquecimento é a cartela de anticoncepcionais, que deveria conter apenas 21 comprimidos, uma vez que as mulheres devem tomá-los por três semanas e pular uma, para que o ciclo menstrual ocorra normalmente, contudo, as cartelas têm 28 drágeas, que são numeradas de 1 a 28, de modo que as mulheres podem tomar um comprido por dia, ininterruptamente, evitando que aquela semana de pausa cause o esquecimento de retomar o uso dos anticoncepcionais na semana seguinte.

Conforme explicado por Thaler e Sunstein (2019), naquela semana de pausa os comprimidos são de placebo e, portanto, se seguir a numeração corretamente, as mulheres não terão problemas com o ciclo menstrual e, uma probabilidade ínfima de uma gravidez indesejada. Perceba que o Sistema 2 não é ativado em momento nenhum, a ideia é deixar o sistema automático no controle, por meio do hábito enraizado de tomar o comprimido todo dia. Quando o S2 será acionado? Quando a mulher decidir que é hora de ser mãe, pois essa é uma decisão que precisa ser bem pensada, convenhamos.

Nudges contra a Ignorância

O erro é muito comum quando as pessoas não sabem como as coisas funcionam, portanto, alguns *nudges* atacam a nossa ignorância e são arquitetados para evitar tais erros. Os mais comuns em nosso dia-a-dia são os *plugs* de equipamentos eletrônicos que só podem ser inseridos de um modo e, portanto, evitam danos aos equipamentos. Bem como os seletores automáticos de voltagem que já salvaram muitos de queimarem seus equipamentos em Santa Catarina, onde a voltagem padrão é 220 Volts, diferente do padrão do resto do Brasil que é 110 Volts.

Outro exemplo desses *nudges* que nos salvam da ignorância é relatado por Thaler e Sunstein (2019), quando explicaram o funcionamento dos bilhetes do metrô de Paris, que podem ser inseridos de qualquer modo na leitora das catracas, não há um modo correto, desde que você o insira ele será lido e, caso tenha validade, irá liberar o acesso às plataformas de embarque.

Perceba que mesmo que o usuário acredite que haja apenas um modo correto de inserir o cartão na leitora, o sistema não faz distinção nenhuma e libera a catraca. Isso elimina a possibilidade de erro, acelera o fluxo de acesso às plataformas de embarque e gera economia de recursos, pois reduz a necessidade de uma quantidade maior de catracas para favorecer o fluxo.

Tanto os *nudges* dos *plugs*, como o da voltagem automática e das leitoras de bilhetes exploram o automatismo do Sistema 1, pois não foram pensados para ativar o S2 e nos fazer lembrar de realizar o processo da forma correta. Portanto, estes *nudges* atuam antes do erro, garantindo que tanto os esquecidos, tantos os que ignoram os procedimentos corretos, possam usufruir dos benefícios individuais e/ou coletivos.

Nudges contra a Procrastinação

Você é daqueles que deixa tudo para a última hora? Claro que não! Assim como a maioria das pessoas, você é daqueles que saí mais cedo de casa para não se atrasar aos compromissos, uma vez que não tem como prever as condições do trânsito ou algum imprevisto qualquer que possa fazê-lo demorar mais tempo.

Também acredito que você é daqueles que um mês antes da entrega da declaração anual do imposto de renda, já está com toda a documentação pronta e, assim que o sistema da Receita Federal é liberado, faz o seu preenchimento e o envia. Contudo, você concorda comigo que algumas pessoas têm essa mania de deixar tudo para a última hora e, claro, a pressa é inimiga da perfeição e erros de preenchimentos são bem mais prováveis, bem como, eventos imprevisíveis podem resultar em atrasos e o pagamento de multa por causa disso.

Para combater a procrastinação, essa tendência que nós humanos temos de deixar para amanhã aquilo que pode ser feito hoje, é possível desenvolver alguns *nudges*, os quais podem nos salvar de atrasos a compromissos, ou até mesmo, de perder dinheiro com safras agrícolas prejudicadas porque perdemos o tempo certo de usar fertilizantes na plantação.

Para evitar atrasos aos compromissos uma empresa desenvolveu um relógio digital que adianta o horário em até quinze minutos e conforme relataram Thaler e Sunstein (2019, p. 271), "o *nudge* funciona porque nunca se sabe ao certo quantos minutos o relógio está adiantado, já que ele avança mais ou menos de modo imprevisível". Perceba que o usuário sabe que o relógio pode mostrar o horário correto, mas pode estar adiantado em até quinze minutos, o fato de não saber qual é a precisão do relógio é que favorece o comportamento das pessoas.

Você já aprendeu que as âncoras atuam em nossa mente de modo inconsciente e involuntário, sendo assim, tanto faz quantos minutos o relógio está adiantado, o fato é que o horário que ele mostra serve de âncora para o planejamento de uma atividade e, de modo inconsciente, a nossa mente buscará alcançar o objetivo dentro do prazo estipulado e tomará como base aquele horário mostrado pelo relógio. Ou seja, mesmo sabendo que o relógio está adiantado, como a nossa mente não sabe o quão adiantado está, ele ancora as expectativas sobre aquele horário mesmo e nos ajuda a cumprir os prazos. Claro que esse *nudge* só funciona se não houver outro relógio que nos diga as horas corretamente.

A procrastinação pode ter severas consequências econômicas e sociais, pois ao deixar para a última hora a tomada de alguma decisão, esta pode não ser decida em razão de fatos objetivos e com base em cálculos de benefício/custo apropriados, seja porque o tempo é exíguo para amealhar o conjunto de dados necessário e tratá-los adequadamente, seja porque à medida que se aproxima o prazo final as pressões psicológicas nos tornam mais vulneráveis às decisões tomadas com base nas heurísticas e vieses.

Em um estudo conduzido por Esther Duflo, Michael Kremer e Jonathan Robinson[72], sobre a importância do uso de fertilizantes no Quênia, descobriu-se que a procrastinação era a causa para o baixo uso do produto nas lavouras, uma vez que levava os agricultores ao ponto de desistir de sua utilização.

Dentre as causas levantadas pelos pesquisadores estava o atraso nas compras dos fertilizantes, como muitos deles deixavam para realizar os pedidos muito perto do momento apropriado de sua utilização e, alguns recebiam o produto em um período impróprio, o que atrasava o período de plantio e, portanto, reduzia o impacto do produto sobre a produtividade das plantações, bem como, outros desistiam de utilizar o produto, uma vez que não queriam perder o período correto para o plantio.

---

[72] O Artigo foi publicado em 2011 na American Economic Review sob o título "*Nudging Farmers to Use Fertilizer: Theory and Experimental Evidence from Kenya*" (Incentivando os Agricultores a Usar Fertilizantes: Teoria e evidências experimentais do Quênia)

Com base nos dados coletados, foram identificados três tipos de agricultores: o primeiro grupo que se adiantavam na compra dos fertilizantes e, portanto, utilizavam o produto na quantidade e no prazo correto; o segundo grupo que comprava atrasado e perdia o prazo apropriado de plantio; e o terceiro grupo que não comprava. Segundo Duflo et alli (2011) os dois últimos grupos compunha a maioria dos agricultores e a principal causa levantada pela pesquisa de campo, tanto para a compra atrasada e em quantidade menor à recomendas, como para a desistência da compra e utilização de fertilizantes, era a falta de dinheiro para a aquisição do produto.

Contudo, esta falta de recursos à aquisição de fertilizantes estava associada ao lapso de tempo entre o recebimento pela venda de uma safra e o uso do dinheiro obtido para a compra dos fertilizantes ao próximo plantio. Embora a maioria dos agricultores considerasse importante a aquisição do produto, ao postergar a sua aquisição, eles ficavam sem dinheiro para adquiri-lo a tempo de usá-lo.

Como o principal problema identificado por Duflo et alli (2011) foi a procrastinação, a espera demasiada à compra de fertilizante, que reduzia a capacidade financeira dos agricultores à medida que gastavam o dinheiro em outras coisas, os pesquisadores elaboraram um *nudge* capaz de incentivar a compra antecipada dos fertilizantes, para o momento em que eles ainda dispunham do dinheiro ganho com a venda da safra.

A ideia dos pesquisadores foi a de formular um *nudge* para combater o viés de presente por meio da aversão à perda, ou seja, ativando o viés de conservação. Para tanto, sugeriu-se aos formuladores de políticas que os agricultores recebessem um subsídio para a compra do produto por meio de voucher com desconto regressivo, de modo que para ganhar o desconto integral eles deveriam comprar o fertilizante até certa data, bem próxima à venda da safra e, portanto, muito antes do período de plantio da próxima. Neste momento os agricultores ainda teriam o dinheiro da safra vendida e o desconto integral garantia a eles uma grande economia de recursos à aquisição da quantidade necessária de fertilizantes. Mas, o desconto seria reduzido nas semanas seguintes, até não dar mais direito a abatimento nenhum[73].

Perceba que o viés de conservação, que nos induz a preferir o status quo, foi ativado por meio da aversão à perda, uma vez que o atraso para utilizar o voucher acarretaria na renúncia ao desconto integral, logo, para conservar o benefício completo os agricultores deveriam antecipar suas compras. Note também, que não foi retirada dos agricultores a opção de procrastinar e deixar para comprar o produto na última hora, ou não comprá-lo. Portanto, o *nudge* de desconto respeita os princípios do paternalismo libertário, pois não retira nenhum direito e nem limita as opções, mas é capaz de incentivar uma mudança de comportamento que beneficia a maioria dos agricultores que adotarem a compra antecipada de fertilizantes.

---

[73] Outros benefícios foram apontados por Duflo *et al.* (2011), dentre eles destacam-se: a) a redução dos custos operacionais do programa, uma vez que os *voucher* poderiam ser facilmente entregues aos produtores em sua localidades, por meio das agências governamentais locais; b) a maior efetividade do gasto público em relação a um subsídio geral e irrestrito, pois só usufruiriam do benefício os agricultores que realmente utilizassem o *voucher*; e c) a manutenção das regras de mercado, pois os agricultores utilizariam os *vouchers* junto aos vendedores locais de fertilizantes, os quais concederiam os descontos e recuperariam o valor perdido com a venda a menor preço ao descontar os *vouchers* recebidos.

O processo de aprendizado geralmente funciona melhor quando o resultado é rapidamente recebido, pois a demora na resposta do desempenho pode separar no tempo a ação de seu resultado, causando erros de avaliação e dificultando os processos de ajustes necessários ao cumprimento dos objetivos pré-estabelecidos.

Um dos desvios mentais que dificultam a percepção dos resultados futuros é conhecido como miopia temporal, que prejudica a avaliação dos resultados em relação ao tempo. Esta falha cognitiva nos leva a atribuir mais importância aos resultados obtidos em um futuro próximo, do que aqueles alcançados em um futuro distante.

Conforme Thaler (2019) quando o viés de presente é acionado em nossa mente, atribuímos uma taxa de desconto exponencial para os ganhos futuros, de modo que quanto mais distante no tempo esse ganho estiver, menos valioso ele será. O outro lado da mesma moeda é que atribuímos mais importância a tudo que estiver muito próximo ao futuro e, para corrigir essa falha mental, os *nudges* de *feedback* procuram trazer a percepção dos ganhos de futuro distante para o presente, desse modo, esses *nudges* procuram enganar a nossa mente, nos fazendo atribuir mais importância aos ganhos futuros, ao ativar sobre eles o viés de presente.

Os *nudges* de *feedback*, ou de resposta, são concebidos para fornecer o mais rápido possível os resultados de uma escolha, bem como, podem apresentar os benefícios perdidos das escolhas não realizadas, de modo que você possa comparar ambos e reavaliar a sua decisão em um momento seguinte. Quando os arquitetos de escolha utilizam o *feedback* rápido e constante, estão atuando sobre o Sistema 2, para que este avalie as decisões e as corrija, caso necessário.

As principais falhas cognitivas que são atacadas por meio da implantação de *nudges* de *feedback* são: a) A miopia temporal; b) A preferência pelo presente; e 3) O excesso de otimismo. Vamos entender como as respostas rápidas, antes, durante e depois dos processos de decisão, podem amenizar ou eliminar essas falhas mentais as quais todos nós humanos estamos sujeitos.

Segundo Johnson et al. (2012, p. 492), os indivíduos "preferem receber resultados positivos precocemente, levando-os a ceder às tentações imediatas e descontando fortemente os resultados futuros". Por isso, um *nudge* que seja capaz de trazer para o presente o resultado futuro, pode facilitar a avaliação da decisão a ser tomada. A finalidade deste tipo de *nudge* não é melhorar a nossa visão, mas aproximar os objetos de nossos olhos, de modo que parecerão mais pertos e, portanto, mais valiosos em relação àqueles que parecem distantes.

Conforme advertiram Erick Johnson e sua equipe, algumas escolhas que fazemos hoje só provocarão impactos em um futuro distante, como as escolhas de alimentação, o tabagismo, o consumo de bebidas alcoólicas, a dedicação aos estudos, aplicações mensais para a aposentadoria, dentre tantas outras. Sendo assim, é possível perder a perspectiva da importância do futuro, pois ficamos míopes, ou seja, enxergamos melhor as coisas que estão acontecendo agora e não conseguimos conceber com clareza o resultado destas escolhas em futuro distante. Logo, por meio de *nudge*s é possível antecipar os ganhos futuros, que não são de fácil compreensão, para favorecer as melhores escolhas no presente, momento em que elas realmente são feitas.

Nudges para Antecipar o Futuro

Na área da saúde esses *nudges* são valiosos e o mais conhecido deles são as propagandas negativas de tabaco, que vem impressa nos maços de cigarros e similares, as quais sempre advertem para uma doença potencialmente grave aos fumantes, o que revela no presente os efeitos que o tabaco pode causar em um futuro bem distante, uma vez que essas doenças geralmente levam anos para se desenvolverem e os consumidores não conseguem ter esta perspectiva de risco, pois quando começam o seu consumo ainda estão saudáveis e usufruindo apenas dos "prazeres" da nicotina.

> O tabagismo muitas vezes leva ao vício e tem um efeito negativo na saúde do indivíduo. Para mostrar mais claramente os efeitos negativos do tabagismo, muitos países começaram a adicionar imagens dissuasoras nas embalagens de cigarros. Essas imagens exibem órgãos danificados que podem ser consequência do tabagismo prolongado. A ideia com esta intervenção é desencorajar as pessoas a começarem a fumar e motivar as pessoas que fumam a pararem de fumar. (SUNSTEIN; 2015, p. 5)

Conforme advertiram Loewenstein e Thaler (1989) em seu artigo intitulado "Escolha Intertemporal", as pessoas possuem um viés de presente que provoca um desconto não linear ao longo do tempo, ou seja, damos muito mais importância aos ganhos de hoje que aos mesmos ganhos no futuro e, quanto mais à frente no tempo estiverem, menor será o valor relativo atribuído aos mesmos ganhos.

Ao contrário dos *Econs* que fazem cálculos de Valor Presente Líquido, descontando aquilo que se ganhará no futuro por uma taxa fixa, para descobrir o quanto algo vale hoje, os Sapiens utilizam taxas progressivas, de modo que quanto mais no futuro estiverem os ganhos, menos valem hoje e, portanto, menor é a vontade de fazer sacrifício no presente para alcançá-los no futuro. Essa miopia financeira é o que justifica em grande parte a inclusão de *nudges* que revelem o preço do amanhã no dia de hoje.

> Em um nível micro, as altas taxas de desconto observadas em alguns contextos (como compras de eletrodomésticos) e

311

por alguns grupos (como adolescentes) levantam sérias questões sobre a racionalidade do consumidor. (...) Como pode ser racional para um consumidor escolher uma geladeira que custa $ 50 menos do que outro modelo equivalente, mas consome $ 50 a mais em eletricidade todos os anos? (LOEWEINSTEIN & THALER; 1989, p. 191)

Peguemos o exemplo oferecido por Loewenstein e Thaler (1989) para entender com um *nudge* poderia ajudar tanto consumidores, como a própria sociedade, a economizar energia no longo prazo. Nestes casos é possível utilizar imagens de antes e depois, parecidas com aquelas de propagandas de dietas. Digamos que o refrigerador mais caro fosse apresentado com uma imagem duplicada, uma dele sendo comprada hoje e a outra do mesmo produto, que o consumidor ganharia a partir da economia de energia mensal com sua aquisição. Essas duas imagens antecipam para o ato da compra uma vantagem que só é alcançada no futuro e seriam capazes de acionar o viés de presente para favorecer a escolha mais proveitosa, sem retirar dos consumidores a outra.

A falta de habilidade para realizar os cálculos e a carência de informações sobre os ganhos das escolhas possíveis, podem ser a causa da preferência pelo presente, pois sabemos que o Sistema 1 prefere economizar energia mental e isso nos deixa vulnerável à miopia temporal. Para tomarmos uma decisão racional é necessário, em muitos casos, acionar o Sistema 2 para avaliarmos corretamente a diferença entre os ganhos futuros de cada escolha, mas é difícil quebrar a inércia do Sistema e, portanto, um *nudge* de *feedback* pode ser valioso, tanto para acionar o S2, como para induzir o S1 a tomar a melhor decisão.

Para ilustrar como um *nudge* de *feedback* pode ser útil, imagine que você precise escolher entre duas aplicações em renda fixa, uma delas rende 8% e a outra 10% ao ano, contudo, esta segunda requer que o seu dinheiro fique aplicado por pelo menos cinco anos, senão o rendimento cai para 7,5% ao ano. Embora a segunda aplicação ofereça uma rentabilidade maior, o prazo obrigatório de permanência pode desfavorecer esta escolha, logo, um *nudge* de *feedback* que antecipe a diferença no ganho total, após os cinco anos, pode favorecer esta escolha. Caso o valor aplicado seja de R$ 10.000,00, após cinco anos a primeira aplicação daria um total de R$ 14.693,28 e a segunda R$ 16.105,10 (ou R$ 1.411,82 a mais).

Sempre que houver uma grande distância no tempo entre a tomada de decisão e seus efeitos práticos, tanto a heurística da disponibilidade, como o viés de conservação (status quo), podem inibir a correta avaliação das consequências futuras de escolhas, que precisam ser realizadas no presente, portanto, nesses casos pode haver uma oportunidade para os arquitetos de escolhas elaborarem *nudges* que sejam capazes de revelar os ganhos (ou perdas) que as pessoas enfrentarão em um momento distante no futuro, quando tomam suas decisões no presente.

Os *nudges* de *feedback* também podem servir para incentivar a permanência de jovens no sistema formal de ensino, ao antecipar para eles os resultados de um formação universitária em relação aos ganhos dos não formados. Contudo, ao apelar à racionalidade dos jovens, por meio da diferença de salários entres as pessoas com ensino superior e as não formadas, pode-se não obter grande êxito, pois os jovens não estão muito preocupados com o amanhã, ou seja, eles descontam os ganhos futuros a uma taxa ainda maior do que os adultos, sendo assim, eles atribuem ao presente muito mais importância que as pessoas de mais idade.

Mas, essa falha cognitiva dos jovens pode ser explorada a favor deles, uma vez que o presente é muito mais valioso que o futuro, um *nudge* que seja capaz de enquadrar a mensagem, de que os ganhos futuros serão maiores, pode ativar o viés de presente, e assim favorecer o engajamento do

313

público jovem em atividades cujos resultados somente serão alcançados anos mais tarde.

Relembre que apelar à racionalidade não é eficiente para favorecer as melhores escolhas no presente, menos ainda em se tratando de jovens, logo, um *nudge* de *feedback* precisa ser capaz de ilustrar a diferença entre os ganhos superiores de uma pessoa formada, de modo a ativar neles um viés de presente. Uma forma de fazer isso é por meio de uma imagem publicitária que ofereça essa comparação de maneira rápida e permita aos jovens no presente, a sensação que só teriam no futuro.

As mensagens publicitárias usam técnicas para explorar a nossa ânsia pelo presente, contudo, veja como é possível usar a mesma ferramenta para inverter essa lógica e reduzir a miopia temporal nos jovens. Imagine um cartaz com a imagem de duas casas, uma delas é grande e luxuosa, com dois andares, um jardim bem cuidado na frente, na garagem há dois carros novos e, pela vista, percebe-se uma bela e rica vizinhança; a outra mostra uma casa bem pequena e térrea, não tem jardim e nem garagem, e sobre a calçada de uma rua estreita de periferia está parado um carro velho. Lê-se acima das imagens uma mensagem: "O ensino superior oferece um futuro superior".

Um cartaz como este é um *nudge* de *feedback* , pois antecipa os resultados que podem ser alcançados no futuro a partir de uma decisão tomada no presente, não interromper os estudos e ingressar no ensino superior. Perceba que não há uma imposição, mas uma sugestão de escolha, a qual tenta direcionar à opção no presente que produzirá os melhores resultados no futuro, desse modo, respeita-se o princípio do paternalismo libertário.

Você há de concordar que as pessoas têm muita dificuldade para formar uma poupança ao longo do tempo, isso se deve a diversos fatores, dentre eles à limitação da renda familiar, *versus* gastos domésticos, o que impede que

314

os muitos pobres separem uma parte de seus ganhos para formar uma reserva financeira. Contudo, há uma parcela da população que não se encontra em uma situação financeira de penúria, mas nem por isso consegue reservar uma parte dos ganhos correntes para formar uma poupança polpuda, em grande parte porque o consumo no presente provoca um prazer imediato e de fácil percepção, enquanto a sua abdicação para poupar provoca no presente uma sensação de sofrimento.

Sendo assim, para incentivar a abdicação de uma parte do consumo à formação de uma poupança de longo prazo, um *nudge* de *feedback* pode ser concebido pelos arquitetos de escolha para provocar no presente a sensação de riqueza, de independência financeira e de tranquilidade, incentivando assim a tomada da decisão de poupar parte da renda. Neste caso, o *nudge* de *feedback* operaria pela via positiva, dos ganhos. Contudo, você já aprendeu que a aversão à perda é dominante em nossos "corações" e mentes.

Agora, imagine outro cartaz, nele também há duas imagens, na primeira vê-se como pano de fundo uma praia encantadora, em destaque no primeiro plano há um casal de idade avançada, eles estão sentados em uma espreguiçadeira acolchoada, segurando drinks coloridos nas mãos, o semblante deles é de alegria e tranquilidade. Na outra imagem parece o mesmo casal, eles vestem um uniforme de supermercado e seus semblantes são de preocupação, eles tomam um café da manhã na cozinha e sobre a mesa há duas marmitas. A mensagem sobre o cartaz é sugestiva: "Não perca um futuro de tranquilidade, poupe hoje".

No presente os jovens não têm a capacidade de avaliar os ganhos ou as perdas que obterão no futuro, pois eles são dominados pela miopia temporal, que os fazem dar mais valor aos ganhos presentes do que os futuros, ou que os fazem aplicar uma taxa de desconto maior aos ganhos, quanto mais distante no futuro eles estiverem. Logo, os *nudges* de *feedback* precisam atacar essa nossa fraqueza psicológica, seja trazendo para o presente a sensação dos ganhos futuros, seja antecipando para hoje a dor da perda que somente será sentida muitos anos à frente.

Nudges para Revelar o Progresso

Muitas das coisas que aprendemos a fazer nos permitem avaliar nosso progresso imediatamente, ou pouco tempo depois. Imagine que você está aprendendo a fazer um bolo de cenoura, depois de bater tudo no liquidificador, conforme diz na receita, você o coloca em uma forma e o deixa no forno pelo tempo correto, então abre o forno e espeta um palito para saber se já assou. Em menos de uma hora você tem o *feedback* do seu aprendizado, logo, caso algo tenha saído errado, você retorna à receita, revisa seus passos e corrige na próxima tentativa.

Contudo, certas atividades não permitem uma resposta tão rápida, demora dias, meses ou até anos para que o resultado final seja conhecido, nesses casos, dividir as tarefas em etapas e criar mecanismos de alerta que revelem o progresso, à medida que se gasta tempo e dinheiro, pode servir para que o indivíduo mantenha-se engajado na atividade até a sua conclusão.

Por isso, as barras de progresso em formato gráfico são *nudges* muito eficientes para revelar os avanços ao longo do tempo, uma vez que sinalizam visualmente as etapas que já foram concluídas e a distância que falta para se alcançar o resultado final. Estes *nudges* servem para reverter a tendência natural ao abandono de atividades que exigem o cumprimento de muitas fases, como cursos à distância e tratamentos para abandonar vícios, entre outros, pois as barras de progresso atuam sobre a nossa preferência pelo presente e sobre a nossa aversão à perda.

316

A probabilidade de ingressar em um programa de frequência, a atratividade do programa e a probabilidade subjetiva de completar os requisitos do programa, são maiores quando uma pessoa é avisada de seu progresso, mesmo quando a meta é elevada, de modo que o esforço necessário permaneça constante. (NUNES & DEZER; 2006; 510).

Conforme concluíram Nunes e Drezer (2006) em seu artigo intitulado "O efeito das barras de progresso: como o avanço artificial aumenta o esforço", as barras de progresso ativam o viés de conservação, por aquilo que já conquistamos, pois à medida que as primeiras etapas são cumpridas, geralmente as mais simples, o registro do progresso atua como um custo afundado, que serve para ativar a nossa aversão à perda por meio do viés de conservação e, deste modo, contribui para a continuidade das etapas seguintes até a sua conclusão.

Portanto, sempre que os arquitetos de escolha se depararem com a necessidade de manter o engajamento de seu público alvo em uma atividade de longa duração, os *nudges* do tipo barra de progresso podem ser valiosos à redução dos indicadores de desistência, contribuindo para a elevação das taxas de conclusão e, com isso, para se atingir as metas de sucesso dos programas.

Imagine que você pretenda perder vinte quilos em um ano e decidiu começar a dieta hoje, mas somente após um ano poderá conferir se o objetivo do esforço foi alcançado. Pense como seria difícil manter a disciplina por tanto tempo, sem saber ao certo se os resultados pretendidos serão alcançados. Agora, pense que a meta anual seja fracionada em vinte e quatro quinzenas, de modo que o objetivo seja emagrecer em média 833 gramas a cada quinze dias. É claro que a meta fracionada parece bem mais fácil e tem um bônus, seu progresso será rapidamente avaliado.

Ao fracionar o resultado esperado em metas menores é possível acionar o viés de presente, que faz a nossa mente dar mais importância ao valor facionado, em relação ao valor total, bem como, acionamos o viés de conservação, à medida que cada meta parcial é superada, acumula-se um ganho que não queremos perder e esse fator psicológico nos impulsiona à manutenção do esforço. Lembre-se que os custos afundados são capazes de manter os investimentos em projetos que perderam a viabilidade, neste caso, o mesmo efeito psicológico provocado pelos *nudges* de *feedback* ativam o viés de conservação para que não abandonemos um projeto viável, seja para a nossa saúde, ou nossas finanças.

NUDGES DE AUTOMATIZAÇÃO

Muitos processos e rotinas podem ser automatizados para evitar a interferência e o erro humano, isso acontece com diferentes dispositivos que utilizamos no dia-a-dia, como os interruptores acionados por temperatura, que desligam equipamentos quando atingem um nível crítico, os quais necessitavam da supervisão de pessoas antes da invenção de tais dispositivos, logo, a desatenção delas podia resultar em acidentes com potenciais perdas materiais e humanas. Outros dispositivos foram adotados em aeronaves para acionar procedimentos de emergência, mesmo quando o piloto não detecta algum problema, impedindo assim que a desatenção ou a falha dele possa comprometer o equipamento e as vidas de seus ocupantes.

Perceba que automatizar processos pode prevenir falhas previsíveis, que podem acontecer por causa de nossos processos mentais, que levam à desatenção ou à inobservância de procedimentos corretos. Tais mecanismos podem ser considerados *nudges*, uma vez que agem para corrigir falhas cognitivas involuntárias, os mesmos podem atuar em situações em que o risco de morte não seja o problema a ser enfrentado, mas os resultados ruins de uma decisão economicamente ineficiente. Assim, a automação de processos pode facilitar a tomada de decisão, sem impor uma única escolha, ao criar alertas automáticos de erros de avaliação ou de seus resultados esperados.

Thaler e Sunstein (2019, pp. 266-267) contam que a Nissan desenvolveu um pedal de acelerador que detecta automaticamente o nível de pressão que o motorista exerce e regula o fluxo de combustível para economizar combustível, caso o dispositivo não tenha sido voluntariamente desligado pelo condutor, desse modo "o pedal pode aumentar a eficiência do consumo de combustível em algo entre 5% e 10%".

Um *nudge* como este automatiza o processo de decisão, ou seja, caso o motorista pretenda economizar e mantenha o dispositivo acionado, quando ele se esquecer de pegar leve no pedal, o sistema eletrônico do carro toma a decisão por ele, automaticamente, mas ele fica livre para desativar o dispositivo, o que respeita os princípios do paternalismo libertário.

Os *nudges* de automação atuam conjuntamente com os padrões, ou seja, a regra automática definida pelos arquitetos de escolha é que estabelece previamente o padrão, a partir do qual a automação do processo será acionada. Portanto, os *nudges* de automação atuam em dois aspectos de nossas limitações cognitivas: 1) sobre a inércia que nos impele ao *status quo* (viés de conservação) e nos faz manter o padrão estabelecido; e 2) sobre as falha de detecção do Sistema 2, que pode ignorar a decisão previamente tomada pelo nosso "eu da narrativa", quando o nosso "eu da experiência" está tomando as decisões, conforme explicam Thaler e Sunstein (2019).

O programa "Poupe Mais Amanhã" que foi desenvolvido por Richard Thaler e Shlomo Benartzi e publicado no artigo "Save More Tomorow" em 2004, tem como base dois *nudges*, o da opção padrão de inclusão no plano, que é definida quando o funcionário é contratado, e o do reajuste automático dos percentuais de contribuição, a partir dos reajustes de salários no futuro. Desse modo, o empregado não precisa se preocupar em entrar em contato com o departamento pessoal da empresa para solicitar a elevação do seu percentual de contribuição toda vez que o seu salário subir, pois automaticamente a sua contribuição também se eleva.

Contudo, o funcionário pode, a qualquer momento, suspender o plano de contribuição ou mudar o percentual do desconto, logo, não é uma regra impositiva e, portanto, respeita os princípios do paternalismo libertário. Conforme vimos no capítulo sobre o Viés de Conservação, em menos de quatro anos após a implantação da automatização dos reajustes, este *nudge* elevou a contribuição média dos novos funcionários de 3,5% para 13,6% do salário.

Outros usos para os *nudges* de automação é nos recordar de nossas decisões. Conforme Thaler e Sunstein (2019) explicam, o "eu da narrativa" é acionado pelo Sistema 2, que define comportamentos a serem seguidos no futuro, como iniciar uma dieta na segunda-feira, inscrever-se na academia e trocar o futebol com pipoca e cerveja, por alteres e esteiras, bem como, é o "eu da narrativa" que decide fazer um plano de aposentadoria e começar a contribuir todo mês.

No entanto, quando o futuro se torna presente é o "eu da experiência" que assume o controle de nossas decisões e ele pode muito bem ignorar o seu parceiro planejador, desistindo da dieta, da academia e do plano de aposentadoria. Diante desta possibilidade de que o eu da experiência desista de nossos planos, um *nudge* que nos alerte automaticamente dos compromissos assumidos, pode viabilizar um reforço adicional em nossa força de vontade para cumprirmos nossas promessas, sem nos tirar o direito de descumprirmos.

Perceba que diante dessa possibilidade de relembrar ao "eu da narrativa", de modo automático, quais foram as nossas decisões no passado, é possível aos arquitetos de escolhas atuarem em diferentes áreas: Saúde, para elevar o engajamento das pessoas em diferentes programas de saúde pública e privada; Educação, pois permite elevar a participação das pessoas em cursos de capacitação ou de recapacitação profissional; Consumo, pois pode atuar para relembrar o consumidor sobre sua decisão anterior de consumo consciente, como por exemplo, agir para combater o desperdício de energia elétrica; entre outras áreas nas quais as pessoas revelam suas preferências em um momento e tomam decisões em outro, mais tarte, quando efetivamente realizam suas preferências com base no "eu da experiência".

Quem não gosta de ganhar um prêmio? Todos nós! Isso acontece porque as pessoas fazem cálculos mentais baseados na heurística da disponibilidade quando compram bilhetes de loterias, imaginam-se ganhando aqueles milhões, tal qual o grande sortudo da semana passada. Mas, ignoram o fato de que as probabilidades disto acontecer são ínfimas e que racionalmente não faz sentido algum apostar em loterias ou jogos de azar, como aqueles que atraem milhões de apostadores a Las Vegas. Mas, se as loterias fazem sucesso, por que não explorar esta ingenuidade para o bem?

Imagine que a companhia de eletricidade da sua região decida dar um desconto de R$ 1,00 na conta de todos que apresentarem uma fatura menor em um mês, em relação ao anterior. Você diria: Nossa, que empresa "mão de vaca", só um Real? Suponha que de um total de dez milhões de consumidores desta empresa, cerca de um milhão deles consiga fazer essa economia mensal, logo a redução na receita mensal da campanha devido à companhia seria de um milhão de Reais, que seriam compensados por meio da redução nos investimentos para ampliar a oferta, que geralmente é necessária em poucas horas do dia, o que gera uma grande capacidade ociosa no restante dele.

Caso a mesma empresa criasse uma loteria mensal do tipo "economize energia e ganhe 1 Milhão", na qual para participar do sorteio bastasse que o cliente apresentasse uma redução no consumo de energia no mês do sorteio, em relação ao mês anterior. Assim, quando o cliente recebesse sua fatura, já seria informado de que sua economia de energia lhe concedeu o direito a um bilhete de participação. O que você acha que aconteceria neste caso?

Dado que os custos para promover a Loteria e com o pagamento do prêmio mensal sejam muito parecidos ao da campanha do desconto, o fato é que o potencial de adesão dos clientes ao sorteio é bem maior, pois a influência psicológica associada ao ganho de "um milhão" despertaria um interesse maior em participar, elevando assim a economia de energia, sem elevar as perdas de receita com os descontos nas faturas. Note que esta modalidade de *nudge* também respeita os princípios do paternalismo libertário, uma vez que não obriga ninguém a economizar energia, apenas incentiva aqueles que quiserem participar do sorteio a fazê-lo.

O *nudge* da loteria foi adotado na Suécia, conforme relatou Allan Schweyer, para incentivar as pessoas a respeitarem os limites de velocidade das vias públicas, veja só o que aconteceu: "câmeras de velocidade capturaram infratores e cidadãos cumpridores da lei. Estes últimos foram colocados em um sorteio e, a cada mês, um deles ganhava uma parte das multas arrecadadas com os primeiros. As velocidades médias diminuíram de 32 Km/H para 25 Km/H". (SCHWEYER; 2017, 28)

No caso da loteria da velocidade, o *nudge* operava tanto pela via positiva, por meio da expectativa de ganhar o prêmio por parte daqueles motoristas que não haviam sido flagrados desrespeitando os limites de velocidade, como pela via negativa, pois aqueles que eram flagrados ultrapassando o limite, além de saber que pagariam uma multa que serviria em parte ao pagamento do prêmio, ainda perdiam o direito à participação do sorteio, despertando neles a aversão à perda.

Em outro experimento relatado por Schweyer, uma empresa incluiu três grupos em uma batalha contra a balança:

a) O primeiro grupo participaria de uma loteria e cada membro deveria ligar diariamente para informar seu peso e, caso tivesse perdido, este ganhava um bilhete para concorrer a um prêmio no final da batalha;

b) O segundo grupo apostaria uma quantia, neste caso todos informavam o peso diariamente, se ao final da batalha o grupo todo perdesse peso, cada integrante receberia o dobro da quantia apostada; e

c) O terceiro grupo seria o de controle, participaria informando o peso diário, mas não participaria do sorteio ou da aposta.

Analise comigo a situação dos integrantes de cada grupo. Os do primeiro grupo teriam o incentivo de um prêmio, mediante sorteio, ou seja, só receberiam um bilhete se conseguissem reduzir o peso. Logo, o prêmio foi o incentivo a iniciar uma dieta e mantê-la, pelo menos até o término da batalha, para obter o bilhete e concorrer ao prêmio. Já os integrantes do segundo grupo tinham um incentivo extra, além do prêmio, havia também um compromisso com o grupo, ou seja, a recompensa só seria obtida se o grupo todo perdesse peso.

Os resultados foram os seguintes: "O grupo da loteria perdeu em média 13,1 libras em 16 semanas; o grupo do jogo perdeu uma média de 14 libras; e o grupo de controle 3,9 libras." (SCHWEYER; 2017, 29). Conforme sugere o autor, a loteria e o jogo foram fortes motivadores à participação dos trabalhadores, uma vez que a média daqueles que participaram foi muito superior ao do grupo de controle.

RESUMO SOBRE *NUDGES*

Neste capítulo você aprendeu que é possível utilizar instrumentos direcionadores de decisões para incentivar escolhas melhores, por meio de *nudges*, os quais podem ser elaborados de quatro tipos diferentes, por meio das suas características psicológicas e de transparência (reflexivos e não-reflexivos, transparentes e não-transparentes), que são criados por meio de arquiteturas de escolhas conscientes e que se baseiam nos princípios do Paternalismo Libertário. Então, vamos relembrar estes dois conceitos antes de revisarmos os pontos principais dos *nudges*.

Entendemos que o Paternalismo Libertário é um termo controverso, uma vez que o paternalismo sugere proteção e limitação da liberdade, enquanto o aspecto libertário sugere o seu oposto, liberdade e autonomia nos processos decisórios. Contudo, o Paternalismo Libertário não tem a intenção de limitar ou excluir escolhas, mas tornar mais fácil o reconhecimento daquelas que promovem a melhor situação de bem estar perante outras escolhas possíveis, mantendo a possibilidade de escolhas menos eficientes ou, até mesmo, nocivas sob o ponto de vista do bem estar. E os *nudges* são instrumentos para se aplicar os princípios do Paternalismo Libertário, uma vez que seu objetivo é favorecer as melhores escolhas, sem limitar outras que não sejam as melhores.

Ao longo deste capítulo você aprendeu que para alcançar os princípios do Paternalismo Libertário por meio dos *nudges* é preciso que eles sejam elaborados por meio de uma arquitetura de escolha consciente, que seja capaz de reconhecer a atuação das heurísticas e dos vieses em direcionar os tomadores de decisões às escolhas menos eficientes, do ponto de vista econômico, entre outros. Partindo do princípio de que as escolhas são inevitáveis, bem como, oferecê-las aos tomadores de decisões, logo, os arquitetos de escolhas são todos aqueles responsáveis pela elaboração dos instrumentos que permitem às pessoas realizarem as suas escolhas.

Cabe, portanto, aos arquitetos de escolhas, que buscam atender aos princípios do Paternalismo Libertário, antecipar, ou antever, como estas são efetivamente realizadas pelos tomadores de decisão, para identificar as falhas cognitivas envolvidas nos processos de julgamento e de escolha, de modo a elaborar *nudges* que evitem os erros provocados pelas nossas limitações cognitivas e de informações, de modo a incentivar que os tomadores de decisão escolham aquelas opções que promovam o maior nível de bem estar possível.

Os *nudges* da opção padrão foram os primeiros que estudamos e a intenção destes instrumentos é utilizar-se do viés de conservação para favorecer a melhor escolha. O funcionamento do *nudge* da opção padrão é bem simples, uma vez que a nossa mente tende à conservação do *status quo*, ela prefere manter a opção oferecida como padrão, para evitar o gasto de energia necessário ao processamento de um volume de informações que nos permita avaliar as demais opções disponíveis. Desse modo, os arquitetos de escolhas devem oferecer como opção padrão aquela que for mais eficiente em elevar o nível de bem estar (pela via positiva) ou aquela que cause o menor prejuízo (pela via negativa).

O *nudge* da opção padrão encontra diferentes aplicações práticas, seja na padronização de funcionamento dos equipamentos, os quais já saem de fábrica programados, mas que podem ser reconfigurados para melhor atender às necessidades dos usuários. A opção padrão também pode ser amplamente usada em formulários de adesão, que já definem uma situação a todos que decidirem não alterá-la, de modo voluntário ou não, sem retirar o direito a outras opções àqueles que assim desejarem fazer voluntariamente. As opções definidas como padrão devem ser aquelas que favoreçam a maioria, ou aquela que menor dano cause aos que se ausentarem da escolha voluntária, o que inclui os esquecidos.

Os *nudges* **para erros previsíveis** são aqueles elaborados pelos arquitetos de escolha que se baseiam nos erros mais comuns, cometidos pelos tomadores de decisão ou usuários de equipamentos e sistemas. A partir da previsibilidade da ocorrência dos erros nas tomadas de decisão ou na utilização de alguma coisa, é possível interferir no processo de tomada de decisão para atuar sobre os processos mentais e impedir a ação automática e involuntária do Sistema 1, quando esta for a causa majoritária dos enganos nas tomadas de decisão, ativando, portanto, o Sistema 2 para que realize a checagem necessária à melhor escolha.

Você aprendeu que o esquecimento é um dos erros mais comuns e, portanto, mais previsíveis nas tomadas de decisões, e para nos salvar do esquecimento alguns *nudges* atuam para nos alertar sobre a necessidade de realizar um conjunto de etapas completamente, para que a última delas não seja esquecida, como é o caso dos caixas eletrônicos que só entregam o dinheiro depois de se retirar o cartão, ou nos alertam de compromissos agendados, como é o caso dos envios de mensagem que nos avisam sobre as datas de consultas médicas e de outros compromissos.

Outros erros que os *nudges* nos ajudam a evitar são aqueles cometidos pela ignorância. Quando não sabemos como funcionam as coisas, podemos realizar escolhas erradas ou processos perigosos, portanto, alguns *nudges* atuam para nos alertar sobre o correto funcionamento, ou para que a forma de agir sobre alguma coisa seja indiferente, uma vez que os arquitetos de escolha pensaram numa forma de manter a segurança e a funcionalidade daquilo, independentemente da forma como ela for utilizada, como é o caso dos seletores automático de voltagem, que evitam queimar nossos aparelhos elétricos quando viajamos para um local no qual a corrente é de 220 Volts.

Os *nudges* de *feedback* são aqueles que nos proporcionam uma resposta às nossas ações, de modo que possamos avaliar rapidamente os resultados para ajustá-las aos nossos interesses, portanto, os arquitetos de escolhas devem avaliar quando as respostas são necessárias e em qual periodicidade elas devem ser oferecidas aos tomadores de decisão, para que possam realizar os ajustes necessários a tempo de evitar erros incontornáveis. Relembre que os *nudges* de *feedback* atuam sobre a nossa miopia temporal, que nos faz dar mais importância ao presente e que desconta o futuro a uma taxa progressiva, bem como, atuam sobre o nosso excesso de otimismo.

Uma forma de atuação dos *nudges* de *feedback* é por meio da antecipação do futuro, de forma que as decisões tomadas no presente possam revelar rapidamente seus impactos no futuro e assim, permitir uma reavaliação destas consequências e permitir um ajuste das escolhas, para atender melhor aos interesses dos tomadores de decisões. Tais *nudges* são muito eficientes quando as consequências não são facilmente previstas pelos tomadores de decisões, seja porque eles não possuem a habilidade para entender os impactos de suas ações no futuro, seja porque não detém informações suficientes e necessárias à realização desta avaliação.

Outra forma de utilização dos *nudges* de *feedback* é revelar o nosso progresso, desse modo, a cada etapa concluída em uma trajetória o tomador de decisão recebe a informação dos resultados alcançados, o que favorece o reforço do seu compromisso com o trajeto percorrido ao reconhecer, por meio dos indicadores, os avanços obtidos ao longo do processo ao qual se engajou.

Você aprendeu que o impacto dos *feedbacks* é maior quando as etapas iniciais são mais fáceis e de curta duração, pois o reconhecimento do progresso é mais rápido, o que fortalece o engajamento nos processos seguintes, quando as etapas podem ser mais complexas e longas. Isto acontece porque o tempo (e o dinheiro em alguns) consumido nas etapas iniciais funciona como custos afundados, estes despertam à aversão a perda e nos incentivam a perseguir naquele projeto até a sua conclusão.

Os *nudges* de automatização nos revelam que automatizar certas operações, nas quais alguns erros são comuns e previsíveis, é capaz de prevenir que decidamos por escolhas que nos prejudicam e que reduzam nosso nível de bem estar, uma vez que os alertas automáticos de inconformidade nos advertem do provável erro cometido e nos permitem rever nossa escolha e alterá-la, se assim desejarmos.

Outra maneira de atuação dos *nudges* de automatização é nos lembrar das decisões tomadas no passado, no momento presente, quando aquelas decisões devem ser realizadas e, por causa do esquecimento ou da inércia, nosso Sistema 1 prefere manter o *status quo* e desiste, ou não se lembra, de adotar os novos procedimentos decididos pelo Sistema 2 no passado.

Este tipo de *nudge* pode favorecer a ampliação do percentual de engajamento em programas de saúde, educacionais, previdenciários, entre outros, nos quais as decisões no passado devem ser confirmadas com ações em um momento posterior, logo, quando esse momento chegar os alertas automatizados das decisões passadas podem contribuir para relembrar o Sistema 2 da decisão tomada e da importância dela, contribuindo para quebrar a barreira psicológica da inércia, imposta pelo Sistema 1 e que tende a nos manter no *status quo*.

Os *nudges* de loteria foram os últimos que vimos e são formulados para explorar a ingenuidades das pessoas, mas com um propósito socialmente benéfico, uma vez que, assim como todas as loterias, incentivam a participação coletiva em busca de um prêmio individual, cuja probabilidade é estatisticamente desprezível. Uma vez que o poder psicológico das loterias é forte o suficiente para inibir o cálculo racional do benefício/custo, ao ponto de incentivar um grande contingente populacional a apostar pequenos valores com a esperança de obter um grande prêmio.

Esse tipo de *nudge* explora a ingenuidade estatística das pessoas e pode favorecer programas sociais nos quais a participação seja incentivada por meio da esperança de receber um grande prêmio, que será conferido a um dos participantes que se enquadre na proposta elaborada pelos arquitetos de escolha. Desse modo, a loteria teria o poder de fomentar o engajamento de um contingente maior de indivíduos, que não participaria caso a recompensa individual fosse proporcional à sua colaboração e, portanto, de valor monetário muito modesto, mas que na esperança de receber a grande bolada, decidem adotar as práticas sociais desejadas pelos organizadores da loteria.

Bom, é isso, espero que você tenha apreciado os temas que aprendeu neste livro e que não tenha se aborrecido demais no processo. Juro que me esforcei ao máximo para tornar um livro de Economia menos maçante que a média e espero que tenha conseguido algum êxito, caso não tenha sido o caso para você, desde já ofereço minhas sinceras desculpas.

Caso você tenha apreciado este livro e os temas por ele tratados, então aproveite que já absorveu todo esse conhecimento sobre heurísticas, vieses e *nudges*, para continuar os estudos, para tanto, as bibliografias que virão a seguir são valiosíssimas para reforçar ainda mais o seu entendimento sobre os assuntos da Economia Comportamental.

Despeço-me aqui, agradecendo muito pela sua paciência e lhe desejo muito sucesso nas futuras e melhores escolhas que fará daqui pra frente.

REFERÊNCIAS

Akerlof, George A. "The Market for 'Lemons': Quality Uncertainty and the Market Mechanism." *The Quarterly Journal of Economics*, vol. 84, no. 3, 1970, pp. 488–500. *JSTOR*, www.jstor.org/stable/1879431. Accessed 10 Mar. 2021.

Ariely, Dan. Previsivelmente Irracional: As Forças Ocultas que Influenciam as Nossas Decisões. Estrela Polar: Alfragide, 2009.

Ariely, Dan. A Psicologia do Dinheiro. Sextante: Rio de Janeiro, 2019.

Ayaz, A., Akyol, A., Çetin, C., & Besler, H.T. (2016). *Effect of plate size on meal energy intake in normal weight women*. Nutrition Research and Practice, 10, 524 - 529.

Bacon, F. Novum Organum. Trad. e notas de José Aluysio Reis de Andrade. SP: Nova Cultural, 2000.

Bateson, Melissa; Nettle, Daniel Nettle; Roberts, Gilbert. (2006) Cues of Being Watched Enhance Cooperation in a Real-World Setting. Biology Letters 2(3):412-4 DOI:10.1098/rsbl.2006.0509. Disponível em < https://www.researchgate.net/publication/6651564_Cues_of_Being_Watched_E nhance_Cooperation_in_a_Real-World_Setting>, acesso em 23/09/2021.

Bazerman, Max H.; Moore, Don. Processo Decisório. 8ª Ed. Elsevier: Rio de Janeiro, 2014.

Bentham, Jeremy. Uma Introdução aos Princípios da Moral e da Legislação. Tradução de Luiz João Baraúna. São Paulo. Abril. 1974.

Byrne, M. D.; Bovair, S. (1997). A working memory model of a common procedural error. Cognitive Science, Volume 21, Issue 1, 1997, Pages 31-61, ISSN 0364-0213, https://doi.org/10.1016/S0364-0213(99)80018-4.

Cialdini, Robert B. As armas da persuasão: como influenciar e não se deixar influenciar. Rio de Janeiro: Sextante, 2012

Chatterjee, Promothesh e Rose, Randall. *Do Payment Mechanisms Change the Way Consumers Perceive Products?* Journal of Consumer Research, Volume 38, Issue 6, 1 April 2012, Pages 1129–1139. Oxford University Press, Oxford.

Dawkins, Richard. O Gene Egoísta. 2ª Ed. Companhia das Letras: São Paulo, 2007.

De Bondt, Werner F. M.; Thaler, Richard H. (1990) Do Security Analysts Overreact? The American Economic Review Vol. 80, No. 2, (May, 1990), pp. 52-57 (6 pages). Disponível em <https://www.jstor.org/stable/2006542>, acesso em 19/06/2021.

Druckman, J.N. The Implications of Framing Effects for Citizen Competence. *Political* Behavior 23, 225–256 (2001). https://doi.org/10.1023/A:1015006907312

Feitosa, G. R. P; Gomes Cruz, A. C. Nudges fiscais: a economia comportamental e o aprimoramento da cobrança da dívida ativa Gustavo Raposo Pereira Feitosa. Pensar, Fortaleza, v. 24, n. 4, p. 1-16, out./dez. 2019. Disponível em < https://periodicos.unifor.br/rpen/article/viev acesso em 16/09/2021.

Duflo, Esther; Michael Kremer e Jonathan Robinson. 2011. "Nudging Farmers to Use Fertilizer: Theory and Experimental Evidence from Kenya." American Economic Review, 101 (6): 2350-90. DOI: 10.1257/aer.101.6.2350. Disponível

em: <
https://scholar.harvard.edu/files/kremer/files/nudging_farmers_aer.101.6.2350.p
df>, acesso em 20/11/2021.

Ferreira, Vera R. M. Psicologia Econômica: como o comportamento econômico
influencia nas nossas decisões. Elsevier: Rio de Janeiro, 2008.

Fischhoff, Baruch; Beyth, Ruth. (1975). I knew it Would Happen: Remembered
probabilities of once–future things. Organizational Behavior and Human
Performance, 13, 1–16. Disponível em:
<https://www.researchgate.net/publication/223213727_I_Knew_It_Would_Hap
pen_Remembered_Probabilities_of_Once-Future_Things>, Acesso em
18/05/2021.

Finucane, Melissa L.; Alhakami, Ali; Slovic, Paul; Johnson, Stephen M. (2000)
The A€ect Heuristic in Judgments of Risks and Benefits. Journal of Behavioral
Decision Making J. Behav. Dec. Making, 13: 1-17.

Finkelstein, S. e Sanford, S. H. (2000). Learning from Corporate Mistakes: The
Rise and Fall of Iridium. Organizational Dynamics, 29 (2):138-148. Disponível
em: <
https://mba.tuck.dartmouth.edu/pages/faculty/syd.finkelstein/articles/Iridium.pd
f>, acesso em 20/06/2021.

Grether, David M. (1992). Testing bayes rule and the representativeness
heuristic: Some experimental evidence. Journal of Economic Behavior &
Organization. Volume 17, Issue 1, 1992, Pages 31-57, ISSN 0167-2681,
https://doi.org/10.1016/0167-2681(92)90078-P.

Grether, David M. (1980) Bayes Rule as a Descriptive Model: The
Representativeness Heuristic. The Quarterly Journal of Economics, vol. 95, no.
3, 1980, pp. 537–557. JSTOR. Disponível em <www.jstor.org/stable/1885092>,
acesso em 03/03/ 2021.

Hester, Patrick & Calida, Behnido. (2010). Biases and Heuristics in
Governance. 10.13140/RG.2.1.1977.2641. January 2010
DOI:10.13140/RG.2.1.1977.2641. Disponível em
<https://www.researchgate.net/publication/274701142>, Acesso em
05/06/2021.

Hansen, P. (2016). The Definition of Nudge and Libertarian Paternalism: Does
the Hand Fit the Glove? European Journal of Risk Regulation, 7(1), 155-174.
doi:10.1017/S1867299X00005468.

Hansen, P.; Jespersen, A. (2013). Nudge and the Manipulation of Choice: A
Framework for the Responsible Use of the Nudge Approach to Behaviour
Change in Public Policy. European Journal of Risk Regulation, 4(1), 3-28.
doi:10.1017/S1867299X00002762.

Hawkins, Scott A.; Hastie, Reid. (1990). Hindsight: Biased judgments of past
events after the outcomes are known. Psychological Bulletin, Vol 107(3), May
1990, 311-327. Disponível <
https://psycnet.apa.org/journals/bul/107/3/311.html?uid=199(˙ ˉ ˉ ˉ ˙ ˙ ˙
acesso em 31/05/2021.

Hell, W., Gigerenzer, G., Gauggel, S. et al. Hindsight bias: An interaction of
automatic and motivational factors?. Memory & Cognition 16, 533–538 (1988).
Disponível em <https://doi.org/10.3758/BF03197054>, acesso em 16/06/2021.

Henriksen, Kerm; Kaplan, Harold (2004). Hindsight Bias, Outcome Knowledge
and Adaptive Learning. Quality & safety in health care. 12 Suppl 2. Disponível
em: <

https://www.researchgate.net/publication/8984627_Hindsight_Bias_Outcome_ Knowledge_and_Adaptive_Learning>, acesso em 20/05/2021.

Hoffrage, U.; Hertwig, R.;Gigerenzer, G. (2000) Hindsight bias: A by-product of knowledge updating? Journal of Experimental Psychology: Learning, Memory, and Cognition, 26(3), 566–581. https://doi.org/10.1037/0278-7393.26.3.566

Hunter, David (2013). Refrigerator safety study: Case study analysis. Research Ethics 9(2) 88–90. DOI: 10.1177/1747016113489934. Disponível em < https://journals.sagepub.com/doi/pdf/10.1177/1747016113489934 >, acesso em 15/09/2021.

IBGE (2020). Demografia das Empresas: em 2018, taxa de sobrevivência das empresas foi de 84,1%. Editoria: Estatísticas Econômicas. 2020. Disponível em < https://agenciadenoticias.ibge.gov.br/agencia-sala-de-imprensa/2013-agencia-de-noticias/releases/29206>, acesso em 20/06/2021.

JEVONS, William S. A Teoria da Economia Política. 3 ed. São Paulo: Nova Cultural, 1988.

Johnson, E.J., Shu, S.B., Dellaert, B.G.C. *et al.* (2012) **Beyond nudges:** Tools of a choice architecture. Mark Lett 23, 487–504 (2012). Disponível em <https://ojs.unbc.ca/index.php/design/article/download/1264/1080>, Acesso em 25/08/2021.

Johnson, Eric; Hershey, John; Meszaros, Jacqueline; Kunreuther, Howard. (1993). Framing, Probability Distortions, and Insurance Decisions. Journal of Risk and Uncertainty. 7. 35-51. 10.1007/BF01065313.

Jonas, E.; Schulz-Hardt, S.; Frey, D.; Thelen, N. (2001). Confirmation bias in sequential information search after preliminary decisions: An expansion of dissonance theoretical research on selective exposure to information. Journal of Personality and Social Psychology, 80(4), 557–571. https://doi.org/10.1037/0022-3514.80.4.557

Jung, Carl Gustav (1969). O Homem e Seus Símbolos tradução de Maria Lúcia Pinho, 5. ed. Rio de Janeiro : Nova Fronteira, 2005.

Kahneman, Daniel; Knetsch, Jack L.; Thaler, Richard H. (1991) Anomalies: The Endowment Effect, Loss Aversion, and Status Quo Bias. Journal of Economic Perspectives, 5 (1): 193-206.

Kahnemam, Daniel. Rápido e Devagar: duas formas de pensar. Objetiva: Rio de Janeiro, 2012.

Kahneman, Daniel; Shane, Frederick. (2001) Representativeness revisited: Attribute substitution in intuitive judgment. Princeton University. *in*: Gilovich, T.; Griffin, D.; Kahneman, D. Heuristics of Intuitive Judgment: Extensions and Applications. New York: Cambridge University Press (2002). Disponível em < https://www.researchgate.net/profile/Shane-Frederick/publication/229071271_Representativeness_Revi stitution_in_Intuitive_Judgment/links/54087a8c0cf2c48563babc/5/Representat iveness-Revisited-Attribute-Substitution-in-Intuitive-Judgment.pdf >, acesso em 23/05/2021.

Kahneman, D., Slovic, P., Tversky, A. (1982). Judgment Under Uncertainty: Heuristics and biases. Cambridge, UK: Cambridge University Press.

KEYNES, John Maynard. Teoria Geral do Emprego, do Juro e da Moeda. Atlas, São Paulo, 1982.

Kliger, Doron; Andrey, Kudryavtsev (2010). The Availability Heuristic and Investors' Reaction to Company-Specific Events, Journal of Behavioral Finance, 11:1, 50-65, DOI: 10.1080/15427561003591116.

Knetsch, Jack L.; Sinden, J. A. (1984) Willingness to Pay and Compensation Demanded: Experimental Evidence of an Unexpected Disparity in Measures of Value. The Quarterly Journal of Economics, Volume 99, Issue 3, August 1984, Pages 507–521. Disponível <https://doi.org/10.2307/1885962>, acesso em 06/07/2021.

Lefkowitz, M.; Blake, R. R.; Mouton, J. S. (1955). Status factors in pedestrian violation of traffic signals. The Journal of Abnormal and Social Psychology, 51(3), 704–706. https://doi.org/10.1037/h0042000

Levin, Irwin P.; Gaeth, Gary J. (1988) *How Consumers Are Affected by the Framing of Attribute Information Before and After Consuming the Product.* Journal of Consumer Research, vol. 15, no. 3, 1988, pp. 374–378. Disponível em <www.jstor.org/stable/2489471>, acesso em 07/05/2021.

Levin, Irwin P.; Schneider, Sandra L.; Gaeth, Gary J. (1998) All Frames Are Not Created Equal: A Typology and Critical Analysis of Framing Effects. Organizational Behavior and Human Decision Processes, Volume 76, Issue 2, 1998. Pages 149-188, ISSN 0749-5978, https://doi.org/10.1006/obhd.1998.2804

Levitt, Steven D.; Dubner, Stephen J. Freakonomics: o lado oculto e inesperado de tudo que nos afeta. 7ª Ed. Elsevier: Rio de Janeiro, 2005.

Loewenstein, F. G. (2000) Frames of Mind in Intertemporal Choice. Management Science 34 (2) 200-214 https://doi.org/10.1287/mnsc.34.2.200. Acesso em 20/09/2021.

Loewenstein, F. G.; Chater, N. (2017). Putting nudges in perspective. Behavioural Public Policy, 1(1), 26-53. doi:10.1017/bpp.2016.7 Disponível em <https://www.cmu.edu/dietrich/sds/docs/loewenstein/putting_nudges_in_perspective.pdf>, acesso em 03/09/2021.

Loewenstein, F. G. e Thaler, R. H. (1989). "Anomalies: Intertemporal Choice." Journal of Economic Perspectives, 3 (4): 181-193. DOI: 10.1257/jep.3.4.181. Disponível em <https://pubs.aeaweb.org/doi/pdfplus/10.1257/jep.3.4.181>, acesso em 20/09/2021.

Madrian, Brigitte C.; Shea, Dennis F. (2001) "The Power of Suggestion: Inertial in 401(k) Participation and Saving Behavior". Quartely Jornal of Economics, v. 116, n. 4, pp. 1149-225. Disponível em < https://www.nber.org/system/files/working_papers/w7682/\ em 08/04/2021.

McClure, Samuel M.; Li, Jian; Tomli, Damon; Cypert, Kim S.; Montague, Latané M. (2004) Neural Correlates of Behavioral Preference for Culturally Familiar Drinks, Neuron, Volume 44, Issue 2, 2004, Pages 379-387, ISSN 0896-6273. Disponível em <https://doi.org/10.1016/j.neuron.2004.09.019>, Acesso em 14/05/2021.

MacGregor, Donald G., Slovic, Paul; Dreman, David; Berry, Michael. (2000) Imagery, Affect, and Financial Judgment, Journal of Psychology and Financial Markets, 1:2, 104-110. Disponível em < https://doi.org/10.1207/S15327760JPFM0102_2 >, acesso 19/05/2021.

MARSHALL, Alfred. Princípios de Economia. São Paulo: Nova Cultura, 1982.

Nickerson, Raymond S. (1998) Confirmation Bias: A Ubiquitous Phenomenon in Many Guises. Review of General Psychology 2, no. 2 (June 1998): 175–220.

Disponível em <https://doi.org/10.1037/1089-2680.2.2.175>, acesso em 14/06/2021.

North, Douglass C. (1993) Understanding Economic Change. *In* Nelson, Joan M.; Tilly, Charles; Walker, Lee (Editors). Transforming post-comunists political economies. ISBN 0-309-05929-1; pp. 11-18. National Academy of Sciences. Disponível em < https://citeseerx.ist.psu.edu/viewdoc/download?doi=10.1.1.200.2636&rep=rep1 &type=pdf#page=22>, acesso em 22/04/2021.

Northcfcaft, Gregory B.; Neale, Margaret A. (1987) Experts, Amateurs, and Real Estate: An Anchoring-and- Adjustment Perspective on Property Pricing Decisions. Organizational Behavior and Human Decision Processes 39, 84-97. Disponível em < https://www.sciencedirect.com/science/article/abs/pii/074959788790046X>, acesso em 21/09/2021.

NUNES, J. C. e DREZE, X. (2006) The Endowed Progress Effect: How Artificial Advancement Increases Effort. Journal of Consumer Research, Vol. 32, March 2006. Disponível em < https://msbfile03.usc.edu/digitalmeasures/jnunes/intellcont/Endowed%20Progre ss%20Effect-1.pdf>, acesso em 20/09/2021.

Park, JaeHong; Konana, Prabhudev; Gu, Bin; Kumar, Alok; Raghunathan, Rajagopal. (2010) Confirmation Bias, Overconfidence, and Investment Performance: Evidence from Stock Message Boards (July 12, 2010). McCombs Research Paper Series No. IROM-07-10, Available at SSRN: https://ssrn.com/abstract=1639470 or http://dx.doi.org/10.2139/ssrn.1639470

Plassmann, Hilke; Kenning, Peter; Deppe, Michael; Kugel, Harald; Schwindt, Wolfram; Ahlert, Dieter. (2006) How brands twist heart and mind: Neural correlates of the affect heuristic during brand choice. Disponível em < https://www.scienceopen.com/document?vid=a4957df2-8da4-4050-8761-ce550f1701dc>, acesso em 25/05/2021.

Pohl, Rüdiger; Bender, Michael; Lachmann, Gregor. (2002) Hindsight Bias Around the World. Experimental psychology. Disponível em: <https://www.researchgate.net/publication/11015191_Hindsight_Bias_Around_ the_World>, acesso em 20/05/2021.

Samuelson, Paul A. (1963) Risk and Uncertainly: A Fallacy Reimpressão em Summer 1994 Forum pp. 49-55. Disponível em < http://citeseerx.ist.psu.edu/viewdoc/download?doi=10.1.1.376.3914&rep=rep1 &type=pdf#page=55>, acesso em 09/09/2021.

Schwarz, Norbert; Bless, Herbert; Strack, Fritz; Klumpp, Gisela (1991). Ease of Retrieval as Information - Another Look at the Availability Heuristic. Journal of Personality and Social Psychology 61(2). DOI:10.1037//0022-3514.61.2.195

Schulz-Hardt, S.; Frey, D.; Lüthgens, C.; Moscovici, S. (2000) Biased information search in group decision making. Journal of Personality and Social Psychology, 78(4), 655–669. https://doi.org/10.1037/0022-3514.78.4.655

Schweyer, Allan. (2017) The Practical Application of Behavioral Economics in Incentive, Reward & Recognition Design. *In* Using Behavioral Economics Insights in Incentives, Rewards, and Recognition: A Nudge Guide. Incentive Research Foundation. Disponível em <https://theirf.org/am-site/media/behavioral-economics-nudge-guide.pdf>, acesso em 02/09/2021.

Shafir, E. (1993) Choosing versus rejecting: Why some options are both better and worse than others. Memory & Cognition 21, 546–556 (1993). https://doi.org/10.3758/BF03197186.

Shampanier, Kristina; Mazar, Nina; Ariely, Dan. (2007) Zero as a Special Price: The True Value of Free Products. Marketing Science; Vol. 26, No. 6, November–December 2007, pp. 742–757 ISSN 0732-2399. Disponível em <https://www-2.rotman.utoronto.ca/facbios/file/ZeroPrice.pdf>, acesso em 23/04/2021.

Simon, Herbert A. (1986). Rationality in Psychology and Economics. The Journal of Business. Vol. 59, No. 4. Part 2: The Behavioral Foundations of Economic Theory, 1986. The University of Chicago Press. https://www.jstor.org/stable/2352757

Smith, Adam. A Riqueza das Nações: Investigação Sobre sua Natureza e suas Causas. Vol. 1. São Paulo: Abril Cultural, 1982.

Smith, Adam. Teoria dos Sentimentos Morais. São Paulo: Martins Fontes: 2002.

Slovic, P.; Lichtenstein, S. (1971) Comparison of Bayesian and Regression Approaches to the Study of Information Processing in Judgment. Organizational Behavior & Human Performance 6 (1971): pp. 649-744.

Slovic, Paul; Finucane, Melissa; Peters, Ellen; MacGregor, Donald G. (2006) The affect heuristic. Decision Research Inc., 1201 Oak Street, Suite 200, Eugene, OR 97401, USA. European Journal of Operational Research 177 (2007) 1333–1352. Disponível em < https://www.sciencedirect.com/science/article/abs/pii/S0377221705003577>, acesso em 12/04/2021.

Slovic, Paul; Finucane, Melissa; Peters, Ellen; MacGregor, Donald G. (2002) Rational actors or rational fools: implications of the affect heuristic for behavioral economics, The Journal of Socio-Economics, Volume 31, Issue 4, 2002,Pages 329-342, ISSN 1053-5357. Disponível em <https://doi.org/10.1016/S1053-5357(02)00174-9>, acesso em 18/04/2021.

Strack, Fritz; Martin, Leonard L.; Schwarz, Norbert. (1988) Priming and communication: Social determinants of information use in j satisfaction. European Journal of Social Psychology. Volume 18, issue 5. October/November, 1988. Pages 429-442. Disponível em <https://onlinelibrary.wiley.com/doi/abs/10.1002/ejsp.2420180505>, acesso em 10/05/2021.

Sustein, Cass. R. (2015). Do People Like Nudges? Harvard University's DASH. 68 Administrative Law Review, 177. May 8, 2015. Disponível em <http://nrs.harvard.edu/urn-3:HUL.InstRepos:16147874>, acesso em 20/09/2021.

Sustein, Cass. R. (2015) Nudging and Choice Architecture: Ethical Considerations. Yale Journal on Regulation. (January 17, 2015). Yale Journal on Regulation, Forthcoming. Disponível em <https://ssrn.com/abstract=2551264>, acesso em 15/08/2021.

Strack, Fritz; Martin, Leonard L.; Schwarz, Norbert (1988). Priming and communication: Social determinants of information use in judgments of life satisfaction. European Journal of Social Psychology 18(5):429-442 DOI:10.1002/ejsp.2420180505. Disponível em < https://www.researchgate.net/publication/248849284_Priming_and_communica

336

tion_Social_determinants_of_information_use_in_judgments_of_life_satisfacti on >, acesso em 23/09/2021.

Taleb, Nassim. A lógica do cisne negro: o impacto do altamente improvável. Best Seller: Rio de Janeiro, 2015.

Taleb, Nassim N. Iludidos Pelo Acaso: a influência da sorte nos mercados e na vida. Edição Revista e Ampliada. Objetiva: Rio de Janeiro, 2019.

Thaler, Richard H. (1980) Toward a Positive Theory of Consumer Choice. Journal of Economic Behavior and Organizationl (1980), pp. 39-60. Disponível em <http://citeseerx.ist.psu.edu/viewdoc/download?doi=10.1.1.454.6386&rep=rep1&type=pdf>, acesso em 15/06/2021.

Thaler, Richard H. (1982), "Using Mental Accounting in a Theory of Purchasing Behavior," Cornell University, Graduate School of Business and Public Administration Working Paper.

Thaler, Richard. H. (1985) Using Mental Accounting in a Theory of Purchasing Behavior. Marketing Science, 4, 12–13. Disponível em <https://pubsonline.informs.org/doi/abs/10.1287/mksc.4.3.199>, acesso em 06/05/2021.

Thaler, Richard H. (1993) Advances in Bevavioral Finance. Editado por Richard H. Thaler. New York: Russell Sage Foundation, 1993. doi:10.1017/S0022050700015412.

Thaler, Richard, H.; Cass R. Sunstein (2003) Libertarian Paternalism. American Economic Review, 93 (2): 175-179. DOI: 10.1257/000282803321947001.

Thaler, Richard H.; Tversky, Amos; Kahneman, Daniel; Schwartz, Alan (1997). The Effect of Myopia and Loss Aversion on Risk Taking: An Experimental Test, The Quarterly Journal of Economics, Volume 112, Issue 2, May 1997, Pages 647–661, https://doi.org/10.1162/003355397555226

Thaler, Richard H. Misbehaving. Intrínseca: Rio de Janeiro

Thaler, Richard. H.; Sunstein, Cass. R. Nudge: Como tomar melhores decisões sobre saúde, dinheiro e felicidade. Edição Revisada e Ampliada. Objetiva: Rio de Janeiro, 2019.

Thaler, Richard H., Sunstein, Cass R. and Balz, John P. (2013) Choice Architecture: The Behavioral Foundations of Public Policy. Princeton University Press, 2013, pp. 428-439. Disponível em: <https://doi.org/10.1515/9781400845347-029>, acesso em 11/06/2021.

Tversky, Amos; Kahneman, Daniel. (1974) Judgment under Uncertainty: Heuristics and Biases. Science, New Series, Vol. 185, No. 4157, (Sep. 27, 1974), pp. 1124-1131. Disponível em < http://www.jstor.org/stable/1738360>, acesso em 18/03/2021.

Tversky, Amos; Kahneman, Daniel. (1981) The Framing of Decisions and the Rationality of Choice. Stanford University, CA Dept of Psychology, Technical rept. Jan 79-Mar 80, Disponível em < https://apps.dtic.mil/sti/pdfs/ADA083798.pdf>, acesso em 27/03/2021.

Tversky, Amos; Kahneman, Daniel. (1981) Judgments Of and By Representativeness. Cognitive Psychology. Volume 3, Issue 3, July 1972, Pages 430-454. Disponível em < https://www.sciencedirect.com/science/article/abs/pii/0010028572900163>, acesso em 05/04/2021.

Tversky, A.; Kahneman, Daniel. (1982) Causal schemas in judgements under uncertainty. In D. Kahneman, P. Slovic, & A. Tversky (Eds), Judgement under uncertainty: Heuristics and biases (pp. 117–128). Cambridge, Cambridge University Press.

Tversky, A.; Kahneman, Daniel. (1983) Choices, Values, and Frames. American Psychologist, vol, 34, pp. 342-350. Disponível em < http://www.columbia.edu/itc/hs/medinfo/g6080/misc/articles/kahneman.pdf>, acesso em 16/03/2021.

Valery, Paulo. Falta de plano de negócios fecha 60% das micro e pequenas empresas. Jornal DCI – Economia, 07/08/2015. Disponível em <https://www.dci.com.br/economia/falta-de-plano-de-negocios-fecha-60-das-micro-e-pequenas-empresas/2649>, acesso em 20/06/2021.

Wansink, Brian. Mindless Eating. Why we eat more than we think. New York: Bantam, 2010.

Zajonc, R.B. (1980) Feeling and thinking: Preferences need no inferences. American Psychologist 35, 151–175.

www.ingramcontent.com/pod-product-compliance
Lightning Source LLC
Chambersburg PA
CBHW060822220526

45466CB00003B/947